NOMENCLATURE H 1

DES

MATIÈRES ET EFFETS

DU

SERVICE DE L'HABILLEMENT ET DU CAMPEMENT

20 DÉCEMBRE 1907

4e Édition, mise à jour au 1er mai 1914.

PARIS
HENRI CHARLES-LAVAUZELLE
Éditeur militaire
124, Boulevard Saint-Germain, 124
MÊME MAISON A LIMOGES

NOMENCLATURE

DES

EFFETS D'HABILLEMENT

ET DE CAMPEMENT

(Direction de l'Intendance militaire; Bureau de l'Habillement et du Campement.)

Paris, le 20 décembre 1907.

Le Ministre de la guerre à MM. les Gouverneurs militaires de Paris et de Lyon; les Généraux commandant les corps d'armée; le Général commandant la division d'occupation de Tunisie; les Directeurs de l'intendance; le Sous-Intendant militaire chargé de la direction du dépôt des modèles.

Passage au 1er janvier 1908, dans les comptes du service de l'habillement et du campement, de l'ancienne nomenclature H I à la nouvelle.

La mise en vigueur des nouveaux marchés généraux concernant le service de l'habillement a rendu nécessaire la réfection de l'édition de la nomenclature **H I** portant la date du 14 avril 1902.

Je vous adresse la nouvelle édition de ladite nomenclature, qui sera applicable à partir du 1er janvier 1908.

1° *Passage de la nomenclature actuelle à la nouvelle.*

a) Le compte de gestion arrêté et balancé au 31 décembre 1907 fera ressortir les restants, suivant la classification de la nomenclature du 14 avril 1902.

Quant au décompte de la valeur de ce matériel, il aura lieu d'après les prix de ladite nomenclature, les prix de la nouvelle nomenclature ne devant être appliqués qu'à partir du 1er janvier 1908.

b) Dans la colonne d'observations du compte de gestion, on inscrira à l'encre rouge, sur la ligne des totaux de chaque unité détaillée, les numéros de la nouvelle nomenclature sous lesquels cette unité devra être portée au compte de gestion de 1908.

c) Sur ce dernier compte, on ne fera figurer que les numéros de la nouvelle nomenclature, et à la suite du premier article d'entrée : « reprise d'inventaire », on inscrira à l'encre rouge les numéros sous lesquels le matériel repris figurait au compte de gestion de 1907.

d) Ces opérations ne donneront lieu à aucune inscription sur les registres-journaux.

2° *Inventaire estimatif (modèle n° 24 annexé à l'instruction du* 30 *décembre* 1902 *sur la comptabilité des matières*, É. M., vol. 27).

ANNÉE 1907.

L'inventaire estimatif du matériel au compte de la masse d'habillement et d'entretien existant, tant en service qu'en magasin, au 31 décembre 1907, devant encore être décompté d'après les prix de la nomenclature du 14 avril 1902, le compte de cette masse, pour le 4e trimestre 1907, sera établi avec ces prix.

3° *Décompte de la valeur du matériel.*

La valeur du matériel sera décomptée, à partir du 1er janvier 1908, d'après les prix de la nouvelle nomenclature.

Matériel appartenant à l'Etat.

En ce qui concerne les magasins administratifs et le matériel appartenant à l'Etat, existant dans les corps de troupe et établissements considérés comme tels, ces dispositions sont applicables à l'ensemble du matériel.

Matériel appartenant aux masses.

Dans les corps de troupe et établissements assujettis au régime de la masse d'habillement, elles sont applicables au matériel appartenant à ladite masse, lorsque la valeur de ce matériel doit être décomptée aux prix de la nomenclature en conformité des règlements spéciaux déterminant les conditions de fonctionnement de cette masse.

Quant aux corps de troupe ou établissements non soumis au

régime susvisé, elles ne sont pas applicables aux effets en compte au titre de la masse individuelle ou de la masse de petit équipement, lesquels sont toujours décomptés au prix de revient ou d'achat.

4° *Imputation de la valeur des effets livrés depuis le 1er janvier 1908.*

Tous les effets livrés à charge de remboursement par les magasins administratifs ou par prélèvement sur l'approvisionnement de l'Etat des corps de troupe à quelque partie prenante que ce soit, à partir du 1er janvier 1908, seront décomptés au prix de la nouvelle nomenclature; cette disposition est applicable aux effets fournis, dans ces conditions, à la masse d'habillement des corps, quelle que soit la commande à laquelle ces effets se rapportent.

5° *Régularisation des modifications apportées à la situation de la masse d'habillement et d'entretien par suite du passage de la nomenclature actuelle à la nouvelle.*

Par suite des modifications apportées à la plupart des prix de la nomenclature, la valeur des effets appartenant à la masse d'habillement va se trouver changée; il en résultera que ladite masse aura subi, de ce fait, une augmentation ou une diminution.

Afin de régulariser, dans les comptes de la masse d'habillement et d'entretien, la différence qui en résultera, il sera établi un procès-verbal comprenant les matières, effets ou objets qui, existant à la date du 31 décembre 1907, ont subi une modification de prix.

La valeur de ces matières, effets et objets sera décomptée d'après les anciens et les nouveaux prix.

Ce procès-verbal fera ressortir distinctement, pour l'approvisionnement de corps et pour l'approvisionnement des unités, la différence à provenir des nouveaux prix.

En ce qui concerne l'approvisionnement de corps, la différence totale entre les deux décomptes sera portée dans le prochain compte de la masse :

En dépense, s'il y a réduction de prix dans la valeur des effets;

En recette, s'il y a augmentation du prix dans la valeur des effets.

Cette inscription sera faite sous la rubrique « changement de nomenclature ».

Ces inscriptions en dépense ou en recette dans les comptes de la masse d'habillement et d'entretien n'affectent pas la comptabilité en déniers des corps; elles ne donnent pas lieu à remboursement ou à versement au Trésor.

En ce qui concerne l'approvisionnement des unités, la différence totale entre les deux décomptes sera inscrite en augmentation, ou en diminution, suivant le cas, au tableau spécial du modèle 16, annexé à l'instruction du 22 janvier 1907, indiquant la situation du fonds particulier au 31 décembre, et sous une rubrique spéciale, au paragraphe I du modèle 18 de ladite instruction, dans le calcul des pertes et consommations.

Le Sous-Secrétaire d'Etat
au ministère de la guerre,

HENRY CHÉRON.

ANNEXE A LA CIRCULAIRE DU 20 DÉCEMBRE 1907

EXEMPLES DES INSCRIPTIONS

à faire sur les comptes de gestion, au moment du passage de la nomenclature ■■ ■ actuelle à la nouvelle nomenclature.

1er EXEMPLE.

L'unité n° 29-30 de l'ancienne nomenclature est classée sous le n° 29-27 de la nouvelle.

On portera à l'encre rouge dans la colonne 21 du compte de gestion de 1907 : n° 29-27, et dans la colonne 7 du compte de gestion de 1908, sous le n° 29-27 « Reprise d'inventaire » : n° 29-30.

2e EXEMPLE.

Le compte de gestion de 1907 constate, pour l'unité 116-1, un restant de 438 objets qui, dans la nouvelle nomenclature, sont, en raison de leurs dimensions ou pour toute autre cause, répartis en deux numéros : 116-1, 116-2.

On portera dans la colonne 21 du compte de gestion de 1907 :

$$\left.\begin{matrix}116\text{-}1 = 156\\116\text{-}2 = 282\end{matrix}\right\}438$$

et dans la colonne 7 du compte de gestion de 1908 :

Sous le n° 116-1, Reprise d'inventaire, n° 116-1;
Sous le n° 116-2, Reprise d'inventaire, n° 116-1.

En face de ces dernières inscriptions, on portera dans la colonne 13 les nombres 156 d'une part et 282 d'autre part.

Les deux comptes de 1907 et 1908 recevront, en conséquence, des inscriptions semblables à celles portées sur les modèles ci-après :

Compte de gestion de 1907.

NUMÉROS de la NOMENCLATURE par unité — sommaire.	NUMÉROS de la NOMENCLATURE par unité — détaillée.		COLONNE 7.		COLONNE 13.	COLONNE 7 (A).	COLONNE 21 (B).
			1er EXEMPLE :				
29	30					62	No 29-27.
			2e EXEMPLE :				
116	1					438	No 116-1 = 156 No 116-2 = 282 } 438

(A) Colonne 15 pour les comptes de gestion des corps de troupe.
(B) Colonne 17 pour les comptes de gestion des corps de troupe.

Compte de gestion de 1908.

NUMÉROS de la NOMENCLATURE par unité — sommaire.	NUMÉROS de la NOMENCLATURE par unité — détaillée.		COLONNE 7.		COLONNE 13 (C).		COLONNE 21 (D).
			1er EXEMPLE :				
29	27		Reprise d'inventaire ...... no 29-30		62		
			2e EXEMPLE :				
116	1		Reprise d'inventaire......... 116-1		156		
	2		Reprise d'inventaire......... 116-1		282		
					438		

(C) Colonne 10 pour les comptes de gestion des corps de troupe.
(D) Colonne 17 pour les comptes de gestion des corps de troupe.

NOTICE PRÉLIMINAIRE.

Conformément aux dispositions de l'article 4 du règlement du 30 décembre 1902 sur la comptabilité des matières appartenant au Département de la guerre, le matériel susceptible d'emploi ne comporte plus qu'un seul classement : « bon pour le service ».

Un chapitre spécial est affecté aux matières et objets hors de service, lorsque leur réforme a été régulièrement prononcée ou après décision du Ministre.

Toutefois, par dérogation au principe posé ci-dessus, les effets et objets délivrés aux corps de troupe ou établissements considérés comme tels, à charge de remboursement par la masse d'habillement, sont susceptibles de trois classements : « bon pour le service », « en cours de durée » et « instruction » ; les effets des deux derniers classements figurent d'ailleurs, dans les comptes, sous les mêmes numéros sommaires et détaillés de la nomenclature que l'effet bon pour le service correspondant, mais on ajoute au numéro détaillé la lettre B pour le classement en cours de durée et la lettre I pour le classement d'instruction. Ainsi, le pantalon de soldat est compris sous le n° 29-2, quand il est bon pour le service ; sous le n° 29-2B, quand il est en cours de durée et sous le n° 29-2I s'il est classé au service d'instruction.

Ces indications doivent être portées sur les factures d'expédition de matériel, afin de permettre au comptable réceptionnaire de prendre charge des effets sous leur véritable classement.

Le prix du matériel « bon pour le service » se rapproche le plus possible du prix moyen d'achat ou de revient. Celui des matières et objets hors de service non utilisables est fixé au vingtième du prix du matériel « bon pour le service » en négligeant, s'il y a lieu, les millièmes.

Le prix des effets d'habillement, de chaussures et de petit équipement en cours de durée, est inférieur de 40 p. 100 à celui des effets bons pour le service. Le prix des effets de coiffure de grand équipement, ainsi que des petits bidons en cours de durée, est inférieur de 20 p. 100 à celui des effets bons pour le service. La valeur des effets du service d'instruction est le cinquième de celle des effets bons pour le service.

Les effets et objets qui ne figureraient pas à la présente nomenclature seront classés avec les effets similaires (numéro sommaire).

Quant aux prix et aux numéros de détail à leur assigner, ils seront provisoirement déterminés par MM. les directeurs de l'intendance ; les prix seront fixés d'après les prix d'achat, de revient ou d'estimation (3e alinéa, § 1er, art. 2 de l'instruction du 30 décembre 1902, É. M., vol. 27).

Il en sera de même pour le matériel qui, bien que figurant à la nomenclature, ne comporterait aucun prix.

Enfin, pour faciliter l'établissement de l'inventaire estimatif des matières, effets et objets, au compte de la masse d'habillement et d'entretien (modèle 24 de l'instruction du 30 décembre 1902, É. M., vol. 27, pour l'application du règlement précité), cet inventaire estimatif sera dressé de la manière suivante :

1° Les matières, effets et objets, au lieu d'être inscrits en une seule série dans l'ordre de la nomenclature, seront divisés en :

a) Matières, effets et objets de la première portion ;
b) Matières, effets et objets de la deuxième portion.

2° Dans chacun de ces groupes, la valeur du matériel sera totalisée par chapitre de la nomenclature et la récapitulation sera établie ainsi qu'il suit :

	1re PORTION.	2e PORTION.	TOTAL.
Chapitre Ier................			
Chapitre II................			
Chapitre III................			
Etc....................			
TOTAUX GÉNÉRAUX. ...			

NOMENCLATURE H I

DES MATIÈRES ET EFFETS

DU SERVICE

DE L'HABILLEMENT ET DU CAMPEMENT

NOTA. — Les prix de la présente nomenclature ne comprennent pas, sauf en ce qui concerne les effets des sous-officiers élèves officiers, la valeur des pattes à numéros et des écussons.

Les matières premières et effets de la première portion sont précédés d'un astérisque; ceux de la deuxième portion sont précédés de deux astérisques.

La lettre (A) indique le matériel à décompter au prix d'achat ou d'estimation.

Les appareils de physique et de chimie ainsi que les instruments de précision sont inscrits sur un carnet-inventaire spécial (carnet-inventaire de la bibliothèque et des collections scientifiques), donnant à la fois la composition détaillée de chacun d'eux et les mouvements successifs d'entrée et de sortie.

Ces appareils et instruments figurent en nombre et en deniers au compte de gestion.

Les effets et objets de la 2e portion ne comportent plus que deux classements : le classement neuf et le classement en cours de durée. Ce dernier est uniformément fixé à 50 % du prix neuf. (Circ. minist. du 3 novembre 1911.)

CLASSIFICATION DES MATIÈRES ET EFFETS					UNITÉ RÉGLEMENTAIRE.	PRIX MINISTÉRIELS au classement		
PAR UNITÉ SOMMAIRE.		PAR UNITÉ DÉTAILLÉE.						
Numéros.	DÉNOMINATION.	Numéros.	DÉNOMINATION.			bon pour le service.	en cours de durée.	d'instruction.
						fr. c.	fr. c.	fr. c.

CHAPITRE PREMIER.

Draps et tissus pour la confection.

Numéros.	Dénomination.	Numéros.	Dénomination.		Unité réglementaire.	bon pour le service.	en cours de durée.	d'instruction.
1	*Draps	1	de sous-officier rengagé.....	Blanc blanchi........................	Mètre	7 »	»	»
		2		Bleu de ciel........................	Id.	8 55	»	»
		3		Bleu foncé........................	Id.	9 50	»	»
		4		Rouge ton garance........................	Id.	9 35	»	»
		5		Gris de fer foncé........................	Id.	8 75	»	»
		6		Jonquille........................	Id.	7 »	»	»
		7		Ecarlate........................	Id.	7 »	»	»
		8		Gris de fer bleuté fin..............	Id.	8 »	»	»
		9						
		10						
		11						
		12	spéciaux pr l'École militaire de l'artillerie et du génie.	Bleu foncé... pour dolman et tunique..........	Id.	8 70	»	»
		13		Bleu foncé... pour pèlerine, pantalon et képi....	Id.	9 10	»	»
		14		Écarlate dit « Casimir ».........	Id.	6 35	»	»
		15						
		16						
		17						
		18						
		19	de sous-officier	Blanc blanchi......... (en 140 c.).	Id.	7 95	»	»
		20		Bleu de ciel.......... (en 140 c.).	Id.	7 80	»	»
		21		Bleu foncé.............. (en 140 c.).	Id.	8 80	»	»
		22		Rouge ton garance..... (en 140 c.).	Id.	8 45	»	»
		23		Gris de fer foncé...... (en 140 c.).	Id.	8 15	»	»
		24		Jonquille.............. (en 140 c.).	Id.	7 95	»	»
		25		Ecarlate.............. (en 140 c.).	Id.	7 95	»	»
		26						
		27						
		28						
		29						
		30	de soldat...	Bleu de ciel........... (en 140 c.).	Id.	6 95	»	»
		31		Bleu foncé............ (en 140 c.).	Id.	8 05	»	»
		32		Rouge ton garance.... (en 140 c.).	Id.	7 70	»	»
		33		Gris beige............. (en 140 c.).	Id.	7 45	»	»
		34		Gris bleuté............ (en 140 c.).	Id.	7 45	»	»
		35		Gris de fer foncé...... (en 140 c.).	Id.	7 45	»	»
		36		Marron foncé......... (en 140 c.).	Id.	7 45	»	»
		37		Beige bleu............ (en 140 c.).	Id.	7 45	»	»
		38						
		39						
		40						
		41						
		42						

CLASSIFICATION DES MATIÈRES ET EFFETS				UNITÉ RÉGLEMENTAIRE.	PRIX MINISTÉRIELS au classement		
PAR UNITÉ SOMMAIRE.		PAR UNITÉ DÉTAILLÉE.					
Numéros.	DÉNOMINATION.	Numéros.	DÉNOMINATION.		bon pour le service.	en cours de durée.	d'instruction.
					fr. c.	fr. c.	fr. c.
2	*Flanelles, molletons, satins et velours.	1		Mètre			
		2					
		3					
		4	Molleton bleu foncé (en 132 cm.)	Id.	6 »	»	»
		5	Satins de Chine	Id.	1 70	»	»
		6	Velours noir	Id.	12 75	»	»
		7					
		8					
		9					
3	*Toiles et treillis.	1	Toiles d'Armentières	Id.	1 30	»	»
		2	Toiles coutil (en 66 c.)	Id.	1 20	»	»
		3	Toiles à doublure en lin	Id.	1 10	»	»
		4	Toiles à doublure en coton	Id.	» 64	»	»
		5	Toiles à doublure croisé coton (en 90 c.) mastic	Id.	» 80	»	»
		6	Toiles à doublure croisé coton (en 90 c.) noir	Id.	» 80	»	»
		7	Toiles à tente, dites 3 fils (en 80 c.)	Id.	1 30	»	»
		8	Toiles de coton teinte au cachou pâle et imperméabilisée (en 90 c.)	Id.	1 95	»	»
		9	Toiles à pourrir ordinaire (en 45 c.)	Id.	» 30	»	»
		10	Toiles à pourrir sulfatisée à double imbibition au cuivre				
		11		Id.	» 35	»	»
		12	Toiles pour enveloppe de paillasse (en 85 c.)	Id.	» 95	»	»
		13	Toiles pour enveloppe de traversin (en 79 c.)	Id.	» 85	»	»
		14	Toiles pour sac de couchage (en 80 c.)	Id.	« 95	»	»
		15	Toiles pour baldaquin de tente de conseil (teinte en bleu) (en 105 c.)	Id.	» 75	»	»
		16	Toiles pour garniture de chapeau de tente (en 120 c.)	Id.	» 90	»	»
		17	Toiles pour garniture extérieure de caisse à bagages (en 68 c.)	Id.	1 10	»	»
		18	Toiles pour garniture intérieure de caisse à bagages (percaline teinte en rouge vif) (en 80 c.)	Id.	» 70	»	»
		19	Toiles pour garniture de cantine à vivres (imperméable) (en 102 c.)	Id.	3 25	»	»
		20	Toiles pour garniture de caisse à archives (tissu de lin sulfatisé) (en 105 c.)	Id.	1 »	»	»
		21	Toiles pour garniture de caisse de fonds (en 83 c.)	Id.	1 45	»	»
		22	Toiles voile (dite à) pour fond de seau (en 48 c. à 50 c.)	Id.	1 30	»	»
		23	Toiles voile (dite à) pour fût de seau en 38 c. à 39 c.)	Id.	1 10	»	»
		24	Tissu de sangle en chanvre pour pliant	Id.	» 30	»	»
		25	Tissu de sangle en chanvre pour tente	Id.	» 25	»	»
		26					
		27					
		28					
		29					
		30	Treillis pour pantalons en 70 c.	Id.	1 15	»	»
		31	Treillis pour pantalons en 86 c.	Id.	1 40	»	»
		32					

CLASSIFICATION DES MATIÈRES ET EFFETS				UNITÉ RÉGLEMENTAIRE.	PRIX MINISTÉRIELS au classement		
PAR UNITÉ SOMMAIRE.		PAR UNITÉ DÉTAILLÉE.					
Numéros.	DÉNOMINATION.	Numéros.	DÉNOMINATION.		bon pour le service.	en cours de durée.	d'instruction.
					fr. c.	fr. c.	fr. c.
3	*Toiles et treillis (*Suite.*)	33	Treillis..... (*Suite.*)				
		34					
		35					

CHAPITRE II.

Effets d'habillement.

§ 1er. — *Effets d'habillement du modèle général.*

Numéros.	DÉNOMINATION.	Numéros.	DÉNOMINATION.	UNITÉ RÉGLEMENTAIRE.	bon pour le service.	en cours de durée.	d'instruction.
10	**Bourgerons.	1	en toile (avec col).....	Nombre.	2 70	1 35	» 60
		2	blouse en toile.....	Id.	2 65	1 35	» 65
		3	veste en toile.....	Id.	2 40	1 20	» 60
		4	en toile (sans col).....	Id.	2 55	1 30	» 60
		5					
		6					
		7					
		8					
		9					
11	** Caleçons.	1	Caleçons en cretonne de coton.....	Id.	1 25	» 65	» 25
		2					
		3					
		4					
		5					
12	*Capotes.	1	pour sous-officiers et soldats.... ancien modèle. Artillerie.....	Id.	24 40	14 65	4 90
		2	Génie.....	Id.	23 15	13 90	4 65
		3	Train des équipages.	Id.	19 60	11 75	3 90
		4	modèle réglementaire. Artillerie.....	Id.	24 45	14 70	4 90
		5	Compagnies de discipline.....	Id.	21 95	13 20	4 40
		6	Toutes autres armes.	Id.	21 20	12 75	4 25
		7					
		8					
		9					
		10					
13	Ceintures.	1	**de laine... Modèle général pour groupes alpins et troupes d'Afrique (sauf les spahis).....	Id.	3 40	1 70	» 80
		2	Tirailleurs algériens.....	Id.	3 30	1 65	» 70
		3	Chasseurs d'Afrique.....	Id.	5 05	2 55	1 05
		4	de flanelle (1).....	Id.	1 15	» 70	» 25
		5					
		6					
		7					
		8					

(1) Ceux de ces effets qui sont déposés dans les compagnies, étant entretenus et remplacés sur les fonds particuliers de ces unités, font partie, dans ce cas, de la 2e portion.

CLASSIFICATION DES MATIÈRES ET EFFETS				UNITÉ RÉGLEMENTAIRE.	PRIX MINISTÉRIELS au classement		
PAR UNITÉ SOMMAIRE.		PAR UNITÉ DÉTAILLÉE.					
Numéros.	DÉNOMINATION.	Numéros.	DÉNOMINATION.		bon pour le service.	en cours de durée.	d'instruction.
					fr. c.	fr. c.	fr. c.
14	**Chaussettes et bas de laine.	1	Chaussettes en coton	Paire.	» 45	» 27	» 09
		2	Chaussettes en laine	Id.	1 25	» 75	» 25
		3	Bas de laine	Id.	2 25	1 35	» 45
		4					
		5					
		6					
		7					
15	**Chemises.	1	de coton à col	Nombre.	1 80	1 10	» 40
		2	de coton sans col	Id.	1 80	1 10	» 40
		3	de flanelle de coton à carreaux à col	Id.	2 10	1 05	» 50
		4	de flanelle de coton à carreaux sans col	Id.	2 10	1 05	
		5	de flanelle de coton à rayures à col	Id.	1 85	0 95	» 40
		6	de flanelle de coton à rayures sans col	Id.	1 85	0 95	
		7	Gandoura	Id.	3 »	1 80	» 60
		8					
		9					
		10					
		11					
16	*Collets à capuchon en drap.	1	Zouaves et tirailleurs algériens	Id.	14 65	8 80	2 95
		2					
		3					
		4					
		5					
17	**Cravates et cols.	1	Cravates de coton	Id.	» 20	» 12	» 04
		2	Cols blancs	Id.	» 35	» 21	» 07
		3	Lisérés de col en celluloïd	Id.	» 20	» 12	» 04
		4					
		5					
		6					
		7					
18	*Culottes.	1	Cavalerie et train des équipages militaires (modèle 1901) Sous-officier	Id.	12 95	7 80	2 60
		2	Cavalerie et train des équipages militaires (modèle 1901) Soldat	Id.	11 95	7 20	2 40
		3	Artillerie et génie (modèle 1901) Sous-officier	Id.	15 20	9 15	3 05
		4	Artillerie et génie (modèle 1901) Soldat	Id.	14 40	8 65	2 90
		5	Culotte pour conducteur de caissons (bataillon de chasseurs à pied) A. M.	Id.	11 40	6 85	2 30
		6	Culotte de cheval E. M. I.	Id.	»	»	»
		7	Culotte mod. 1905 Cavalerie et train des équipages Sous-officier	Id.	12 60	7 60	2 55
		8	Culotte mod. 1905 Cavalerie et train des équipages Soldat	Id.	11 70	7 05	2 35
		9	Culotte mod. 1905 Artillerie et génie Sous-officier	Id.	14 70	8 85	2 95
		10	Culotte mod. 1905 Artillerie et génie Soldat	Id.	13 85	8 35	2 80
		11	Culotte mod. 1905 de conducteur de caissons, de chasseurs à pied	Id.	11 30	6 80	2 30
		12	Pour tirailleur méhariste	Id.	»	»	»
		13	Caval. et Tr. des équip. basanées en drap de sous-officier	Id.	18 05	10 85	3 65
		14	Caval. et Tr. des équip. basanées — soldat	Id.	16 50	9 90	3 30
		15	Artillerie et génie Id. — sous-officier	Id.	20 »	12 »	4 »
		16	Artillerie et génie Id. — soldat	Id.	18 75	11 25	3 75
		17	Culotte basanée de conducteur de caissons chasseurs à pied	Id.	15 75	9 45	3 15

CLASSIFICATION DES MATIÈRES ET EFFETS					UNITÉ RÉGLEMENTAIRE.	PRIX MINISTÉRIELS au classement		
PAR UNITÉ SOMMAIRE.		PAR UNITÉ DÉTAILLÉE.						
Numéros.	DÉNOMINATION.	Numéros.	DÉNOMINATION.			bon pour le service.	en cours de durée.	d'instruction.
						fr. c.	fr. c.	fr. c.
19	*Dolmans.	1	Dragons	Sous-officier	Nombre.	18 40	11 05	3 70
		2		Soldat	Id.	17 25	10 35	3 45
		3	Chasseurs à cheval	Sous-officier	Id.	17 05	10 25	3 45
		4		Soldat	Id.	15 85	9 55	3 20
		5	Hussards	Sous-officier	Id.	17 »	10 20	3 40
		6		Soldat	Id.	15 80	9 50	3 15
		7	Chasseurs d'Afrique	Sous-officier	Id.	17 05	10 25	3 40
		8		Soldat	Id.	15 85	9 50	3 20
		9	Artillerie	Sous-officier	Id.	19 20	11 55	3 85
		10		Soldat	Id.	18 10	10 85	3 65
		11	Train des équipages militaires	Sous-officier	Id.	17 85	10 70	3 60
		12		Soldat	Id.	16 85	10 10	3 40
		13	Cavaliers de remonte	Sous-officier	Id.	18 40	11 05	3 70
		14		Soldat	Id.	17 25	10 35	3 45
		15	École d'application de cavalerie et École militaire préparatoire de cavalerie (cadre)	Sous-officier	Id.	18 40	11 05	3 70
		16		Soldat	Id.	17 25	10 35	3 45
		17						
		18						
		19						
		20						
20	**Épaulettes.	1	sans garniture	Cuirassiers	Paire.	2 30	1 40	» 50
		2		Infanterie de ligne et génie	Id.	1 95	1 20	» 40
		3		Chasseurs à pied	Id.	1 95	1 20	» 40
		4		Infanterie légère d'Afrique	Id.	1 95	1 20	» 40
		5		Régiments étrangers	Id.	1 95	1 20	» 40
		6		Compagnies de discipline (cadre)	Id.	1 95	1 20	» 40
		7		Secrétaires d'état-major et du recrutement	Id.	1 95	1 20	» 40
		8		Trompettes de cuirassiers	Id.	2 30	1 40	» 50
		9		Commis et ouvriers militaires d'administration	Id.	1 95	1 20	» 40
		10		Infirmiers militaires	Id.	1 95	1 20	» 40
		11	avec garniture	Cuirassiers	Id.	2 80	1 70	» 60
		12		Infanterie de ligne et génie	Id.	2 40	1 45	» 50
		13		Chasseurs à pied	Id.	2 40	1 45	» 50
		14		Infanterie légère d'Afrique	Id.	2 40	1 45	» 50
		15		Régiments étrangers	Id.	2 40	1 45	» 50
		16		Compagnies de discipline (cadre)	Id.	2 40	1 45	» 50
		17		Secrétaires d'état-major et du recrutement	Id.	2 40	1 45	» 50
		18		Trompettes de cuirassiers	Id.	2 80	1 70	» 60
		19		Commis et ouvriers militaires d'administration	Id.	2 40	1 45	» 50
		20		Infirmiers militaires	Id.	2 40	1 45	» 50
		21	[illegible]					
		22						
		23						
		24						
		25						
		26						

CLASSIFICATION DES MATIÈRES ET EFFETS				UNITÉ RÉGLEMENTAIRE.	PRIX MINISTÉRIELS au classement		
PAR UNITÉ SOMMAIRE.		PAR UNITÉ DÉTAILLÉE.					
Numéros.	DÉNOMINATION.	Numéros.	DÉNOMINATION.		bon pour le service.	en cours de durée.	d'instruction.
					fr. c.	fr. c.	fr. c.
21	Gants.	1	moufles en laine	Paire.	1 25	» 65	»
		2					
		3					
		4					
		5					
		6					
		7					
		8					
		9					
22	Gilets.	1	*de drap.... Zouaves. Sous-officier	Nombre.	3 25	1 95	» 65
		2	*de drap.... Zouaves. Soldat	Id.	3 10	1 90	» 62
		3	*de drap.... Tirailleurs algériens. Sous-officier	Id.	3 05	1 85	» 61
		4	*de drap.... Tirailleurs algériens. Soldat	Id.	2 85	1 75	» 57
		5	**de coton	Id.	3 »	1 80	» 60
		6	**de flanelle ordinaire	Id.	4 50	2 70	» 90
		7	**de flanelle en usage dans les troupes coloniales	Id.	3 60	2 15	» 75
		8	**de laine	Id.	7 »	4 20	1 40
		9					
		10					
		11					
		12					
23	Guêtres-jambières, jambières et bandes molletières.	1	Guêtres jambières pour zouaves et tirailleurs algériens.. *en drap neuf	Paire.	5 95	3 60	1 20
		2	Guêtres jambières pour zouaves et tirailleurs algériens.. **en drap hors de service	Id.	1 40	» 85	» 30
		3	Guêtres jambières pour zouaves et tirailleurs algériens.. *en toile	Id.	1 55	» 95	» 30
		4	*Bandes mollet. ancien modèle pour chas. alpins	Id.	3 35	2 05	» 70
		5	Bandes mollet. nouveau modèle pour chas. alpins	Id.	3 95	2 40	» 80
		6					
		7					
		8					
		9					
24	**Jersey.	1	avec col	Nombre.	5 45	2 75	1 15
		2	sans col	Id.	5 45	2 75	
		3					
		4					
		5					
		6					
25	*Manteaux en drap.	1	pour adjudant de toutes armes et sous-chef de musique d'artillerie... avec pèlerine	Id.	88 10	52 90	17 65
		2	pour adjudant de toutes armes et sous-chef de musique d'artillerie... sans pèlerine	Id	54 60	32 80	10 95
		3	pour adjudant de toutes armes et sous-chef de musique d'artillerie... pèlerine seule	Id.	33 50	20 10	6 70
		4	de troupe. ancien modèle bleu foncé. Dragons, Ecole d'application de cavalerie et Ecole militaire préparatoire de cavalerie (cadre), cavaliers de remonte et de manége, artillerie (hommes montés), génie (sapeurs-conducteurs)	Id.	36 45	21 85	7 30
		5	de troupe. ancien modèle bleu foncé. Cuirassiers	Id.	38 45	23 05	7 70

CLASSIFICATION DES MATIÈRES ET EFFETS				UNITÉ RÉGLEMENTAIRE.	PRIX MINISTÉRIELS au classement		
PAR UNITÉ SOMMAIRE.		PAR UNITÉ DÉTAILLÉE.					
Numéros.	DÉNOMINATION.	Numéros.	DÉNOMINATION.		bon pour le service.	en cours de durée.	d'instruction.
					fr. c.	fr. c.	fr. c.
25	*Manteaux en drap. (*Suite.*)	6	de troupe — ancien modèle — bleu de ciel — Chasseurs à cheval, hussards, chasseurs d'Afrique, École de cavalerie	Nombre.	32 20	19 30	6 45
		7	de troupe — ancien modèle — gris de fer foncé — Train des équipages militaires (hommes montés)	Id.	32 65	19 60	6 55
		8	de troupe — modèle réglementaire — gris de fer bleuté — Pour toutes les troupes à cheval (cuirassiers exceptés)	Id.	35 95	21 60	7 20
		9	de troupe — modèle réglementaire — gris de fer bleuté — Pour cuirassiers	Id.	38 50	23 10	7 70
		10	à capuchon pour chasseurs alpins	Id.	25 40	15 25	5 10
		11	pour adjudants de toutes armes et sous-chef de musique	Id.	39 85	23 95	8 »
		12					
		13					
		14					
		15					
26	**Matelassure de cuirasse.	1	Gilet matelassure	Id.	8 25	4 95	1 65
		2					
		3					
		4					
		5					
27	**Mouchoirs de poche	1	du modèle ordinaire	Id.	» 26	» 13	»
		2	dits « d'instruction »	Id.	» 60	» 36	» 12
		3	blancs	Id.	» 30	» 18	» 06
		4					
		5					
		6					
		7					
28	Pantalons	1	*d'ordonnance. — Infanterie de ligne, infanterie légère d'Afrique, compagnies de discipline (cadre), régiments étrangers, secrétaires d'état-major, commis et ouvriers militaires d'administration, cadre de l'École d'administration, infirmiers militaires — Sous-officier	Id.	10 90	6 55	2 20
		2	*d'ordonnance. — Infanterie de ligne, etc. — Soldat	Id.	9 90	5 95	2 »
		3	*d'ordonnance. — Train des équipages (soldat non monté)	Id.	10 10	6 10	2 05
		4	*d'ordonnance. — Chasseurs à pied — Sous-officier	Id.	10 60	6 40	2 15
		5	*d'ordonnance. — Chasseurs à pied — Soldat	Id.	9 80	5 90	2 »
		6	*d'ordonnance. — Compagnies de discipline	Id.	10 40	6 25	2 10
		7	*d'ordonnance. — Zouaves — Sous-officier	Id.	18 60	11 20	3 75
		8	*d'ordonnance. — Zouaves — Soldat	Id.	16 25	9 75	3 25
		9	*d'ordonnance. — Tirailleurs algériens — Sous-officier	Id.	17 35	10 45	3 50
		10	*d'ordonnance. — Tirailleurs algériens — Soldat	Id.	15 75	9 45	3 15
		11	*d'ordonnance. — Pour tous les corps de cavalerie (chasseurs d'Afrique, cavaliers de remonte et train des équipages militaires, en Afrique exceptés) — Sous-officier	Id.	12 15	7 30	2 45

CLASSIFICATION DES MATIÈRES ET EFFETS				UNITÉ RÉGLEMENTAIRE.	PRIX MINISTÉRIELS au classement		
PAR UNITÉ SOMMAIRE.		PAR UNITÉ DÉTAILLÉE.					
Numéros.	DÉNOMINATION.	Numéros.	DÉNOMINATION.		bon pour le service.	en cours de durée.	d'instruction.
					fr. c.	fr. c.	fr. c.
29	Pantalons. (*Suite.*)	12	*d'ordonnance. (*Suite.*) Chasseurs d'Afrique, cavaliers de remonte et train des équipages (en Afrique)......... Sous-officier	Nombre.	15 10	9 05	3 05
		13	Ecole d'application de cavalerie et Ecole militaire préparatoire de cavalerie (cadre). Soldat......	Id.	11 35	6 80	2 30
		14					
		15	Artillerie... Sous-officier monté..........	Id.	14 10	8 50	2 85
		16	Artillerie... Sous-officier non monté......	Id.	13 60	8 20	2 75
		17	Artillerie... Soldat non monté...........	Id.	12 60	7 60	2 55
		18	Génie...... Sous-officier monté..........	Id.	14 40	8 65	2 90
		19	Génie...... Sous-officier non monté......	Id.	13 35	8 05	2 70
		20	Génie...... Soldat non monté...........	Id.	12 45	7 50	2 50
		21	Cavalier de remonte (soldat).............	Id.	10 90	6 60	2 20
		22	*de cheval. Pour tous les corps de cavalerie (chasseurs d'Afrique, cavaliers de remonte et train des équipages militaires, en Afrique excepté)........... Sous-officier	Id.	23 45	14 10	4 70
		23	Pour tous les corps de cavalerie (...) Soldat......	Id.	22 40	13 45	4 50
		24	Chasseurs d'Afrique, cavaliers de remonte et train des équipages (Afrique)........ Sous-officier	Id.	21 65	13 »	4 35
		25	Chasseurs d'Afrique (...) Soldat......	Id.	20 75	12 45	4 15
		26	Artillerie.................... Sous-officier	Id.	24 90	14 95	5 00
		27	Artillerie.................... Soldat......	Id.	23 95	14 40	4 80
		28	Génie...................... Sous-officier	Id.	24 85	14 90	4 95
		29	Génie...................... Soldat......	Id.	23 85	14 30	4 75
		30	Conducteurs de caissons et soldats-ordonnances des chefs de corps dans les bataillons de chasseurs à pied...............	Id.	21 25	12 75	4 25
		31	en toile pour zouaves et tirailleurs algériens....	Id.	4 60	2 30	» 90
		32	**de travail. en treillis d'écurie ou de travail pour toutes armes.........................	Id.	3 40	1 70	» 80
		33	en treillis bleu pour ouvriers divers.......	Id.	3 95	2 »	» 95
		34	en toile grise pour la cuisine.............	Id.	2 90	1 45	» 70
		35					
		36					
		37					
		38					
30	** Tabliers	1	à bavette et à poche......... en toile bleue...............	Id.	1 90	1 15	» 40
		2	à bavette et à poche......... en toile cachou..............	Id.	1 80	1 10	» 40
		3	à bavette et à poche......... en toile crémée..............	Id.	1 70	1 05	» 35
		4	à bavette, sans poche......... en toile bleue..............	Id.	1 80	1 10	» 35
		5	à bavette, sans poche......... en toile cachou..............	Id.	1 70	1 05	» 35
		6	à bavette, sans poche......... en toile crémée..............	Id.	1 60	» 95	» 35
		7					
		8					
		9					
		10					
		11					

CLASSIFICATION DES MATIÈRES ET EFFETS				UNITÉ RÉGLEMENTAIRE.	PRIX MINISTÉRIELS au classement		
PAR UNITÉ SOMMAIRE.		PAR UNITÉ DÉTAILLÉE.					
Numéros.	DÉNOMINATION.	Numéros.	DÉNOMINATION.		bon pour le service.	en cours de durée.	d'instruction.
					fr. c.	fr. c.	fr. c.
31	*Tuniques et vareuses.	1	Tuniques de sous-officier — Infanterie de ligne, régiments étrangers, infirmiers militaires, N. M. — Tambour-major	Nombre.	21 15	12 70	4 25
		2	Tuniques de sous-officier — Infanterie de ligne, régiments étrangers, infirmiers militaires, N. M. — Sous-officier	Id.	16 10	9 70	3 25
		3	Tuniques de sous-officier — Chasseurs à pied, infanterie légère d'Afrique, compagnies de discipline (cadre), secrétaires d'état-major, commis et ouvriers d'administration, Ecole d'administration (cadre), N. M.	Id.	16 10	9 70	3 25
		4	Tuniques de sous-officier — Secrétaires d'état-major, commis et ouvriers d'administration, Ecole d'administration (cadre), A. M.	Id.	17 »	10 20	3 40
		5	Tuniques de sous-officier — Infirmiers militaires, A. M.	Id.	17 60	10 55	3 50
		6	Tuniques de sous-officier — Génie : troupes à pied — Tambour-major	Id.	27 45	16 50	5 49
		7	Tuniques de sous-officier — Génie : troupes à pied — Sous-officier	Id.	19 10	11 50	3 82
		8	Tuniques de sous-officier — Sapeurs conducteurs	Id.	20 35	12 25	4 10
		9					
		10	Tuniques de sous-officier — Cuirassiers	Id.	16 80	10 10	3 40
		11	Tuniques de sous-officier — Infanterie, tambr-maj., ancien modle	Id.	20 75	12 45	4 15
		12	Tuniques de sous-officier — Dragons	Id.	16 35	9 85	3 30
		13	Tuniques de sous-officier — Chasseurs et hussards	Id.	15 »	9 »	3 »
		14	Tuniques de sous-officier — Cavaliers de remonte (intérieur)	Id.	16 30	9 80	3 30
		15	Vareuse-dolman des chasseurs alpins s.-officiers	Id.	18 55	11 15	3 75
		16	Tuniques de soldat. — Infanterie de ligne, régiments étrangers, infirmiers militaires, N. M.	Id.	14 95	9 »	3 »
		17	Tuniques de soldat. — Chasseurs à pied, infanterie légère d'Afrique, compagnies de discipline (cadre), secrétaires d'état-major, commis et ouvriers d'administration, Ecole d'administration (cadre), N. M.	Id.	15 »	9 »	3 »
		18	Tuniques de soldat. — Secrétaires d'état-major, commis et ouvriers d'administration, Ecole d'administration (cadre), A. M.	Id.	16 20	9 70	3 25
		19	Tuniques de soldat. — Infirmiers militaires, A. M.	Id.	16 75	10 05	3 35
		20	Tuniques de soldat. — Génie — Sapeurs mineurs	Id.	18 10	10 90	3 65
		21	Tuniques de soldat. — Génie — Sapeurs conducteurs	Id.	19 20	11 55	3 85
		22	Tuniques de soldat. — Cuirassiers	Id.	16 40	9 85	3 30
		23	Tuniques de soldat. — Dragons	Id.	16 25	9 75	3 25
		24	Tuniques de soldat. — Chasseurs et hussards	Id.	13 45	8 10	2 70
		25	Tuniques de soldat. — Cavaliers de remonte (intérieur)	Id.	15 »	9 »	3 »
		26	Tuniques de soldat. — Vareuse-dolman des chass. alpins.	Id.	17 05	10 25	3 45
		27	Tuniques de soldat. — Ecole de cavalerie — Sous-officier	id.	17 45	10 45	3 50
		28	Tuniques de soldat. — Ecole de cavalerie — Soldat	id.	16 »	9 60	3 20
		29	**Vareuse en treillis crémé pr s.-officiers de toutes armes	Id.	11 50	5 75	»
		30	*Tunique de sous-officiers non rengagés — du train des équipages militaires	id	15 55	9 35	3 15
		31	*Tunique de sous-officiers non rengagés — de l'artillerie	id	16 45	9 90	3 30
		32	Tuniques de l'aéronautique — Hommes à pied — S-officiers	Id.	18 90	11 35	3 80
		33	Tuniques de l'aéronautique — Hommes à pied — Soldats	Id.	17 90	10 75	3 60
		34	Tuniques de l'aéronautique — Conducteurs — S-officiers	Id.	»	»	»
		35	Tuniques de l'aéronautique — Conducteurs — Soldats	Id.	»	»	»

CLASSIFICATION DES MATIÈRES ET EFFETS					PRIX MINISTÉRIELS au classement		
PAR UNITÉ SOMMAIRE.		PAR UNITÉ DÉTAILLÉE.		UNITÉ RÉGLEMENTAIRE.			
Numéros.	DÉNOMINATION.	Numéros.	DÉNOMINATION.		bon pour le service.	en cours de durée.	d'instruction.
					fr. c.	fr. c.	fr. c.
32	Vestes	1	*d'uniforme. Infanterie de ligne, chasseurs à pied, secrétaires d'état-major, commis et ouvriers militaires d'administration, cadre de l'Ecole d'administration, infirmiers milit., infanterie légère d'Afrique, comp. de discipline (cadre), comp. de discipline (fusiliers, régiments étrangers)..	Nombre.	10 55	6 35	2 15
		2	Zouaves............ Sous-officier	Id.	11 35	6 85	2 30
		3	Zouaves............ Soldat......	Id.	10 70	6 45	2 15
		4	Tirailleurs algériens. Sous-officier	Id.	10 50	6 30	2 10
		5	Tirailleurs algériens. Soldat......	Id.	9 70	5 85	1 95
		6	Demi-ample pour troupes à pied..	Id.	11 75	7 05	2 35
		7	Cuirassiers, dragons, cavaliers de remonte..........................	Id.	12 50	7 50	2 50
		8	Artillerie (soldat)................	Id.	12 25	7 35	2 45
		9	Chasseurs à cheval et hussards, chasseurs d'Afrique (soldat).....	Id.	11 25	6 75	2 25
		10	Ecole d'application de cavalerie et cadre de l'Ecole militaire préparatoire de cavalerie.............	Id.	12 55	7 55	2 50
		11	Chasseurs d'Afrique (sous-officier).	Id.	12 25	7 35	2 45
		12	Cavaliers de remonte (sous-officier en Algérie).......................	Id.	13 45	8 10	2 70
		13	Génie (troupe à pied et sapeurs conducteurs).......................	Id.	10 95	6 60	2 20
		14	Train des équipages milit. (soldat).	Id.	11 45	6 90	2 30
		15					
		16	Chasseurs d'Afrique (N. M.)........... Sous-officier	Id.	11 55	6 95	2 35
		17	Chasseurs d'Afrique (N. M.)........... Soldat......	Id.	10 70	6 45	2 15
		18	Cavaliers de remonte en Afrique (N. M.) Sous-officier	Id.	12 50	7 50	2 50
		19	Cavaliers de remonte en Afrique (N. M.) Soldat......	Id.	11 75	7 05	2 35
		20	Artillerie (sous-officier)...........	Id.	13 10	7 90	2 62
		21	Train des équipages (sous-officier).	Id.	12 20	7 35	2 45
		22	des caporaux rengagés...........	Id.	11 75	7 05	2 35
		23					
		24					
		25					
		26					
		27	de travail... *en drap... Ouvriers d'artillerie et artificiers (sous-officier)..........	Id.	13 80	8 30	2 80
		28	de travail... *en drap... Commis et ouvriers militaires d'administration (sous-officier)..........	Id.	13 50	8 10	2 70
		29	de travail... **en treillis bleu..................	Id.	5 40	2 70	1 30
		30	Vestes en treillis pour sous-officiers...........	Id.	4 25	2 55	» 85
		31					
		32					
		33					
		34					
		35					

CLASSIFICATION DES MATIÈRES ET EFFETS				UNITÉ RÉGLEMENTAIRE.	PRIX MINISTÉRIELS au classement		
PAR UNITÉ SOMMAIRE.		PAR UNITÉ DÉTAILLÉE.			bon pour le service,	en cours de durée.	d'instruction.
Numéros.	DÉNOMINATION.	Numéros.	DÉNOMINATION.		fr. c.	fr. c.	fr. c.
33	Effets d'habillement et accessoires d'effets d'habillement spéciaux à l'usage des spahis et tirailleurs sahariens.	1	Burnous.. en drap	Nombre.	28 60	17 15	5 70
		2	Burnous.. en laine blanche	Id.	21 50	12 90	4 30
		3	**Ceintures en cuir	Id.	» 35	» 20	» 07
		4	**Ceintures en laine	Id.	4 80	2 90	» 95
		5	*Gilets...... Sous-officier	Id.	3 80	2 30	» 75
		6	*Gilets...... Soldat	Id.	3 60	2 15	» 70
		7	*Pantalons.. Sous-officier	Id.	19 85	11 90	3 95
		8	*Pantalons.. Soldat	Id.	17 90	10 75	3 60
		9	**Pantalons de toile arabe	Id.	6 25	3 75	1 25
		10	*Vestes.... Sous-officier	Id.	15 30	9 20	3 05
		11	*Vestes.... Soldat	Id.	11 85	7 10	2 35
		12	*Numéros pour manteau d'adjudant (paire de)	Id.	1 10	» 65	» 20
		13	Bourgeron de toile**	Id.	2 60	1 55	» 50
		14	Burnous couleur marron**	Id.	27 00	16 20	5 40
		15	Pantalon de toile*	Id.	1 40	» 85	» 30
		16					
		17					
		18					
		19					
34							
35							
36							
37							
38							
39							
40							
41							
42							

§ 2. — *Accessoires d'effets d'habillement.*

Numéros.	DÉNOMINATION.	Numéros.	DÉNOMINATION.	UNITÉ	bon pour le service	en cours de durée	d'instruction
43	**Boucles de pantalon.	1	Boucles de pantalon	Id.	» 10	» 06	»
		2					
		3					
		4					
44	**Boutons.	1	en cuivre... demi-bombé... gros	Id.	» 04	» 03	»
		2	en cuivre... demi-bombé... petit	Id.	» 02	» 01	»
		3	en cuivre... demi-sphérique... gros	Id.	» 03	» 01	»
		4	en cuivre... demi-sphérique... petit	Id.	» 02	» 01	»
		5	en étain... demi-bombé... gros	Id.	» 04	» 03	»
		6	en étain... demi-bombé... petit	Id.	» 03	» 01	»
		7	en étain... demi-sphérique... gros	Id.	» 04	» 03	»
		8	en étain... demi-sphérique... petit	Id.	» 03	» 02	»
		9	Boutons en fer à barrette (gros)	le mille.	7 »	4 20	»
		10	Boutons en fer à barrette (petits)	Id.	5 50	3 30	»
		11					
		12					
		13					
		14					

CLASSIFICATION DES MATIÈRES ET EFFETS				UNITÉ RÉGLEMENTAIRE.	PRIX MINISTÉRIELS au classement		
PAR UNITÉ SOMMAIRE.		PAR UNITÉ DÉTAILLÉE.					
Numéros.	DÉNOMINATION.	Numéros.	DÉNOMINATION.		bon pour le service.	en cours de durée.	d'instruction.
					fr. c.	fr. c.	fr. c.
45	**Brassards.	1	Brassards de brancardiers régimentaires........	Nombre.	» 90	» 54	» 18
		2	Conducteurs régimentaires (1)..................	Id.	» 90	» 54	» 18
		3	Estafettes du service de la trésorerie et des postes............... Sous-officier	Id.	3 75	2 25	» 75
		4	Estafettes du service de la trésorerie et des postes............... Brigadier et soldat....	Id.	2 00	1 20	» 40
		5	Service des réquisitions et de l'alimentation militaires............ Sous-officier	Id.	» 90	» 54	» 18
		6	Service des réquisitions et de l'alimentation militaires............ Brigadier ou caporal...	Id.	» 50	» 30	» 10
		7	Service des réquisitions et de l'alimentation militaires............ Soldat......	Id.	» 40	» 24	» 08
		8	Pour hommes affectés au service de garde des voies de communication..........................	Id.	» 40	» 24	» 08
		9	Pour hommes des services auxiliaires mis à la disposition des corps de troupe à la mobilisation.	Id.	» 40	» 24	» 08
		10	Pour télégraphistes.............. Sous-officier	Id.	2 »	1 20	» 40
		11	Pour télégraphistes.............. Soldat......	Id.	1 25	» 75	» 25
		12	Pour vélocipédiste..........................	Id.	» 90	» 54	» 18
		13	Pour estafette d'arbitre......................	Id.	» 40	» 24	» 08
		14	Pour arbitres officiers........................	Id.	» 40	» 24	» 08
		15	Pour vélocipédistes sous-officiers................	Id.	1 50	» 90	» 30
		16					
		17					
		18					
		19					
46	**Bretelles de pantalon.	1	pour homme à cheval (la paire)................	Id.	» 61	» 31	» 13
		2	pour homme à pied (la paire)..................	Id.	» 51	» 26	» 10
		3					
		4					
		5					
		6					
		7					
47	**Courroies.	1	de manteau..................................	Id.	» 45	» 27	» 09
		2	de sautoir ou de capote (modèle général)........	Id.	» 25	» 15	» 05
		3	de sautoir (modèle spécial aux chasseurs alpins)	Id.	» 30	» 18	» 06
		4	de troussequin pour la confection des sacs des hommes montés de l'artillerie..............	Id.	» 60	» 36	» 12
		5	supplémentaire de cavalerie (jeu)..............	Id.	1 62	1 30	» 32
		6					
		7					
		8					
		9					
48	*Fausses bottes (paire de).	1	pour pantalon de cheval....... ancien modèle.	Id.	8 40	5 05	1 70
		2	pour pantalon de cheval....... rétrécies......	Id.	8 10	4 90	1 65
		3					
		4					
		5					
		6					
		7					

(1) Y compris les frais résultant de la confection et de la fourniture des matières premières et des accessoires. Toutefois, lorsque les draps seront fournis par les magasins de l'État, il sera alloué seulement un prix de confection de 0 fr. 10 comprenant la fourniture du fil noir et la boucle en fer verni noir.

CLASSIFICATION DES MATIÈRES ET EFFETS				UNITÉ RÉGLEMENTAIRE.	PRIX MINISTÉRIELS au classement		
PAR UNITÉ SOMMAIRE.		PAR UNITÉ DÉTAILLÉE.					
Numéros.	DÉNOMINATION.	Numéros.	DÉNOMINATION.		bon pour le service.	en cours de durée.	d'instruction.
					fr. c.	fr. c.	fr. c.
49	**Galons.	1	d'or, de 22mm, façon à lézardes, A. M.	Mètre	5 35	3 20	1 05
		2	d'or, de 22mm, façon à lézardes, N. M.	Id.	5 »	3 »	1 »
		3	d'or, de 22mm, façon cul-de-dé	Id.	5 »	3 »	1 »
		4	d'or, de 15mm	Id.	4 20	2 55	» 85
		5	d'or, de 12mm, A. M.	Id.	2 40	1 45	» 50
		6	d'or, de 12mm, N. M.	Id.	2 50	1 50	» 50
		7	d'or, de 11mm	Id.	2 25	1 35	» 45
		8	d'or, de 6mm	Id.	1 80	1 10	» 35
		9	d'or, en trait côtelé de 6mm pour adjudants et médecins auxiliaires	Id.	1 80	1 10	» 40
		10	d'argent, de 22mm, façon à lézardes	Id.	3 40	2 05	» 70
		11	d'argent, de 22mm, façon à cul-de-dé	Id.	3 40	2 05	» 70
		12	d'argent, de 15mm	Id.	3 40	2 »	» 70
		13	d'argent, de 12mm	Id.	1 75	1 05	» 35
		14	d'argent, de 11mm	Id.	1 60	1 »	» 35
		15	d'argent, de 10mm	Id.	1 50	» 90	» 30
		16	d'argent, de 6mm	Id.	1 40	» 90	» 30
		17	d'argent, en trait côtelé de 6mm pour adjudants, médecins et pharmaciens auxiliaires	Id.	1 65	1 »	» 35
		18	pour brides d'épaule, or et soie	Id.	1 70	1 »	» 35
		19	pour brides d'épaule, argent et soie	Id.	1 40	» 90	» 30
		20	de laine, garance, de 22mm	Id.	» 25	» 15	» 05
		21	de laine, garance, de 12mm	Id.	» 15	» 09	» 03
		22	de laine, écarlate, de 22mm	Id.	» 25	» 15	» 05
		23	de laine, écarlate, de 12mm	Id.	» 17	» 10	» 03
		24	de laine, jonquille, de 22mm	Id.	» 25	» 15	» 05
		25	de laine, jonquille, de 12mm	Id.	» 17	» 10	» 03
		26	de laine, bleu de ciel de 22mm pour spahis	Id.	» 25	» 15	» 05
		27	de laine, à losanges tricolores de 22mm	Id.	» 43	» 26	» 09
		28	en poil de chèvre	Id.	» 20	» 12	» 04
		29	en fil blanc	Id.	» 20	» 12	» 04
		30	Pour fausses jugulaires en métal, en or	Id.	1 80	» 10	» 40
		31	Pour fausses jugulaires en métal, en argent	Id.	1 65	» »	» 35
		32					
		33					
		34					
		35					
		36					
50	*Insignes, ornements et attributs (1).	1	de tir, grenade, brodée en or ou en argent	Nombre.	1 30	» 80	» 30
		2	de tir, grenade, brodée en soie et or	Id.	1 35	» 80	» 30
		3	de tir, grenade, découpée en drap	Id.	» 15	» 09	» 03
		4	de tir, cor de chasse, avec grenade, brodé en or	Id.	1 45	» 90	» 30
		5	de tir, cor de chasse, avec grenade, brodé en argent	Id.	1 40	» 85	» 30
		6	de tir, cor de chasse, sans grenade, brodé en or	Id.	» 60	» 36	» 12
		7	de tir, cor de chasse, sans grenade, brodé en argent	Id.	» 55	» 33	» 11
		8	de tir, cor de chasse, découpé en drap	Id.	» 15	» 09	» 03
		9	Ancre de navigation brodée en laine écarlate	Id.	» 40	» 24	» 08

(1) Les insignes, ornements et attributs qui sont livrés par les magasins administratifs, 1re portion; ceux qui sont achetés directement par les corps ou confectionnés par eux, 2e portion.

CLASSIFICATION DES MATIÈRES ET EFFETS						PRIX MINISTÉRIELS au classement		
PAR UNITÉ SOMMAIRE.		PAR UNITÉ DÉTAILLÉE.			UNITÉ RÉGLEMENTAIRE.			
Numéros.	DÉNOMINATION.	Numéros.		DÉNOMINATION.		bon pour le service.	en cours de durée.	d'instruction.
						fr. c.	fr. c.	fr. c.
50	*Insignes, ornements et attributs. (*Suite.*)	10	brodés en or ou en argent.	Fer de bras … en or	Nombre.	1 »	» 60	» 20
		11		Fer de bras … en argent	Id.	» 95	» 57	» 19
		12		Grenades (la paire). sans numéro pour manteau d'adjudant des troupes à cheval … en or	Id.	2 »	1 20	» 40
		13		Grenades (la paire). sans numéro pour manteau d'adjudant des troupes à cheval … en argent	Id.	1 90	1 15	» 40
		14		Lyres (la paire) pour manteau de sous-chef de musique d'artillerie	Id.	2 30	1 40	» 45
		15		Numéros (la paire) pour manteau d'adjudant des troupes à cheval … en or … à 1 chiffre.	Id.	» 70	» 42	» 14
		16		Numéros (la paire) pour manteau d'adjudant des troupes à cheval … en or … à 2 chiffres	Id.	1 40	» 90	» 30
		17		Numéros (la paire) pour manteau d'adjudant des troupes à cheval … en argent. à 1 chiffre.	Id.	» 60	» 36	» 12
		18		Numéros (la paire) pour manteau d'adjudant des troupes à cheval … en argent. à 2 chiffres	Id.	1 20	» 75	» 25
		19		Roue	Id.	2 10	1 25	» 40
		20		Troussequin	Id.	1 40	» 85	» 30
		21		Vélocipède (la paire)	Id.	3 50	2 10	» 70
		22	en cannetille d'or mat sans paillette	Caducée … pour tunique, capote ou dolman (la paire).	Id.	2 25	1 35	» 45
		23		Caducée … pour manteau (la paire)	Id.	2 10	1 25	» 40
		24	brodés en fil d'argent	Lyre pour sergent-major clairon chef de fanfare des bataillons de chasseurs alpins (la paire)	Id.	2 40	1 45	» 50
		25	brodés en soie et or ou argent.	Etoile avec foudres (télégraphie légère et signaleurs)	Id.	1 10	» 65	» 20
		26		Fer de bras … avec clous en or	Id.	» 90	» 54	» 18
		27		Fer de bras … avec clous en argent.	Id.	» 80	» 48	» 16
		28		Haches en sautoir (pour maréchal des logis de sapeurs de cavalerie) (la paire)	Id.	2 20	1 30	» 45
		29	brodés en soie	Locomotive	Id.	1 30	» 80	» 25
		30		Troussequin	Id.	1 10	» 65	» 20
		31						
		32	brodés en fil.	Caducée … Sections d'infirmiers militaires (la paire).	Id.	» 70	» 42	» 14
		33		Foudres (la paire)	Id.	» 80	» 48	» 16
		34	brodés en laine	Etoile avec foudres (télégraphie légère et signaleurs)	Id.	» 50	» 30	» 10
		35		Caducées (Ecole de médecine du Val-de-Grâce) pour collet (la paire).	Id.	» 90	» 54	» 18
		36		Caducées (Ecole de médecine du Val-de-Grâce) pour képi	Id.	» 35	» 21	» 07
		37	en drap soutaché	Fer de bras. 1er aide-maréchal ferrant … en or	Id.	» 40	» 24	» 08
		38		Fer de bras. 1er aide-maréchal ferrant … en argent.	Id.	» 40	» 24	» 08
		39		Fer de bras. 2e aide-maréchal ferrant … en or	Id.	» 35	» 21	» 07
		40		Fer de bras. 2e aide-maréchal ferrant … en argent.	Id.	» 35	» 21	» 07
		41	en drap bordé	Lyre pour musiciens … en or (la paire)	Id.	» 70	» 42	» 14
		42		Lyre pour musiciens … en argent (la paire)	Id.	» 60	» 36	» 12

CLASSIFICATION DES MATIÈRES ET EFFETS				UNITÉ RÉGLEMENTAIRE.	PRIX MINISTÉRIELS au classement		
PAR UNITÉ SOMMAIRE.		PAR UNITÉ DÉTAILLÉE.					
Numéros.	DÉNOMINATION.	Numéros.	DÉNOMINATION.		bon pour le service.	en cours de durée.	d'instruction.
					fr. c.	fr. c.	fr. c.
		43	découpés en drap. — Collier, étoile, fer de bras, roue	Nombre.	» 15	» 09	» 03
		44	découpés en drap. — Aérostat, locomotive	Id.	» 20	» 12	» 04
		45	découpés en drap. — Grenade	Id.	» 15	» 09	» 03
		46	découpés en drap. — Troussequin	Id.	» 10	» 06	» 02
		47	découpés en drap. — Vélocipède	Id.	» 20	» 12	» 04
		48	découpés en drap. — Etoile à huit branches	Id.	» 10	» 06	» 02
		49	découpés en drap. — Croissant	Id.	» 10	» 06	» 02
		50	découpés en drap. — Pot en tête surmontant la cuirasse	Id.	» 20	» 12	» 04
		51	découpés en drap. — Attributs de sapeur (la paire) — ouvrier d'art — cavalerie	Id.	» 25	» 15	» 05
		52	découpés en drap. — Attributs de sapeur (la paire) — ouvrier d'art — infanterie	Id.	» 25	» 15	» 05
		53	Attributs de sapeur (la paire) — porteur d'outils (chass. à pied)	Id.	» 25	» 15	» 05
		54	Attributs de sapeur colombophile. — Pigeon brodé en soie blanche	Id.	1 25	» 75	» 25
		55	Attributs de sapeur colombophile. — Pigeon brodé en fil blanc	Id.	1 10	» 65	» 20
		56	Chiffres pour effets d'habillement divers	Id.	» 05	» 30	» 01
		57					
		58					
		59					
		60	Edussons brodés pour interprète stagiaire	Id.	2 50	1 50	» 50
		61	Numéros brodés en soie à 2 chiffres (la paire)	Id.	» 90	» 54	» 18
		62	Numéros métalliques dorés à 2 chiffres	Id.	» 80	» 48	» 16
		63	Grenades en fil d'or pour chef armurier (la paire)	Id.	1 60	» 95	» 30
50	* Insignes, ornements et attributs. (*Suite.*)	64	Grenades de mineurs 1re cl., s.-officier (la paire)	Id.	1 60	» 95	» 30
		65	Poteau télégraphique — brodé de sous-officier	Id.	1 15	» 70	» 25
		66	Poteau télégraphique — brodé de caporal et sapeur	Id.	» 90	» 54	» 18
		67	Poteau télégraphique — découpé en drap	Id.	» 25	» 15	» 05
		68	Manipulateur — brodé de sous-officier	Id.	1 90	1 15	» 40
		69	Manipulateur — brodé de caporal et sapeur	Id.	1 80	1 10	» 40
		70	Manipulateur — découpé en drap	Id	» 25	» 15	» 05
		71					
		72	Insigne de chef d'équipe photo-électrique	Id.	3 »	1 80	» 60
		73	Ancre de navigation soie et or	Id.	1 »	» 60	» 20
		74	Insignes pour sections de mitrailleuses — en or, pour sous-officiers	Id.	1 50	» 90	» 30
		75	Insignes pour sections de mitrailleuses — en argent, pour sous-officiers	Id	1 45	» 90	» 30
		76	Insignes pour sections de mitrailleuses — en soie, pour caporal ou brigadier	Id.	1 05	» 65	» 21
		77	Insignes pour sections de mitrailleuses — en soie avec grenade, pour tireur-pointeur	Id.	1 45	» 90	» 30
		78	Attributs pour caporaux et brigadiers armuriers. — avec liseré or	Id.	2 25	1 35	» 45
		79	Attributs pour caporaux et brigadiers armuriers. — avec liseré argent	Id.	2 25	1 35	» 45
		80	Insigne pour chef de poste radio-télégraphique. — à 3 chevrons	Id.	3 »	1 80	» 60
		81	Insigne pour chef de poste radio-télégraphique. — à 2 chevrons	Id.	2 75	1 65	» 55
		82	Insigne pour chef de poste radio-télégraphique. — à 1 chevron	Id.	2 50	1 50	» 50
		83	Insignes pour les troupes de l'aéronautique — Hélice ailée. — découpée en drap	Id.	0 80	0 48	0 16
		84	Insignes pour les troupes de l'aéronautique — Hélice ailée. — brodée en soie et or	Id.	3 90	2 35	0 78
		85	Insignes pour les troupes de l'aéronautique — Ancre ailée. — découpée en drap	Id.	0 70	0 42	0 14
		85[1]	Insignes pour les troupes de l'aéronautique — Ancre ailée. — brodée en soie et or	Id.	4 15	2 50	0 83
		85[2]	Insignes pour les troupes de l'aéronautique — Roue dentée. — brodée — en [illegible]	Id.	1 15	0 69	0 23
		85	Insignes pour les troupes de l'aéronautique — Roue dentée. — brodée — en laine avec chevron et trait d'or	Id.	1 40	0 84	0 28
		85[4]	Insignes pour les troupes de l'aéronautique — Roue dentée. — brodée — en or	Id.	2 45	1 50	0 49
		85[5]	Insignes pour les troupes de l'aéronautique — Roue dentée. — brodée — en or avec chevron en trait or	Id.	2 75	1 65	0 55

CLASSIFICATION DES MATIÈRES ET EFFETS				UNITÉ RÉGLEMENTAIRE.	PRIX MINISTÉRIELS au classement		
PAR UNITÉ SOMMAIRE.		PAR UNITÉ DÉTAILLÉE.					
Numéros.	DÉNOMINATION.	Numéros.	DÉNOMINATION.		bon pour le service.	en cours de durée.	d'instruction.
					fr. c.	fr. c.	fr. c.
50	* Insignes, ornements et attributs. (*Suite.*)	85^{6}	Insignes pour les troupes de l'aéronautique.. (*Suite*) — Etoile ailée. — avec n° du groupe — brodée en laine.....	Nombre	4 20	2 55	8 4[illegible]
		85^{7}	Etoile ailée. — avec n° du groupe — brodée en or et soie.....	Id.	6 60	4 00	1 35
		85^{8}	Etoile ailée. — sans n° du groupe, brodée en or et soie..	Id.	6 10	3 70	1 25
		85^{9}	Nœud hongrois. — brodé. — en laine.. ..	Id.	0 60	0 36	0 12
		85^{10}	Nœud hongrois. — brodé. — en or	Id.	0 80	0 48	0 16
		85^{11}	Roue de gouvernail ailée. — brodée or et soie — avec n° du groupe....	Id.	6 60	4 00	1 35
		85^{12}	Roue de gouvernail ailée. — brodée or et soie — sans n° du groupe....	Id.	6 10	3 70	1 25
		85	Grenade ailée. — avec n° du groupe — brodée — en laine.	Id.	4 20	2 55	0 84
		85^{14}	Grenade ailée. — avec n° du groupe — brodée — en or et soie.	Id.	6 60	4 00	1 35
		85^{15}	Grenade ailée. — sans n° du groupe, brodée en or et soie.	Id.	6 10	3 70	1 25
		85^{16}	Grenade. — brodée en or et soie. — pour collet..	Id.	3 00	1 80	0 60
		85^{17}	Grenade. — brodée en or et soie. — pour képis ..	Id.	0 65	0 39	0 13
		85^{18}	Croissants pour gardes-étalons en Afrique — en argent ...	Id.	0 85	0 51	0 17
		85^{19}	Croissants pour gardes-étalons en Afrique — en drap	Id.	0 20	0 12	0 04
		85^{20}	Insignes d'escrime. — brodés ...... — en or..............	Id.	2 00	1 20	0 40
		85^{21}	Insignes d'escrime. — brodés ...... — en argent..........	Id.	1 95	1 20	0 39
		85^{22}	Insignes d'escrime. — brodés ...... — en soie	Id.	0 95	0 57	0 19
51	***Passementerie.	1	Cordonnet.. — pour képi — blanc................	Mètre.	» 04	» 02	» 01
		2	Cordonnet.. — pour képi — bleu de ciel............	Id.	» 04	» 02	» 01
		3	Cordonnet.. — pour képi — bleu foncé............	Id.	» 04	» 02	» 01
		4	Cordonnet.. — pour képi — écarlate............	Id.	» 04	» 02	» 01
		5	Cordonnet.. — pour képi — jonquille............	Id.	» 04	» 02	» 01
		6	Cordonnet.. — rond...... — en fil noir............	Id.	» 07	» 04	» 02
		7	Cordonnet.. — rond...... — en laine noire.........	Id.	» 04	» 02	» 01
		8	Ganse carrée grosse.. — en mohair noir........	Id.	» 40	» 24	» 0[illegible]
		9	Ganse carrée grosse.. — blanche............	Id.	» 20	» 12	» 04
		10	Ganse carrée grosse.. — écarlate	Id.	» 20	» 12	» 0[illegible]
		11	Ganse carrée grosse.. — garance............	Id.	« 20	» 12	» 04
		12	Ganse carrée grosse.. — noire	Id.	» 17	» 10	» 04
		13	Ganse carrée petite..... — garance............	Id.	» 10	» 06	» 02
		14	Ganse carrée petite..... — jonquille............	Id.	» 10	» 06	» 05
		15	Ganse carrée petite..... — noire............	Id.	» 10	» 06	» 02
		16	Ganse ronde................ — en fil noir........	Id.	» 10	» 06	» 02
		17	Ganse ronde................ — en coton noir (lacets de pantalons de zouaves et tirailleurs)..	Id.	» 15	» 09	» 03

CLASSIFICATION DES MATIÈRES ET EFFETS				UNITÉ RÉGLEMENTAIRE.	PRIX MINISTÉRIELS au classement.		
PAR UNITÉ SOMMAIRE.		PAR UNITÉ DÉTAILLÉE.					
Numéros.	DÉNOMINATION.	Numéros.	DÉNOMINATION.		bon pour le service.	en cours de durée.	d'instruction.
					fr. c.	fr. c.	fr. c.
51	** Passementerie. (*Suite*).	18	Soutache, en laine, blanche	Mètre.	» 15	» 09	» 03
		19	Soutache, en laine, bleu foncé	Id.	» 07	» 04	» 02
		20	Soutache, en laine, jonquille	Id.	» 07	» 04	» 02
		21	Soutache, en laine, noire	Id.	» 15	» 09	» 03
		22	Soutache, en mohair noir, de 2mm,5	Id.	» 10	» 06	» 02
		23	Soutache, en mohair noir, de 6mm	Id.	» 22	» 13	» 05
		24	Soutache, en soie, et argent	Id.	» 83	» 50	» 17
		25	Soutache, en soie, et or	Id.	1 05	» 65	» 25
		26	Soutache, en soie, noire	Id.	» 20	» 12	» 04
		27	Torsade en câblé de laine de diverses nuances, grosse	Id.	» 10	» 06	» 02
		28	Torsade en câblé de laine de diverses nuances, petite	Id.	» 05	» 03	» 01
		29	Tresse en soie ou en mohair, plate, mélangée argent, de 3mm	Id.	» 70	» 42	» 14
		30	Tresse en soie ou en mohair, plate, mélangée or, de 3mm	Id.	» 85	» 51	» 17
		31	Tresse en soie ou en mohair, plate, en mohair noir	Id.	» 30	» 18	» 06
		32	Tresse en mohair noir dite « soubise hussard »	Id.	» 30	» 18	» 06
		33	Tresse en laine, carrée, blanche	Id.	» 20	» 12	» 04
		34	Tresse en laine, carrée, écarlate	Id.	» 20	» 12	» 04
		35	Tresse en laine, carrée, garance	Id.	» 20	» 12	» 04
		36	Tresse en laine, carrée, jonquille	Id.	» 20	» 12	» 04
		37	Tresse en laine, carrée, noire	Id.	» 20	» 12	» 04
		38	Tresse en laine, plate, à losanges tricolores	Id.	» 18	» 11	» 04
		39	Tresse en laine, plate, blanche	Id.	» 15	» 09	» 03
		40	Tresse en laine, plate, écarlate	Id	» 15	» 09	» 03
		41	Tresse en laine, plate, garance	Id.	» 15	» 09	» 03
		42	Tresse en laine, plate, jonquille	Id.	» 10	» 06	» 02
		43	Tresse en laine, plate, noire	Id.	» 15	» 09	» 03
		44	Galons pour interprète stagiaire	Id.	1 75	1 05	» 35
		45	Tresse plate pour interprète stagiaire	Id.	» 60	» 36	» 12
		46	Soutache d'ancienneté en soie, écarlate	Id.	» 25	» 15	» 05
		47	Soutache d'ancienneté en soie, garance	Id.	» 25	» 15	» 05
		48					
		49					
		50					
		51					
		52					
52	*Pattes et écussons.	1	Pattes pour collets droits ou écussons pour collets rabattus (la paire), en drap, à 1 chiffre ou attribut	Nombre	» 15	» 09	» 03
		2	Id., en drap, à 2 chiffres ou à 1 chiffre avec lettre	Id.	» 20	» 12	» 04
		3	Id., en drap, à 3 chiffres ou à 2 chiffres avec lettre	Id.	» 25	» 15	» 05
		4	Id., en drap, à grenade ou étoile	Id.	» 15	» 09	» 03
		5	Id., en drap, à grenade et à numéro	Id.	» 15	» 09	» 03
		6	Id., en velours, à 1 chiffre	Id.	» 30	» 18	» 06
		7	Id., en velours, à 2 chiffres	Id.	» 35	» 21	» 07

CLASSIFICATION DES MATIÈRES ET EFFETS				UNITÉ RÉGLEMENTAIRE.	PRIX MINISTÉRIELS au classement		
PAR UNITÉ SOMMAIRE.		PAR UNITÉ DÉTAILLÉE.					
Numéros.	DÉNOMINATION.	Numéros.	DÉNOMINATION.		bon pour le service.	en cours de durée.	d'instruction.
					fr. c.	fr. c.	fr. c.
52	*Pattes et écussons. (*Suite.*)	8	Ecussons pour képis à 1 chiffre ou attribut	Nombre.	» 10	» 06	» 02
		9	Ecussons pour képis à 2 chiffres ou à 1 chiffre avec lettre	Id.	» 10	» 06	» 02
		10	Ecussons pour képis à 3 chiffres ou à 2 chiffres avec lettre	Id.	» 15	» 09	» 03
		11	Ecussons pour képis. (*Suite.*) à grenade ou étoile	Id.	» 05	» 03	» 01
		12	Ecussons pour képis. (*Suite.*) d'interprète stagiaire	Id.	»	»	»
		13	Ecussons en cuivre pour brassards	Id.	»	»	»
		14					
		15					
		16					
		17					
53	**Rubans de médailles.	1	Chine	Mètre.	3 50	»	»
		2	Coloniale	Id.	1 10	»	»
		3	Dahomey	Id.	1 20	»	»
		4	Madagascar	Id.	1 60	»	»
		5	Tonkin	Id.	1 20	»	»
		6	Sauvetage	Id.	1 55	»	»
		7	Cambodge	Id.	1 70	»	»
		8	Dragon de l'Annam	Id.	1 70	»	»
		9	Médaille militaire	Id.	1 70	»	»
		10					
		11					
		12					
		13					
54	*Pattes d'épaules.	1	Pour sous-officiers, brigadiers et soldats	Paire.	1 35	» 81	» 27
		2					
		3					
		4					
		5					
55							
56							
57							

§ 3. — *Effets de coiffure.*

Numéros.	DÉNOMINATION.	Numéros.	DÉNOMINATION.	UNITÉ RÉGLEMENTAIRE.	bon pour le service.	en cours de durée.	d'instruction.
58	**Bérets pour les troupes alpines.	1	Bérets	Nombre.	1 65	1 30	» 39
		2					
		3					
		4					
59	*Bonnet de police (galons non compris).	1	Infanterie	Id.	1 35	1 15	» 30
		2	Cuirassiers et dragons	Id.	1 45	1 20	» 29
		3	Chasseurs et hussards	Id.	1 30	1 05	» 26
		4	Artillerie et génie	Id	1 45	1 20	» 29
		5	Train des équipages	Id.	1 40	1 15	» 28
		6	Compagnie de discipline	Id.	1 35	1 10	» 30
		7					
		8					
		9					
		10					

CLASSIFICATION DES MATIÈRES ET EFFETS				UNITÉ RÉGLEMENTAIRE	PRIX MINISTÉRIELS au classement	
PAR UNITÉ SOMMAIRE		PAR UNITÉ DÉTAILLÉE				
Numéros	DÉNOMINATION	Numéros	DÉNOMINATION		bon pour le service	en cours de durée
					fr. c.	fr. c.
60	Calottes.	1	**de travail en drap (commis et ouvriers militaires d'administration)	Nombre.	» 91	» 46
		2	**de coton	Id.	» 24	» 14
		3				
		4				
		5				
61	*Casques.	1	Modèle général (A)	Id.	30	24 »
		2	En liège, avec jugulaire, à l'usage des troupes coloniales	Id.	3 80	3 05
		3	de cavalerie légère	Id.	»	»
		4				
		5				
		6				
62	** Chéchias.	1	sans basane. Chasseurs d'Afrique et cavaliers de remonte (Algérie)	Id.	2 05	1 65
		2	sans basane. Zouaves et tirailleurs	Id.	1 80	1 10
		3	avec basane. Chasseurs d'Afrique et cavaliers de remonte (Algérie)	Id.	2 25	1 35
		4	avec basane. Zouaves et tirailleurs	Id.	2 05	1 25
		5	avec basane. Spahis (chéchia sans gland)	Id.	2 50	2 »
		6				
		7				
		8				
63	*Képi sans la jugulaire en métal et les boutons de jugulaire pour sous-officiers.	1	Infanterie de ligne. Régiments étrangers. avec carcasse et basane.. entière.. Sous-officier	Id.	3 25	2 60
		2	Infanterie de ligne. Régiments étrangers. avec carcasse et basane.. entière.. Soldat	Id.	3 05	2 45
		3	Infanterie de ligne. Régiments étrangers. avec carcasse et basane.. réduite.. Sous-officier	Id.	2 70	2 20
		4	Infanterie de ligne. Régiments étrangers. avec carcasse et basane.. réduite.. Soldat	Id.	2 65	2 15
		5	Infanterie de ligne. Régiments étrangers. sans carcasse avec basane.. entière.. Sous-officier	Id.	2 80	2 25
		6	Infanterie de ligne. Régiments étrangers. sans carcasse avec basane.. entière.. Soldat	Id.	2 75	2 20
		7	Infanterie de ligne. Régiments étrangers. sans carcasse avec basane.. réduite.. Sous-officier	Id.	2 90	2 30
		8	Infanterie de ligne. Régiments étrangers. sans carcasse avec basane.. réduite.. Soldat	Id.	2 75	2 25
		9	Chasseurs à pied. avec carcasse et basane.. entière.. Sous-officier	Id.	3 25	2 60
		10	Chasseurs à pied. avec carcasse et basane.. entière.. Soldat	Id.	3 05	2 45
		11	Chasseurs à pied. avec carcasse et basane.. réduite.. Sous-officier	Id.	2 70	2 20
		12	Chasseurs à pied. avec carcasse et basane.. réduite.. Soldat	Id.	2 65	2 15
		13	Chasseurs à pied. sans carcasse avec basane.. entière.. Sous-officier	Id.	3 05	2 45
		14	Chasseurs à pied. sans carcasse avec basane.. entière.. Soldat	Id.	2 90	2 30
		15	Chasseurs à pied. sans carcasse avec basane.. réduite.. Sous-officier	Id.	2 90	2 30
		16	Chasseurs à pied. sans carcasse avec basane.. réduite.. Soldat	Id.	2 75	2 25
		17	Infanterie légère d'Afrique. Compagnies de discipline (cadres). avec carcasse et basane.. entière.. Sous-officier	Id.	3 25	2 60
		18	Infanterie légère d'Afrique. Compagnies de discipline (cadres). avec carcasse et basane.. entière.. Soldat	Id.	3 05	2 45
		19	Infanterie légère d'Afrique. Compagnies de discipline (cadres). avec carcasse et basane.. réduite.. Sous-officier	Id.	2 65	2 15
		20	Infanterie légère d'Afrique. Compagnies de discipline (cadres). avec carcasse et basane.. réduite.. Soldat	Id.	2 60	2 10
		21	Infanterie légère d'Afrique. Compagnies de discipline (cadres). sans carcasse avec basane.. entière.. Sous-officier	Id.	2 80	2 25
		22	Infanterie légère d'Afrique. Compagnies de discipline (cadres). sans carcasse avec basane.. entière.. Soldat	Id.	2 75	2 20
		23	Infanterie légère d'Afrique. Compagnies de discipline (cadres). sans carcasse avec basane.. réduite.. Sous-officier	Id.	2 90	2 30
		24	Infanterie légère d'Afrique. Compagnies de discipline (cadres). sans carcasse avec basane.. réduite.. Soldat	Id.	2 75	2 25

(A) On devra ajouter, aux prix déterminés pour les casques du modèle général, savoir :
Pour les cuirassiers : une houppette (Voir le n° 75-34). — Pour les dragons : un bouton à tige (Voir le n° 75-11).

CLASSIFICATION DES MATIÈRES ET EFFETS				UNITÉ RÉGLEMENTAIRE.	PRIX MINISTÉRIELS au classement		
PAR UNITÉ SOMMAIRE.		PAR UNITÉ DÉTAILLÉE.					
Numéros.	DÉNOMINATION.	Numéros.	DÉNOMINATION.		bon pour le service.	en cours de durée.	d'instruction.
					fr. c.	fr. c.	fr. c.
63	*Képi sans la jugulaire en métal et les boutons de jugulaire pour sous-officiers. (*Suite.*)	25	Secr^res d'ét.-majr, commis et ouvriers milit. d'administration, cadres de l'École d'administration, infirmiers militaires.. — avec carcasse et basane entière.. — Sous-officier	Nombre.	3 25	2 60	» 65
		26	Id. — avec carcasse et basane entière.. — Soldat......	Id.	3 05	2 45	» 60
		27	Id. — avec carcasse et basane réduite. — Sous-officier	Id.	2 70	2 20	» 54
		28	Id. — avec carcasse et basane réduite. — Soldat......	Id.	2 65	2 15	» 53
		29	Id. — sans carcasse avec basane entière.. — Sous-officier	Id.	3 05	2 45	» 60
		30	Id. — sans carcasse avec basane entière.. — Soldat......	Id.	2 90	2 30	» 60
		31	Id. — sans carcasse avec basane réduite. — Sous-officier	Id.	2 90	2 30	» 60
		32	Id. — sans carcasse avec basane réduite. — Soldat......	Id.	2 75	2 25	» 55
		33	Cavaliers de remonte... — avec carcasse et basane entière....... — Sous-officier	Id.	3 »	2 40	» 60
		34	Cavaliers de remonte... — avec carcasse et basane entière....... — Soldat......	Id.	2 95	2 35	» 50
		35	Cavaliers de remonte... — sans carcasse avec basane entière.... — Sous-officier	Id.	3 10	2 45	» 60
		36	Cavaliers de remonte... — sans carcasse avec basane entière.... — Soldat......	Id.	2 90	2 30	» 60
		37	Cuirassiers et dragons. — sans carcasse avec basane entière.... — Sous-officier	Id.	2 80	2 25	» 56
		38	Cuirassiers et dragons. — sans carcasse avec basane entière.... — Soldat......	Id.	2 75	2 20	» 55
		39	Artillerie, génie...... — avec carcasse et basane entière....... — Sous-officier	Id.	3 »	2 40	» 60
		40	Artillerie, génie...... — avec carcasse et basane entière....... — Soldat......	Id.	2 95	2 35	» 59
		41	Artillerie, génie...... — sans carcasse avec basane entière.... — Sous-officier	Id.	3 10	2 45	» 65
		42	Artillerie, génie...... — sans carcasse avec basane entière.... — Soldat......	Id.	2 90	2 30	» 60
		43	Train des équipages.. — avec carcasse et basane entière....... — Sous-officier	Id.	3 »	2 40	» 60
		44	Train des équipages.. — avec carcasse et basane entière....... — Soldat......	Id.	2 95	2 35	» 59
		45	Train des équipages.. — sans carcasse avec basane entière.... — Sous-officier	Id.	3 10	2 45	» 65
		46	Train des équipages.. — sans carcasse avec basane entière.... — Soldat......	Id.	2 90	2 30	» 60
		47	Comp. de discip., sans carcasse avec basane entière	Id.	2 90	2 30	» 60
		48	Chas^rs, hussards, École d'application de cavalerie et cadre de l'École militaire préparatoire de cavalerie.. — sans carcasse avec basane entière.... — Sous-officier	Id.	2 80	2 25	» 56
		49	Chas^rs, hussards, École d'application de cavalerie et cadre de l'École militaire préparatoire de cavalerie.. — sans carcasse avec basane entière.... — Soldat......	Id.	2 75	2 20	» 55
		50					
64	*Shakos et casquettes	1	Shakos sans plaque..... — Infanterie de ligne et chasseurs à pied				
		2	Shakos sans plaque..... — Commis et ouvriers militaires d'administration, infirmiers militaires et secrétaires d'état-major et de recrutement.........	Id.	7 50	6 »	1 50
				Id.	7 50	6 »	1 50
		3	Shakos sans plaque..... — Chasseurs à cheval.............	Id.	13 30	10 65	2 70
		4	Shakos sans plaque..... — Hussards........................	Id.	13 60	10 90	2 75
		5	Shakos sans plaque..... — École d'application de cavalerie et cadre de l'École militaire préparatoire de cavalerie...........	Id.	8 55	6 85	1 70
		6	Shakos sans plaque..... — Artillerie et génie..............	Id.	7 65	6 10	1 55
		7	Shakos sans plaque..... — Train des équipages militaires....	Id.	9 95	7 95	2 »
		8	Shakos sans plaque..... — Tambour-major...................	Id.	20 50	16 40	4 10
		9					

CLASSIFICATION DES MATIÈRES ET EFFETS				UNITÉ RÉGLEMENTAIRE.	PRIX MINISTÉRIELS au classement		
PAR UNITÉ SOMMAIRE.		PAR UNITÉ DÉTAILLÉE.					
Numéros.	DÉNOMINATION.	Numéros.	DÉNOMINATION.		bon pour le service.	en cours de durée.	d'instruction.
					fr. c.	fr. c.	fr. c.
64	Shakos et casquettes. (*Suite.*)	10	Shakos sans plaque.....				
		11					
		12					
		13					
		14	Casquettes sans plaque. Chasseurs d'Afrique.............	Nombre.	5 95	4 80	1 20
		15	Casquettes sans plaque. Cavaliers de remonte............	Id	4 80	3 85	» 95
		16	Casquette de caval. de remonte commis. comme garde-étalons, en Afrique..............	Id.	6 10	4 90	1 25
		17					
		18					
		19					
65	**Toques.	1	en toile blanche..................	Id.	0 55	» 44	» 11
		2	en toile bleue..................	Id.	0 70	» 56	» 14
		3	en toile cachou..................	Id.	0 75	» 60	» 15
		4					
		5					
		6					
		7					
66	**Turbans.	1	Zouaves et tirailleurs algériens..................	Id	1 95	1 60	» 40
		2					
		3					
		4					
		5					
67	**Effets de coiffure et accessoires d'effets de coiffure spéciaux à l'usage des spahis et des tiraill[rs] sahariens.	1	Chéchias sans gland..................	Id.	2 25	1 80	» 45
		2	Cordes en poil de chameau..................	Id.	7 50	6 00	1 50
		3	Distinctives des escadrons..................	Id.	3 00	2 40	» 60
		4	Foulards en soie..................	Id.	4 25	3 40	» 85
		5	Glands de chéchias.. Sous-officier..................	Id.	1 80	1 45	» 35
		6	Glands de chéchias.. Soldat..................	Id.	1 35	1 10	» 25
		7	Haïks..................	Id.	23 80	19 05	4 80
		8	Turbans..................	Id.	3 55	2 85	» 70
		9	Chêche blanc..................	Id.	1 50	1 20	» 30
		10	Chêche en toile bleue..................	Id.	1 75	1 35	» 40
		11	Elkeit..................	Id.	4 50	3 60	» 90
		12	Médol..................	Id.	1 50	1 20	» 30
		13					
		14					
		15					
		16					
68							
69							
70							
71							

CLASSIFICATION DES MATIÈRES ET EFFETS				UNITÉ RÉGLEMENTAIRE.	PRIX MINISTÉRIELS au classement		
PAR UNITÉ SOMMAIRE.		PAR UNITÉ DÉTAILLÉE.					
Numéros.	DÉNOMINATION.	Numéros.	DÉNOMINATION.		bon pour le service.	en cours de durée.	d'instruction.
					fr. c.	fr. c.	fr. c.
			§ 4. — *Pièces et accessoires d'effets de coiffure.*				
72	**Aigrettes et accessoires.	1	Artillerie... Blanche	Nombre.	1 50	1 20	» 30
		2	Artillerie... Ecarlate	Id.	1 50	1 20	» 30
		3	Artillerie... Coquillage bleu foncé et crins écarlates	Id.	1 50	1 20	» 30
		4	Train des équipages : garance	Id.	1 50	1 20	» 30
		5	Etui d'aigrette	Id.	» 15	» 12	» 03
		6					
		7					
		8					
		9					
		10					
73	** Couvre-	1	nuque..... en coton	Id.	» 40	» 32	» 08
		2	nuque..... en coton écru pour les troupes coloniales	Id.	» 80	» 64	» 16
		3	nuque..... en toile caoutchoutée	Id.	» 40	» 32	» 08
		4	casquette ou chéchia	Id.	» 40	» 32	» 08
		5	nuque en deux morceaux..... Complet	Id.	» 95	» 50	» 16
		6	nuque en deux morceaux..... Coiffe seule	Id.	» 50	» 25	» 09
		7	nuque en deux morceaux..... Partie flottante	Id.	» 45	» 25	» 08
		8	Carrés de calicot blanc. pour béret	Id.	» 35	» 28	» 07
		9	Carrés de calicot blanc. pour chéchia	Id.	» 35	» 28	» 07
		10					
		11					
		12					
		13					
74	**Glands pour chéchias.	1	Zouaves et tirailleurs — Sous-officier	Id.	1 80	1 10	» 40
		2	Zouaves et tirailleurs — Soldat	Id.	1 50	» 90	» 30
		3	Chasseurs d'Afrique et cavaliers de remonte (Algérie) — Sous-officier	Id.	» 69	» 41	» 14
		4	Chasseurs d'Afrique et cavaliers de remonte (Algérie) — Soldat	Id.	» 51	» 31	» 10
		5					
		6					
		7					
		8					
75	**Pièces et accessoires divers (au nombre).	1	de casque... Un aileron	Id.	» 56	»	»
		2	de casque... Bande entre-deux de couvre-nuque (soudé ou rivé)	Id.	» 23	»	»
		3	de casque... Bande de cimier en fer-blanc	Id.	» 03	»	»
		4	de casque... Bande de recouvrement de rosace	Id.	» 02	»	»
		5	de casque... Bandeau en cuivre	Id.	» 61	»	»
		6	de casque... Basane de couvre-nuque	Id.	» 10	»	»
		7	de casque... Basane de jugulaire	Id.	» 05	»	»
		8	de casque... Basane de visière	Id.	» 10	»	»
		9	de casque... Bombe nue	Id.	3 30	»	»
		10	de casque... Boucle en cuivre	Id.	» 06	»	»
		11	de casque... Boutons... à tige	Id.	» 06	»	»
		12	de casque... Boutons... à vis	Id.	» 06	»	»

CLASSIFICATION DES MATIÈRES ET EFFETS				UNITÉ RÉGLEMENTAIRE.	PRIX MINISTÉRIELS au classement		
PAR UNITÉ SOMMAIRE.		PAR UNITÉ DÉTAILLÉE.					
Numéros.	DÉNOMINATION.	Numéros.	DÉNOMINATION.		bon pour le service.	en cours de durée.	d'instruction.
					fr. c.	fr. c.	fr. c.
75	Pièces et accessoires divers (au nombre.) (*Suite.*)	13	de casque. (*Suite.*) Couvre-nuque complet	Nombre.	1 25	»	»
		14	Couvre-nuque sans clous, cercle, ni basane	Id.	» 83	»	»
		15	Couvre-nuque seul sans bande entre-deux	Id.	» 45	»	»
		16	Cercle de couvre-nuque	Id.	» 22	»	»
		17	Cercle de visière	Id.	» 22	»	»
		18	Cimier complet sans les vis	Id.	2 30	»	»
		19	Clous en cuivre à tête demi-sphérique	Id.	» 03	»	»
		20	Coiffe intérieure	Id.	» 44	»	»
		21	Contre-sanglon de jugulaire	Id.	» 05	»	»
		22	Contre-plaque à clef	Id.	» 06	»	»
		23	Coussin ouaté	Id.	» 13	»	»
		24	Crampon d'écaille (le cent)	Id.	1 »	»	»
		25	Couv.-nuque en calic. teint au cachou	Id.	» 50	»	»
		26	Crinière Sous-officier et soldat	Id.	2 20	»	»
		27	Crinière Trompette	Id.	3 20	»	»
		28	Cuir de vache à l'eau passée	Id.	» 10	»	»
		29	Culot de rosace	Id.	» 03	»	»
		30	Dé de jugulaire	Id.	» 02	»	»
		31	Douille de houppette	Id.	» 50	»	»
		32	Écaille de jugulaire (les 14)	Id.	» 35	»	»
		33	Enchapure en cuivre de dé ou boucle	Id.	» 02	»	»
		34	Houppette complète	Id.	1 10	»	»
		35	Houppette incomplète (crin seul)	Id.	» 40	»	»
		36	Jugulaires nouveau modèle (la paire)	Id.	1 50	»	»
		37	Lacet de coiffe	Id.	» 01	»	»
		38	Lamelle de cimier en fer-bl. (le cent)	Id.	» 60	»	»
		39	Lentille	Id.	» 32	»	»
		40	Masque seul	Id.	» 56	»	»
		41	Œillet de coiffe (le cent)	Id.	» 06	»	»
		42	Plaque à douille de cimier	Id.	» 06	»	»
		43	Plaque de recouvrement de cimier	Id.	» 12	»	»
		44	Plaque de recouvrement de rosace	Id.	» 03	»	»
		45	Plaque à tiges	Id.	» 06	»	»
		46	Porte-plumet	Id.	» 17	»	»
		47	Rivets en cuivre (le cent)	Id.	» 36	»	»
		48	Rivets en fer (le cent)	Id.	» 14	»	»
		49	Rondelle évidée	Id.	» 02	»	»
		50	Rosace en cuivre complète	Id.	» 25	»	»
		51	Rosace en cuivre seule avec crampon	Id.	» 06	»	»
		52	Tige taraudée	Id.	» 12	»	»
		53	Turban en buffle en deux morceaux	Id.	» 52	»	»
		54	Vis de cimier	Id.	» 03	»	»
		55	Vis de crinière	Id.	» 05	»	»
		56	Vis de houppette	Id.	» 06	»	»
		57	Visière complète	Id.	1 »	»	»
		58	Visière nue	Id.	» 35	»	»
		59					
		60					
		61					
		62					

CLASSIFICATION DES MATIÈRES ET EFFETS					UNITÉ RÉGLEMENTAIRE.	PRIX MINISTÉRIELS au classement		
PAR UNITÉ SOMMAIRE.		PAR UNITÉ DÉTAILLÉE.						
Numéros.	DÉNOMINATION.	Numéros	DÉNOMINATION.			bon pour le service.	en cours de durée.	d'instruction.
						fr. c.	fr. c.	fr. c.
75	**Pièces et accessoires divers (au nombre.) (*Suite.*)	63	de képi.	Attributs pour képi de 1re tenue de la troupe....... Infantie (grenade).	Nombre.	» 15	»	»
		64		Attributs pour képi de 1re tenue de la troupe....... Chasseurs à pied (cor de chasse).	Id.	» 15	»	»
		65		Attributs pour képi de 1re tenue de la troupe....... Secrét. d'ét.-maj. (foud. d'ét.-m.).	Id.	» 20	»	»
		66		Attributs pour képi de 1re tenue de la troupe....... Commis et ouv., infirm. milit., École d'admin. (cadre) (étoile à 5 branches)....	Id.	» 15	»	»
		67		Basane..... entière.............	Id.	» 50	»	»
		68		Basane..... réduite.............	Id.	» 25	»	»
		69		Bout. demi-sphérique en plaqué or........	Id.	» 04	»	»
		70		Bout. demi-sphérique en métal d'argent...	Id.	» 03	»	»
		71		Coiffe intérieure..................	Id.	» 50	»	»
		72		**Fausse jugulaire avec les petits boutons. en galon d'or de 6mm, trait côtelé........	Id.	» 55	»	»
		73		**Fausse jugulaire avec les petits boutons. en galon d'argent de 6mm, trait côtelé...	Id.	» 50	»	»
		74		Gousset porte-pompon...........	Id.	» 10	»	»
		75		Jugulaire bordée d'une soutache de 2mm, soie rouge et arg.	Id.	» 80	»	»
		76		Jugulaire ordinaire, pour la troupe.	Id.	» 15	»	»
		77		Manchon en toile de coton........	Id.	» 20	»	»
		78		Mentonnière.....................	Id.	» 12	»	»
		79		Toile enduite pour calot..........	Id.	» 08	»	»
		80		Ventouse.......................	Id.	» 06	»	»
		81		Cocarde sans bouton.............	Id.	» 10	»	»
		82		Jugulaire en cuir verni noir bordé d'une soutache 3/4 métal et 1/4 soie..........................	Id.	» 60	»	»
		83						
		84						
		85						
		86						
		87	de shako et de casquette	Agrafe en fer verni noir..........	Id.	» 03	»	»
		88		Bandeau en drap................	Id.	» 38	»	»
		89		Boucle de mentonnière en fer verni noir..........................	Id.	» 03	»	»
		90		Bourdaloue en cuir verni en un morceau.....	Id.	» 64	»	»
		91		Bourdaloue en cuir verni en 2 morceaux le devant.	Id.	» 27	»	»
		92		Bourdaloue en cuir verni en 2 morceaux le derrière	Id.	» 37	»	»
		93		Bride intérieure porte-coiffe.......	Id.	» 09	»	»
		94		Calot....... en carton de papier végétal..........	Id.	» 12	»	»
		95		Calot....... en cuir verni noir. .	Id.	» 80	»	»
		96		Carcasse... en carton de papier végétal...........	Id.	» 80	»	»
		97		Carcasse... en cuir, entoilée et laquée...........	Id.	2 50	»	»
		98		Cercle en cuivre poli.............	Id.	» 25	»	»
		99		Cercle en tôle d'acier............	Id.	» 12	»	»
		100		Chaînette en cuivre....	Id.	1 90	»	»

CLASSIFICATION DES MATIÈRES ET EFFETS					UNITÉ RÉGLEMENTAIRE.	PRIX MINISTÉRIELS au classement		
PAR UNITÉ SOMMAIRE.		PAR UNITÉ DÉTAILLÉE.						
Numéros.	DÉNOMINATION.	Numéros.	DÉNOMINATION.			bon pour le service.	en cours de durée.	d'instruction.
						fr. c.	fr. c.	fr. c.
75	** Pièces et accessoires divers (au nombre.) (*Suite.*)	101	de shako et de casquette (*Suite.*)	Chevron en cuir verni noir	Nombre.	» 23	»	»
		102		Clavette en fer pour gaine	Id.	» 03	»	»
		103		Cocarde avec bouton	Id.	» 15	»	»
		104		Coiffe intérieure de shako	Id.	» 55	»	»
		105		Coiffe intérieure de casquette	Id.	» 55	»	»
		106		*Cor de chasse pr shako ou casqu.	Id.	» 10	» 08	» 02
		107		Crochet en fer pr arrêt de chainette	Id.	» 03	»	»
		108		Dé de mentonnière en fer verni noir.	Id.	» 03	»	»
		109		Dessus de calot en drap	Id.	» 30	»	»
		110		Enchapure de boucle de mentonnière	Id.	» 03	»	»
				Enchapure de dé de mentonnière	Id.	» 03	»	»
		111		Enveloppe de jonc en basane	Id.	» 12	»	»
		112		Gaine en cuiv. pr attac. de tête de lion	Id.	» 07	»	»
		113		Gousset porte-pompon pour shako	Id.	» 07	»	»
		114		Gousset porte-pompon pour casquette	Id.	» 07	»	»
		115		Jonc de calot avec tube	Id.	» 07	»	»
		116		Jonc avec enveloppe	Id.	» 20	»	»
		117		Jonc sans enveloppe	Id.	» 10	»	»
		118		Jugulaire mentonnière en cuir en 2 pièces.	Id.	» 27	»	»
		119		Jugulaire mentonnière en cuir en une seule pièce	Id.	2 27	»	»
		120		Jugulaire mentonnière avec chainette	Id.	» 15	»	»
		121		Jugulaire pour casquette	Id.	» 15	»	»
		122		Manchon en drap découpé bleu foncé Infanterie.	Id.	» 80	»	»
		123		Manchon en drap découpé bleu foncé Artillerie et génie	Id.	» 85	»	»
		124		Manchon en drap découpé bleu de ciel	Id.	» 70	»	»
		125		Manchon en drap découpé garance	Id.	» 85	»	»
		126		Manchon en toile de coton	Id.	» 20	»	»
		127		Nœud hongrois en soutache blanche de poil de chèvre	Id.	» 06	»	»
		128		Numéro en cuivre ou en maillechort. pour shako	Id.	» 27	»	»
		129		Numéro en cuivre ou en maillechort. pour casquette.	Id.	» 27	»	»
		130		Œillet en cuivre pour tenon de plaq.	Id.	» 02	»	»
		131		Passant en cuir	Id.	» 02	»	»
		132		Plaque de shako. Génie	Id.	» 45	»	»
		133		Plaque de shako. Artillerie	Id.	» 45	»	»
		134		Pourtour en cuir verni noir	Id.	» 35	»	»
		135		Rondelle	Id.	» 01	»	»
		136		Tête de lion en cuivre	Id.	» 15	»	»
		137		Ventouse	Id.	» 06	»	»
		138		Cuir de chainette pour shako	Id.	» 35	»	»
		139	Attributs de béret.	Grenade brodée en or avec liséré ou cordonnet de soie	Id.	1 15	» 90	» 25
		140		Cor de chasse brodé en argent avec liséré ou cordonnet de soie	Id.	» 75	» 60	» 15
		141		Cuirasse et casque brodés en or avec liséré ou cordonnet de soie.	Id.	1 25	» »	» 25
		142		Manchon pour béret	Id.	» 40	1 32	» 08
		143		Couvre-nuque complet de caval. lég.	Id.	1 50	»	»
		144						
		145						
		146						

CLASSIFICATION DES MATIÈRES ET EFFETS				UNITÉ RÉGLEMENTAIRE.	PRIX MINISTÉRIELS au classement		
PAR UNITÉ SOMMAIRE.		PAR UNITÉ DÉTAILLÉE.					
Numéros.	DÉNOMINATION.	Numéros.	DÉNOMINATION.		bon pour le service.	en cours de durée.	d'instruction.
					fr. c.	fr. c.	fr. c.
76	**Pièces et accessoires divers (au mètre).	1	Galon de laine pour shako de pourtour 20mm .... blanc	Mètre	» 24	» 19	» 05
		2	Galon de laine pour shako de pourtour 20mm .... écarlate	Id.	» 24	» 19	» 05
		3	Galon de laine pour shako de pourtour 20mm .... garance	Id.	» 24	» 19	» 05
		4	Galon de laine pour shako de pourtour 20mm .... jonquille	Id.	» 24	» 19	» 05
		5	Galon de laine pour shako de pourtour 28mm .... blanc	Id.	» 35	» 28	» 07
		6	Galon de laine pour shako de pourtour 28mm .... noir	Id.	» 35	» 28	» 07
		7	Galon de laine pour shako de chevron, 20mm, écarlate rayé de noir	Id.	» 30	» 24	» 06
		8	Ganse en laine pour cocarde	Id.	» 07	» 05	» 02
		9	Tresse ou cordonnet en laine pour shako	Id.	» 06	» 04	» 02
		10					
		11					
		12					
		13					
77	**Plumets, olives pour plumets et accessoires.	1	Plumets.... Cuirassiers	Nombre	1 50	1 20	» 30
		2	Plumets.... Dragons	Id.	1 40	1 10	» 30
		3	Plumets.... Chasseurs et hussards	Id.	1 20	1 »	» 25
		4	Plumets.... École d'application de cavalerie et cadre de l'École militaire préparatoire de cavalerie	Id.	3 »	2 40	» 60
		5	Plumets.... Tambours-majors	Id.	2 75	2 20	» 55
		6	Étui de plumet	Id.	» 15	» 12	» 03
		7	Olives pour plumets	Id.	» 25	» 20	» 05
		8					
		9					
		10					
		11					
78	**Pompons.	1	pour shako. à flamme	Id.	» 60	» 48	» 12
		2	pour shako. sans flamme	Id.	» 35	» 28	» 07
		3	pour shako. olive	Id.	» 50	» 40	» 10
		4	pour képi de 1re tenue	Id.	» 40	» 32	» 08
		5					
		6					
		7					
		8					
79	*Visières.	1	Carrée à gorge	Id.	» 95	» 76	» 19
		2	Ronde à gorge	Id.	» 75	» 60	» 15
		3	Cerclée en cuivre	Id.	1 40	1 10	» 30
		4					
		5					
		6					
		7					
80							
81							
82							
83							

CLASSIFICATION DES MATIÈRES ET EFFETS				UNITÉ RÉGLEMENTAIRE.	PRIX MINISTÉRIELS au classement		
PAR UNITÉ SOMMAIRE.		PAR UNITÉ DÉTAILLÉE.					
Numéros.	DÉNOMINATION.	Numéros.	DÉNOMINATION.		bon pour le service.	en cours de durée.	d'instruction.
					fr. c.	fr. c.	fr. c.
			§ 5. — *Effets de chaussure.*				
84	Chaussures.	1	Bottes du modèle général avec éperons	Paire.	14 50	8 75	2 90
		2	Bottes du modèle général sans éperons	Id.	14 »	8 40	2 80
		3	Bottines avec éperons	Id.	15 70	9 50	3 15
		4	Bottines sans éperons	Id.	15 20	9 15	3 05
		5	Brodequins pour tirailleurs méharistes	Id.	7 95	4 75	1 60
		6	Brodequins napolitains	Id.	17 50	10 50	3 50
		7	Brodequins pr troupes à cheval sans éperons	Id.	17 »	10 20	3 40
		8	Brodequins de montagne (A)	Id.	»	»	»
		9	Souliers du modèle général	Id.	10 65	6 40	2 10
		10	Souliers pour zouaves et tirailleurs	Id.	9 75	5 85	1 95
		11	Espadrilles simples	Id.	1 50	» 90	» 30
		12					
		13					
		14					
		15					
		16					
85	**Sabots.	1	Galoches	Id.	2 45	1 45	» 45
		2	Semelles pour sabots-galoches	Id.	» 70	» 42	» 14
		3					
		4					
		5					
		6					
86	Effets de chaussure et accessoires d'effets de chaussure spéciaux à l'usage des spahis et des tirailleurs sahariens.	1	*Bottes françaises à l'écuyère	Id.	18 75	11 25	3 75
		2	*Éperons à la chevalière, avec courroies et sous-pieds	Id.	2 80	1 70	» 60
		3	**Éperons seuls	Id.	2 40	1 45	» 50
		4	*Mestres	Id.	7 »	4 20	1 40
		5	Sebat-el-Kefala	Id.	5 50	3 30	1 10
		6	*Souliers arabes	Id.	9 80	5 90	2 »
		7	**Sous-pieds et courroies	Id.	» 40	» 24	» 08
		8	Jambières, modèle 1905 (la paire)	Id.	12 10	7 25	2 40
		9					
		10					
		11					
87							
88							
89							
90							
			§ 6. — *Accessoires d'effets de chaussure.*				
91	**Chaussons.	1	en basane	Paire.	1 20	» 70	» 25
		2	en drap	Id.	» 30	» 18	» 06
		3	en laine	Id.	1 10	» 65	» 25
		4	en lisière	Id.	1 20	» 70	» 25

CLASSIFICATION DES MATIÈRES ET EFFETS				UNITÉ RÉGLEMENTAIRE.	PRIX MINISTÉRIELS au classement		
PAR UNITÉ SOMMAIRE.		PAR UNITÉ DÉTAILLÉE.					
Numéros.	DÉNOMINATION.	Numéros.	DÉNOMINATION.		bon pour le service.	en cours de durée.	d'instruction.
					fr. c.	fr. c.	fr. c.
91	** Chaussons. (Suite).	5	Sandales	Paire.	1 25	» 75	» 25
		6					
		7					
		8					
		9					
92	** Eperons, faux éperons, cache-éperons et brides d'éperons.	1	Eperons... du modèle général	Id.	» 50	» 30	» 10
		2	Eperons... à la chevalière	Id.	1 50	» 75	» 30
		3	Faux éperons	Id.	» 30	» 18	» 06
		4	Cache-éperons	Id.	» 55	» 35	» 11
		5	Bride d'éperons..... à la chevalière, modèle 1900	Id.	» 20	» 12	» 04
		6	Bride d'éperons..... à la chevalière, modèle 1905	Id.	» 32	» 16	» 05
		7	Courroies d'éperons	Id.	» 20	» 12	» 05
		8					
		9					
		10					
		11					
93	* Guêtres et jambières.	1	Guêtres.... *de cuir	Id.	3 50	2 10	» 70
		2	Guêtres.... **de toile... avec sous-pieds	Id.	1 »	» 60	» 20
		3	Guêtres.... **de toile... sans sous-pieds	Id.	» 90	» 54	» 18
		4	Jambières.. en cuir, modèle 1900 (troupes à cheval), avec sous-pieds	Id.	11 05	6 60	2 20
		5	Jambières.. modèle 1905 (troupes à cheval), sans sous-pieds	Id.	15 20	9 15	3 05
		6	Jambières.. petites, en cuir, pour les troupes à pied	Id.	1 85	1 15	» 40
		7					
		8					
		9					
		10					
94	** Lacets pr brodequins	1		Id.	» 07	»	»
		2					
		3					
		4					
95	** Sous-pieds.	1	de guêtres.. de cuir avec lanières	Id.	» 40	» 24	» 08
		2	de guêtres.. de toile	Id.	» 10	» 06	» 02
		3	de guêtres.. pour zouaves et tirailleurs	Id.	» 60	» 36	» 12
		4	de pantalons d'ordonnance	Id.	» 25	» 15	» 05
		5	de pantalons de cheval	Id.	» 25	» 15	» 05
		6	d'éperons à la chevalière	Id.	» 20	» 12	» 04
		7	de jambières....... modèle 1900	Id.	» 15	» 09	» 03
		8	de jambières....... modèle 1905	Id.	» 32	» 16	» 05
		9					
		10					
		11					
		12					
96							
97							
98							
99							

CLASSIFICATION DES MATIÈRES ET EFFETS				UNITÉ RÉGLEMENTAIRE.	PRIX MINISTÉRIELS au classement		
PAR UNITÉ SOMMAIRE.		PAR UNITÉ DÉTAILLÉE.					
Numéros.	DÉNOMINATION.	Numéros.	DÉNOMINATION.		bon pour le service.	en cours de durée.	d'instruction.
					fr. c.	fr. c.	fr. c.
			§ 7. — *Effets d'habillement spéciaux.*				
100	Effets spéciaux aux tambours-majors, aux sous-officiers rengagés ou commissionnés ainsi qu'aux sous-officiers élèves officiers.	1	*Dolman (galons de grade non compris) p' les s.-offic. rengagés. — Sous-officiers rengagés... — Artillerie.....	Nombre.	25 »	»	»
		2	*Dolman — Sous-officiers rengagés... — Train des équipages..	Id.	21 45	»	»
		3	*Dolman — Sous-officiers élèves officiers. — École militaire de l'artillerie et du génie....... — Artillerie	Id.	31 95	»	»
		4	*Dolman — Sous-officiers élèves officiers. — École militaire de l'artillerie et du génie....... — Train des équipages..	Id.	27 60	»	»
		5	*Dolman — Sous-officiers élèves officiers d'administration............	Id.	30 10	»	»
		6	**Épaulettes (paire) — Tambour-major, sous-officier élève officier, sous-officier rengagé..... — à tournantes — mélangées d'or........	Id.	6 60	3 90	1 30
		7	**Épaulettes (paire) — Tambour-major, sous-officier élève officier, sous-officier rengagé..... — à tournantes — mélangées d'argent....	Id.	6 »	3 60	1 20
		8	**Épaulettes (paire) — Sous-officier rengagé de cuirassiers......	Id.	7 35	4 40	1 45
		9	* Gilet de sous-officier rengagé.. — Zouaves......	Id.	4 90	»	»
		10	* Gilet de sous-officier rengagé.. — Tirailleurs...	Id.	4 60	»	»
		11	* Gilet de sous-officier rengagé.. — Spahis.......	Id.	5 40	»	»
		12	* Guêtres-jambières en drap pour sous-officier rengagé de zouaves et de tirailleurs (paire)....	Id.	5 05	»	»
		13	*Pantalon d'ordonnance. — Sous-officiers rengagés..... — Infanterie de ligne, infanterie légère d'Afrique, compagnies de discipline, régiments étrangers, secrétaires d'état-major, commis et ouvriers militaires d'administration et infirmiers militaires.........	Id.	14 05	»	»
		14	Chasseurs à pied.........	Id.	13 55	»	»
		15	Zouaves............	Id.	20 95	»	»
		16	Tirailleurs..........	Id.	19 40	»	»
		17	Cuirassiers..........	Id.	16 20	»	»
		18	Dragons, cavaliers de remonte (intérieur) et train des équipages (intérieur).	Id.	15 85	»	»
		19	Cavaliers de manège.......	Id.	15 25	»	»
		20	Chasseurs et hussards.....	Id.	15 65	»	»
		21	Chasseurs d'Afrique, cavaliers de remonte (Afrique) et train des équipages (Afrique)...............	Id.	20 85	»	»
		22	Spahis..................	Id.	22 20	»	»
		23	Artillerie	Id.	17 80	»	»

CLASSIFICATION DES MATIÈRES ET EFFETS				UNITÉ RÉGLEMENTAIRE.	PRIX MINISTÉRIELS au classement		
PAR UNITÉ SOMMAIRE.		PAR UNITÉ DÉTAILLÉE.					
Numéros.	DÉNOMINATION.	Numéros.	DÉNOMINATION.		bon pour le service.	en cours de durée.	d'instruction.
					fr. c.	fr. c.	fr. c.
100	Effets spéciaux aux tambours-majors, aux sous-officiers rengagés ou commissionnés ainsi qu'aux sous-officiers élèves officiers. (*Suite.*)	24	Pantalon d'ordonnance. (*Suite.*) — Sous-officiers rengagés. (Suite.) — Génie. Sapeurs-conducteurs	Nombre	17 15	»	»
		25	Sapeurs-mineurs....	Id.	17 15	»	»
		26	Sous-officiers élèves-officiers — Ecole militaire d'infanterie.	Id.	16 15	»	»
		27	Ecole d'application de cavalerie....... Cuirassiers, dragons et cavaliers de remonte....	Id.	16 85	»	»
		28	Chasseurs, hussards, chasseurs d'Afrique et spahis.....	Id.	17 25	»	»
		29	Ecole militaire d'artillerie et du génie.. Artillerie....	Id.	17 05	»	»
		30	Génie........	Id.	16 55	»	»
		31	Train des équipages..	Id.	16 70	»	»
		32	Sous-officiers élèves officiers d'administr.	Id.	15 95	»	»
		33	Tunique. — Sous-officiers rengagés (galons de grade non compris). Infanterie de ligne et régiments étrangers..........	Id.	25 90	»	»
		34	Chasseurs à pied et infanterie légère d'Afrique..........	Id.	25 50	»	»
		35	Compagnies de discipline....	Id.	25 90	»	»
		36	Secrétaires d'état-major	Id.	25 50	»	»
		37	Commis et ouvriers militaires d'administration..........	Id.	25 50	»	»
		38	Infirmiers militaires........	Id.	25 90	»	»
		39	Cuirassiers................	Id.	27 05	»	»
		40	Cavaliers de manège........	Id.	28 45	»	»
		41	Dragons..................	Id.	26 90	»	»
		42	Chasseurs à cheval.........	Id.	25 25	»	»
		43	Hussards..................	Id.	25 20	»	»
		44	Cavaliers de remonte.......	Id.	26 95	»	»
		44b					
		44c					
		45	Génie. Sapeurs-mineurs.....	Id.	30 40	»	»
		46	Sapeurs-conducteurs.	Id.	30 40	»	»
		47	Sous-officiers élèves officiers. — Ecole militaire d'infanterie...	Id.	28 70	»	»
		48	Ecole d'application de cavalerie......... Cuirassiers.	Id.	30 20	»	»
		49	Dragons....	Id.	30 10	»	»
		50	Chasseurs..	Id.	28 50	»	»
		51	Hussards ..	Id.	28 30	»	»
		52	Cavaliers de remonte..	Id.	30 »	»	»
		52b	Ecole militaire d'artillerie et du génie.... Artillerie...	Id.	29 15	»	»
		53	Génie......	Id.	30 45	»	»
		53b	Train......	Id.	27 85	»	»
						»	»
		54	Veste. — Chasseurs d'Afrique. Sous-officier rengagé (galons de grade non compris).....	Id.	17 15	»	»
		55	Sous-officier élève-officier...	Id.	19 20	»	»

CLASSIFICATION DES MATIÈRES ET EFFETS				UNITÉ RÉGLEMENTAIRE.	PRIX MINISTÉRIELS au classement		
PAR UNITÉ SOMMAIRE.		PAR UNITÉ DÉTAILLÉE.					
Numéros.	DÉNOMINATION.	Numéros.	DÉNOMINATION.		bon pour le service.	en cours de durée.	d'instruction.
					fr. c.	fr. c.	fr. c.
100	Effets spéciaux aux tambours-major*, aux sous-officiers rengagés ou commissionnés ainsi qu'aux sous-officiers élèves officiers. (*Suite.*)	56	*Veste de sous officiers rengagés (galons de grade non compris). Zouaves....	Nombre.	19 35	»	»
		57	Id. Tirailleurs..	Id.	18 45	»	»
		58	Id. Spahis......	Id.	19 80	»	»
		59	Vareuse-dolman de sous-officier rengagé (chasseurs alpins)........	Id.	35 80	»	»
		60	Capote de sous-officier rengagé........	Id.	33 »	»	»
		61	**Boutons. Sous-officiers élèves officiers. Dorés au mat. École militaire d'artillerie et du génie (élèves officiers du génie). gros...	Id.	» 29	»	»
		62	Id. petits..	Id.	» 25	»	»
		63	Plaqués or. École militaire d'artillerie et du génie (élèves officiers d'artillerie). gros...	Id.	» 16	»	»
		64	Id. petits..	Id.	» 10	»	»
		65	École militaire d'infanterie. gros...	Id.	» 15	»	»
		66	Id. petits..	Id.	» 11	»	»
		67	Argentés. École d'application de cavalerie. Cuirassiers.... gros...	Id.	» 15	»	»
		68	Id. petits..	Id.	» 08	»	»
		69	Autres subdivisions de l'arme. gros...	Id.	» 10	»	»
		70	Id. petits..	Id.	» 06	»	»
		71	École militaire d'artillerie et du génie (élèves officiers du train). gros...	Id.	» 10	»	»
		72	Id. petits..	Id.	» 06	»	»
		73	Sous-officiers élèves offic. d'administ. Dorés au mat. gros...	Id.	» 29	»	»
		74	Id. petits..	Id.	» 25	»	»
		75	*Insignes, ornements et attributs. Sous-officiers élèves officiers. Grenades en or ou en argent (paire). Pour manteau. en or..	Id.	2 »	»	»
		76	Id. en argent..	Id.	2 »	»	»
		77	Pour dolman, tunique ou veste. en or..	Id.	2 »	»	»
		78	Id. en argent..	Id.	2 »	»	»
		79	Sous-officiers élèves officiers d'administr... Étoiles brodées en or (paire)........	Id.	2 »	»	»
		80	Tambour-major...... 1re tenue........	Id.	7 »	»	»
		81	Id. 2e tenue..........	Id.	6 50	»	»
		82	Képi sans attributs. Sous-officiers rengagés. Infanterie de ligne et régiments étrangers.	Id.	4 55	»	»
		83	Infanterie légère d'Afrique et compagnies de discipline..........	Id.	4 45	»	»
		84	Infirmiers militaires........	Id.	4 55	»	»
		85	Chasseurs à pied........	Id.	4 45	»	»
		86	Commis et ouvriers militaires d'administration........	Id.	4 55	»	»
		87	Secrétaires d'état-major........	Id.	4 55	»	»
		88	Cavaliers de manège........	Id.	4 40	»	»
		89	Cavaliers de remonte........	Id.	4 55	»	»
		90	Artillerie........	Id.	4 60	»	»
		91	Génie (sapeurs-mineurs et sapeurs-conducteurs)........	Id.	4 60	»	»
		92	Train des équipages........	Id.	4 20	»	»

CLASSIFICATION DES MATIÈRES ET EFFETS				UNITÉ RÉGLEMENTAIRE.	PRIX MINISTÉRIELS au classement		
PAR UNITÉ SOMMAIRE.		PAR UNITÉ DÉTAILLÉE.					
Numéros.	DÉNOMINATION.	Numéros.	DÉNOMINATION.		bon pour le service.	en cours de durée.	d'instruction.
					fr. c.	fr. c.	fr. c.
100	Effets spéciaux aux tambours-majors, aux sous-officiers rengagés ou commissionnés ainsi qu'aux sous-officiers élèves officiers. (*Suite.*)	93	École militaire d'infanterie	Nombre.	7 80	»	»
		94	Képi sans attributs. (*Suite.*) Sous-officiers élèves officiers. École d'application de cavalerie. Cuirassiers	Id.	6 75	»	»
		95	Dragons et cavaliers de remonte	Id.	7 40	»	»
		96	Chasseurs, hussards, chasseurs d'Afr. et spahis	Id.	7 30	»	»
		97	École militaire d'artillerie et du génie. Artillerie	Id.	7 15	»	»
		98	Train des équipages	Id.	7 20	»	»
		99	Génie	Id.	7 80	»	»
		100	Sous-officiers élèves officiers d'administration	Id.	7 80	»	»
		101	Béret (attribut non compris)	Id.	3 25	»	»
		102	"Attributs de képi. De grande tenue. Sous-officiers élèves officiers. École militaire d'infanterie	Id.	1 25	»	»
		103	École militaire d'artillerie et du génie. Artillerie	Id.	2 10	»	»
		104	Génie	Id.	2 10	»	»
		105	Train des équipages	Id.	1 »	»	»
		106	d'administration	Id.	1 25	»	»
		107	De petite tenue. Sous-officiers élèves officiers. École militaire d'infanterie	Id.	» 60	»	»
		108	École militaire d'artillerie et du génie. Artillerie et génie	Id.	» 60	»	»
		109	Train des équipages	Id.	» 40	»	»
		110	École d'application de cavalerie	Id.	» 65	»	»
		111	d'administration	Id.	» 60	»	»
		112	Sous-officiers rengagés. Attribut du génie (avec cocarde)	Id.	» 95	»	»
		113	Caducée (avec cocarde)	Id.	» 95	»	»
		114	Canons croisés (avec cocarde)	Id.	1 »	»	»
		115	Cor de chasse (avec cocarde)	Id.	» 75	»	»
		116	Étoile (avec cocarde)	Id.	» 65	»	»
		117	Foudre (avec cocarde)	Id.	» 65	»	»
		118	Grenade (avec cocarde) dorée	Id.	» 65	»	»
		119	Grenade (avec cocarde) argentée	Id.	» 75	»	»
		120	Numéro brodé en soie (drap compris) pour sous-officiers de cavaliers de remonte	Id.	» 20	»	»
		121	Attribut de béret	Id.	1 25	»	»
		122	"Pompons pour képi de première tenue. Sous-officiers élèves officiers. École militaire d'infanterie	Id.	2 90	»	»
		123	École militaire d'artillerie et du génie. Artillerie et génie	Id.	2 90	»	»
		124	Train des équipages	Id.	3 20	»	»
		125	d'administration	Id.	2 90	»	»
		126	Sous-officiers rengagés	Id.	» 50	»	»
		127	"Accessoires d'effets de coiffure pour sous-officiers rengagés. Glands pour chéchia. Zouaves	Id.	4 50	»	»
		128	Tirailleurs	Id.	4 50	»	»
		129	Spahis	Id.	4 »	»	»
		130	Pattes d'épaules pour sous-officiers rengagés	Paire.	3 25	»	»
		131	Vareuse de sous-officier rengagé d'artillerie	Nombre.	19 40	»	»
		132	Vareuse de sous-officier rengagé du train	Id.	17 20	»	»

CLASSIFICATION DES MATIÈRES ET EFFETS				UNITÉ RÉGLEMENTAIRE.	PRIX MINISTÉRIELS au classement		
PAR UNITÉ SOMMAIRE.		PAR UNITÉ DÉTAILLÉE.					
Numéros.	DÉNOMINATION.	Numéros.	DÉNOMINATION.		bon pour le service.	en cours de durée.	d'instruction.
					fr. c.	fr. c.	fr. c.
100	Effets spéc. aux tamb.-major^s, aux s.-offic. reng. ou commissionnés ainsi qu'aux s.-offic. élèves offici^ers (*Suite.*)	133	Boutons de maillechort argentés pour tuniques de sous-officiers rengagés (cuirassiers) — gros	Nombre.	» 10	»	»
		134	Id. — petits	Id.	» 06	»	»
		135	Pattes brodées en soie (la paire)	Id.	» 50	»	»
		136	Ecussons brodés en soie pour képi de sous-officier rengagé	Id.	» 25	»	»
		137	Jugulaire cuir verni noir soutaché	Id.	» 75	»	»
		138	Boutons pour sous-officier rengagé, plaqués or — gros	Id.	» 12	»	»
		139	Id. — petits	Id.	» 07	»	»
		140	Boutons argentés pour sous-officier d'infanterie légère d'Afrique — gros	Id.	» 10	»	»
		141	Id. — petits	Id.	» 06	»	»
		142	Tunique de sous-officier rengagé — Artillerie	Id.	27 45	»	»
		143	Id. — Train des équipages	Id.	25 60	»	»
		144	Tunique de sous-officier élève officier d'administration	Id.	29 05	»	»
		145	Bottines de sous-officier rengagé (A)	Id.	»	»	»
		146	Képi de sous-officier rengagé de cavalerie	Id.	4 55	»	»
		147	Gants de tenue de ville pour s.-officiers rengagés	paire	1 40	»	»
		148					
101	Effets spéciaux aux élèves, aux cadres et aux agents secondaires des diverses écoles (effets décomptés au nombre).	1	Capote pour sous-officiers et soldats du cadre. — Ecole polytechnique. — Génie... — Sous-officier	Nombre.	26 50	»	»
		2	Id. — Soldat	Id.	24 35	»	»
		3	Id. — Ecole spéciale militaire. — Artillerie. — Sous-officier et soldat	Id.	23 30	»	»
		4	Id. — Infanterie. — Sous-officier et soldat	Id.	20 20	»	»
		5	Id. — Infirmiers. — Sous-officier et soldat	Id.	20 20	»	»
		6	Id. — Tambour-major	Id.	72 50	»	»
		7	Id. — Ecole de santé militaire — Sous-officier et soldat	Id.	22 50	»	»
		8	Id. — Prytanée militaire — Sous-officier et soldat	Id.	26 40	»	»
		9	Capote-manteau pour élèves. — Ecole polytechnique	Id.	71 40	»	»
		10	Id. — Ecole spéciale militaire (en drap fin)	Id.	52 25	»	»
		11	Ceinture de gymnase. — Ecole polytechnique	Id.	2 70	»	»
		12	Id. — Ecole spéciale militaire	Id.	2 35	»	»
		13	Id. — Prytanée militaire	Id.	2 70	»	»
		14	Id. — Ecoles militaires préparatoires et Orphelinat Hériot	Id.	2 70	»	»
		15	Chaussettes de coton (paire). — Ecoles militaires préparatoires (1)	Id.	« 65	»	»
		16	Id. — Orphelinat Hériot (1)	Id.	» 45	»	»
		17	Col blanc pour élèves — de l'École polytechnique	Id.	» 35	»	»
		18	Id. — de l'École spéciale militaire	Id.	» 35	»	»
		19	Id. — de l'École du service de santé militaire	Id.	» 25	»	»
		20	Collet-manteau pour élèves. — Prytanée militaire	Id.	24 55	»	»
		21	Id. — Écoles militaires préparatoires	Id.	17 40	»	»
		22	Id. — Orphelinat Hériot	Id.	11 90	»	»

(1) Prix afférents aux effets de la 1re taille. On devra toujours traiter au-dessous de ces prix pour les tailles inférieures.

CLASSIFICATION DES MATIÈRES ET EFFETS					PRIX MINISTÉRIELS au classement		
PAR UNITÉ SOMMAIRE.		PAR UNITÉ DÉTAILLÉE.		UNITÉ RÉGLEMENTAIRE.			
Numéros.	DÉNOMINATION.	Numéros.	DÉNOMINATION.		bon pour le service.	en cours de durée.	d'instruction.
					fr. c.	fr. c.	fr. c.
101	Effets spéciaux aux élèves, aux cadres et aux agents secondaires des diverses écoles (effets décomptés au nombre). (*Suite.*)	23	Dolman pour s.-officiers et soldats du cadre. — École spéciale militaire. — Artillerie. — Sous-officier rengagé...	Nombre.	33 45	»	»
		24	Sous-officier	Id.	19 «	»	»
		25	Soldat......	Id.	8 05	»	»
		26	École du service de santé militaire. — Train... — Soldat......	Id.	20 20	»	»
		27	Prytanée militaire. — Cavalier ordonnance..	Id.	23 80	»	»
		28	Dolman-vareuse pour élèves.... — Écoles militaires préparatoires et Orphelinat Hériot.... — en drap.....	Id.	14 40	»	»
		29	en toile.....	Id.	3 95	»	»
		30	Épaulettes (paire). — École polytechnique.. — Portiers-consignes..........	Id.	6 45	»	»
		31	École spéciale militaire...... — Tambour-major............	Id.	5 70	»	»
		32	Élèves..................	Id.	1 60	»	»
		33	École du service de santé militaire. — pour sous-officiers rengagés..	Id.	7 05	»	»
		34	pour sous-officiers et soldats.	Id.	1 95	»	»
		35	Prytanée militaire..... — Élèves..................	Id.	2 55	»	»
		36	Sous-officiers rengagés.......	Id.	9 60	»	»
		37	Gilet. — en drap..... — Élève de l'École polytechnique..................	Id.	9 75	»	»
		38	Agents secondaires des diverses écoles...............	Id.	7 »	»	»
		39	en coton.... — Élèves des écoles militaires préparatoires (1)..........	Id.	2 15	»	»
		40	Élèves de l'Orphelinat Hériot (1)..................	Id.	1 20	»	»
		41	Manteau en drap. — École polytechnique.. — d'adjudant d'artillerie, avec pèlerine mobile à capuchon.	Id.	92 20	»	»
		42	École spéciale militaire...... — d'adjudant d'artillerie, avec pèlerine mobile à capuchon.	Id.	75 35	»	»
		43	de troupe d'artillerie.........	Id.	34 15	»	»
		44	d'hommes montés (sous-officiers et soldats)...........	Id.	34 15	»	»
		45	École du service de santé militaire. — avec pèlerine mobile à capuchon pour élève...........	Id.	94 75	»	»
		46	avec pèlerine pour adjudant d'artillerie et de cavalerie..	Id.	88 65	»	»
		47	pour sous-officiers et soldats du cadre.................	Id.	38 25	»	»
		48	Prytanée militaire..... — de cavalier ordonnance......	Id.	46 70	»	»

(1) Prix afférents aux effets de la 1re taille. On devra toujours traiter au-dessous de ces prix pour les tailles inférieures.

CLASSIFICATION DES MATIÈRES ET EFFETS				UNITÉ RÉGLEMENTAIRE.	PRIX MINISTÉRIELS au classement		
PAR UNITÉ SOMMAIRE.		PAR UNITÉ DÉTAILLÉE.					
Numéros.	DÉNOMINATION.	Numéros.	DÉNOMINATION.		bon pour le service.	en cours de durée.	d'instruction.
					fr. c.	fr. c.	r. c.
101	Effets spéciaux aux élèves, aux cadres et aux agents secondaires des diverses écoles (effets décomptés au nombre.) (*Suite.*)	49	Pantalon en drap. — d'ordonnance. — École polytechnique. — Élève. — 1re tenue	Nombre.	22 35	»	»
		50	2e tenue	Id.	18 75	»	»
		51	Du génie. — Sous-officier rengagé	Id.	19 45	»	»
		52	Sous-officier non monté	Id.	15 65	»	»
		53	Soldat non monté	Id.	14 30	»	»
		54	École spéciale militaire. — Élève. — Drap spécial	Id.	12 45	»	»
		55	Drap d'officier	Id.	11 70	»	»
		56	Cadre. — Tambour-major	Id.	14 85	»	»
		57	Cavalerie. — Sous-officier rengagé	Id.	14 95	»	»
		58	Sous-officier	Id.	11 30	»	»
		59	Infanterie et infirmiers. — Sous-officier rengagé	Id.	14 10	»	»
		60	Sous-officier	Id.	10 10	»	»
		61	Soldat	Id.	9 60	»	»
		62	Artillerie. — Sous-officier rengagé	Id.	16 75	»	»
		63	Sous-officier	Id.	13 35	»	»
		64	Soldat	Id.	12 10	»	»
		65	Cavaliers de manège. — Sous-officier rengagé	Id.	14 70	»	»
		66	Sous-officier et soldat	Id.	11 75	»	»
		67	École du service de santé militre. — Élève	Id.	19 85	»	»
		68	Sous-officier rengagé	Id.	16 55	»	»
		69	Infirmiers. — Sous-officier	Id.	11 10	»	»
		70	Soldat	Id.	10 »	»	»
		71	Prytanée militaire. — Élève	Id.	12 55	»	»
		72	De prison pour élève	Id.	11 10	»	»
		73	Petit état-major. — Sous-officier rengagé. — Infanterie	Id.	20 20	»	»
		74	Sous-officier	Id.	13 45	»	»
		75	Soldat	Id.	12 10	»	»
		76	*Écoles milit. préparatoires. — Élève	Id.	10 00	6 20	2 05
		77	Orphelinat Hériot. — Élève	Id.	10 00	»	»
		78	Agents secondres des diversees écoles.	Id.	12 80	»	»
		79	Culotte de cheval. — École polytechnique. — Élève	Id.	19 20	»	»
		80	École spéciale militaire. — Élève	Id.	21 70	»	»
		81	Jambières vernies (paire)	Id.	14 35	»	»
		82	Leggins (paire)	Id.	6 10	»	»
		83	Cadre. — S. officiers	Id.	22 60	»	»
		84	Soldat	Id.	21 35	»	»

CLASSIFICATION DES MATIÈRES ET EFFETS				UNITÉ RÉGLEMENTAIRE.	PRIX MINISTÉRIELS au classement		
PAR UNITÉ SOMMAIRE.		PAR UNITÉ DÉTAILLÉE.					
Numéros.	DÉNOMINATION.	Numéros.	DÉNOMINATION.		bon pour le service.	en cours de durée.	d'instruction.
					fr. c.	fr. c.	fr. c.
101	Effets spéciaux aux élèves, aux cadres et aux agents secondaires des diverses écoles (effets décomptés au nombre.) (*Suite.*)	85	Pantalons en drap. (*Suite.*) — Culotte de cheval. (*Suite.*) — École du service de santé militaire. — Élève	Nombre.	27 60	»	»
		86	Pantalons en drap. — Culotte de cheval. — École du service de santé militaire. — Train des équipages	Id.	24 10	»	»
		87	Pantalons en drap. — Culotte de cheval. — Prytanée militaire. — Cavaliers ordonnances	Id.	28 45	»	»
		88	Pantalons en drap. — Culotte de cheval. — *Écoles militaires préparatoires. — Élève	Id.	11 30	6 80	2 25
		89	Pant^s en toile pour élèves. — École polytechnique	Id.	5 55	»	»
		90	Pantalons en treillis pour élèves. — École spéciale militaire	Id.	3 60	»	»
		91	Pantalons en treillis pour élèves. — École du service de santé militaire	Id.	3 60	»	»
		92	Pantalons en treillis pour élèves. — Prytanée militaire	Id.	4 05	»	»
		93	Pantalons en treillis pour élèves. — *Écoles militaires préparatoires et orphelinat Hériot	Id.	3 45	»	»
		94	Pantalons en treillis pour agents secondaires des diverses écoles	Id.	4 50	»	»
		95	Pèlerine à capuchon du manteau d'élève de l'École du service de santé militaire	Id.	32 50	»	»
		96	Portemanteaux de l'École spéciale militaire	Id.	4 90	»	»
		97	Redingote d'agent secondaire. — Agent de casernement, agent préposé aux vivres et chef garçon	Id.	36 60	»	»
		98	Redingote d'agent secondaire. — Garçon de télégraphe	Id.	27 60	»	»
		99	Redingote d'agent secondaire. — Agent secondaire	Id.	26 75	»	»
		100	Tunique. — École polytechnique. — Élève	Id.	45 80	»	»
		101	Tunique. — École polytechnique. — Génie (troupe à pied). — Sous-officier rengagé	Id.	35 50	»	»
		102	Tunique. — École polytechnique. — Génie (troupe à pied). — Sous-officier	Id.	24 70	»	»
		103	Tunique. — École polytechnique. — Génie (troupe à pied). — Soldat	Id.	22 25	»	»
		104	Tunique. — École spéciale militaire. — Élève	Id.	45 80	»	»
		105	Tunique. — École spéciale militaire. — Cadre. — Tambour-major	Id.	27 50	»	»
		106	Tunique. — École spéciale militaire. — Cadre. — Infanterie et cavalerie. — Sous-officier rengagé	Id.	27 50	»	»
		107	Tunique. — École spéciale militaire. — Cadre. — Infanterie et cavalerie. — Sous-officier	Id.	16 »	»	»
		108	Tunique. — École spéciale militaire. — Cadre. — Infanterie et cavalerie. — Soldat	Id.	15 75	»	»
		109	Tunique. — École spéciale militaire. — Cadre. — Infirmiers. — Sous-officier rengagé	Id.	29 85	»	»
		110	Tunique. — École spéciale militaire. — Cadre. — Infirmiers. — Sous-officier	Id.	17 55	»	»
		111	Tunique. — École spéciale militaire. — Cadre. — Infirmiers. — Soldat	Id.	16 70	»	»
		112	Tunique. — École spéciale militaire. — Cadre. — Cavaliers de manège (sous-officier rengagé)	Id.	27 50	»	»
		113	Tunique. — École spéciale militaire. — Cadre. — Sous-officier et soldat	Id.	16 95	»	»
		114	Tunique. — École du service de santé militaire. — Élève	Id.	42 50	»	»
		115	Tunique. — École du service de santé militaire. — Sous-officier rengagé	Id.	28 70	»	»
		116	Tunique. — École du service de santé militaire. — Infirmiers. — Sous-officier	Id.	21 10	»	»
		117	Tunique. — École du service de santé militaire. — Infirmiers. — Soldat	Id.	19 50	»	»
		118	Tunique. — Prytanée militaire. — Élève	Id.	23 05	»	»
		119	Tunique. — Prytanée militaire. — Petit état-major. — S. offic^er rengagé. — Infanterie	Id.	30 85	»	»
		120	Tunique. — Prytanée militaire. — Petit état-major. — Sous-officier	Id.	19 30	»	»
		121	Tunique. — Prytanée militaire. — Petit état-major. — Soldat	Id.	19 05	»	»
		122					
		123					

CLASSIFICATION DES MATIÈRES ET EFFETS				UNITÉ RÉGLEMENTAIRE.	PRIX MINISTÉRIELS au classement		
PAR UNITÉ SOMMAIRE.		PAR UNITÉ DÉTAILLÉE.					
Numéros.	DÉNOMINATION.	Numéros.	DÉNOMINATION.		bon pour le service.	en cours de durée.	d'instruction.
					fr. c.	fr. c.	fr. c.
101	Effets spéciaux aux élèves, aux cadres et aux agents secondaires des diverses écoles (effets décomptés au nombre) (*Suite.*)	124	Vareuse en drap pour élève de l'École polytechnique	Nombre.	21 85	»	»
		125	Vareuse en drap pour élève de l'École du service de santé militaire	Id.	27 35	»	»
		126	Veste en drap, École polytechnique. Soldat du génie	Id.	13 35	»	»
		127	Veste en drap, École spéciale militaire. Élève	Id.	13 05	»	»
		128	Veste en drap, École spéciale militaire. Cadre. Infanterie et cavalerie	Id.	10 30	»	»
		129	Veste en drap, École spéciale militaire. Artillerie	Id.	12 35	»	»
		130	Veste en drap, École spéciale militaire. Cavaliers de manège	Id.	12 70	»	»
		131	Veste en drap, École spéciale militaire. Infirmiers	Id.	10 10	»	»
		132	Veste en drap, École du service de santé militaire. Infirmiers	Id.	12 30	»	»
		133	Veste en drap, École du service de santé militaire. Train des équipages	Id.	13 15	»	»
		134	Veste en drap, Prytanée militaire. D'ordonnance, pour élève	Id.	15 70	»	»
		135	Veste en drap, Prytanée militaire. De prison, pour élève	Id.	11 60	»	»
		136	Veste en drap, Prytanée militaire. Petit état-major	Id.	13 »	»	»
		137	Veste en drap, Prytanée militaire. Cavaliers ordonnances	Id.	15 30	»	»
		138	Veste d'agents secondaires. Garçon de télégraphe	Id.	19 45	»	»
		139	Veste d'agents secondaires. Agent secondaire	Id.	18 60	»	»
		140	Veste, Vareuse en toile bleue. École spéciale militaire. Élève	Id.	2 80	»	»
		141	Veste, Vareuse en coutil. Prytanée militaire. Moniteur	Id.	8 »	»	»
		142	Veste en treillis. École polytechnique. Élève	Id.	4 20	»	»
		143	Veste en treillis. École spéciale militaire. Élève et cadre	Id.	4 »	»	»
		144	Veste en treillis. École du service de santé militaire. Élève	Id.	3 25	»	»
		145	Veste en treillis. Prytanée militaire. Élève	Id.	5 85	»	»
		146	Veste en treillis pour agents secondaires des diverses écoles	Id.	5 20	»	»
		147					
		148					
		149					
		150					
		151					
		152	Accessoires divers d'effets d'habillement. Boutons. École spéciale militaire. Gros. École spéciale militaire	Id.	» 05	»	»
		153	Boutons. École spéciale militaire. Gros. Sous-officier rengagé	Id.	» 07	»	»
		154	Boutons. École spéciale militaire. Gros. Artillerie	Id.	» 03	»	»
		155	Boutons. École spéciale militaire. Gros. Infirmiers militaires	Id.	» 03	»	»
		156	Boutons. École spéciale militaire. Gros. Cavaliers de manège	Id.	» 03	»	»

CLASSIFICATION DES MATIÈRES ET EFFETS				UNITÉ RÉGLEMENTAIRE.	PRIX MINISTÉRIELS au classement		
PAR UNITÉ SOMMAIRE.		PAR UNITÉ DÉTAILLÉE.					
Numéros.	DÉNOMINATION.	Numéros.	DÉNOMINATION.		bon pour le service.	en cours de durée.	d'instruction.
					fr. c.	fr. c.	fr. c.
101	Effets spéciaux aux élèves, aux cadres et aux agents secondaires des diverses écoles (effets décomptés au nombre.) (*Suite.*)	157	Accessoires divers d'effets d'habillement. — Boutons. — Ecole spéciale militaire. — Petits. — Ecole spéciale militaire	Nombre.	» 08	»	»
		158	Sous-officier rengagé	Id.	» 04	»	»
		159	Artillerie	Id.	» 02	»	»
		160	Infirmiers militaires	Id.	» 02	»	»
		161	Cavaliers de manège	Id.	» 02	»	»
		162	Prytanée militaire. — Dorés pour sous-officiers rengagés — gros	Id.	» 12	»	»
		163	petits	Id.	» 07	»	»
		164	En cuivre — gros	Id.	» 05	»	»
		165	petits	Id.	» 03	»	»
		166	En étain — gros	Id.	» 05	»	»
		167	petits	Id.	» 03	»	»
		168	Ecoles militaires préparatoires — En cuivre — gros	Id.	» 04	»	»
		169	petits	Id.	» 02	»	»
		170	En zinc	Id.	» 01	»	»
		172	Ecole polytechnique. — Ecusson brodé — en or	Id.	2 20	»	»
		173	en laine	Id.	» 20	»	»
		174	Insignes, ornements et attributs. — Ecole spéciale militaire. — Caducées (paire) brodés en fil	Id.	» 45	»	»
		175	Collier, découpé en drap	Id.	» 01	»	»
		176	Fer de bras — brodé en or (1er maître maréchal ferrant)	Id.	1 08	»	»
		177	brodé en filé or (maît. maréch.)	Id.	» 36	»	»
		178	p. 1er aide-maréc.	Id.	» 28	»	»
		179	pour 2e aide-maréchal	Id.	»	»	»
		180	découpé en drap pour élève maréchal	Id.	» 01	»	»
		181	Grenade pour élève. — Brodée en or pour tunique d'élève de 2e année (la paire)	Id.	2 38	»	»
		182	En soie jaune (la paire)	Id.	» 95	»	»
		183	Grenade pour cadre. — Brodée en soie rouge ou noire (la paire)	Id.	» 95	»	»
		184	Découpée en drap garance ou bleu foncé la (paire)	Id.	» 03	»	»
		185	Insignes de tir, artillerie (grenade) — Brodée en or (prix de régiment)	Id.	1 38	»	»
		186	Brodée filet or (prix d'école)	Id.	1 34	»	»
		187	Découpée en drap	Id.	» 01	»	»

CLASSIFICATION DES MATIÈRES ET EFFETS				UNITÉ RÉGLEMENTAIRE.	PRIX MINISTÉRIELS au classement		
PAR UNITÉ SOMMAIRE.		PAR UNITÉ DÉTAILLÉE.					
Numéros.	DÉNOMINATION.	Numéros.	DÉNOMINATION.		bon pour le service.	en cours de durée.	d'instruction.
					fr. c.	fr. c.	fr. c.
101	Effets spéciaux aux élèves, aux cadres et aux agents secondaires des diverses écoles (effets décomptés au nombre.) (*Suite.*)	188	Accessoires divers d'effets d'habillement. (*Suite.*) — Insignes, ornements et attributs. (*Suite.*) — Ecole spéciale militaire (*Suite.*) — Insignes de tir infanterie (cor de chasse). — Brodé en or	Nombre.	» 52	»	»
		189	Découpé en drap	Id.	» 01	»	»
		190	Insignes des garçons de télégraphe	Id.	» 26	»	»
		191	Ecole du service de santé militaire. — Caducée — en cannetille d'or (la paire)	Id.	3 64	»	»
		192	en laine écarlate — pour collet (la paire)	Id.	» 67	»	»
		193	pour képi	Id.	» 25	»	»
		194	Prytanée militaire. — Grenade — en soie rouge (la paire)	Id.	1 06	»	»
		195	en laine rouge brodée (la paire)	Id.	» 64	»	»
		196	Calotte d'écurie ou de travail (en drap). — Ecole spéciale militaire	Id.	1 05	»	»
		197	Prytanée militaire	Id.	1 25	»	»
		198	Casquette en drap. — Agents secondaires des diverses écoles — Agent de casernement, agent préposé aux vivres et chef garçon	Id.	6 10	»	»
		199	Garçon de télégraphe	Id.	3 25	»	»
		200	Agent secondaire	Id.	2 85	»	»
		201	Chapeau. — Ecole polytechnique. — D'élève (avec boîte)	Id.	18 05	»	»
		202	De sous-officier	Id.	14 80	»	»
		203	Ecole du service de santé militaire — D'élève (avec boîte)	Id.	16 90	»	»
		204	d'élève (sans boîte)	Id.	15 »	»	»
		205	Képi. — Ecole polytechnique. — D'élève. — 1re tenue (avec boîte)	Id.	8 15	»	»
		206	2e tenue (sans boîte)	Id.	7 50	»	»
		207	Du génie — Sous-officier rengagé	Id.	5 55	»	»
		208	Sous-officier	Id.	3 90	»	»
		209	Soldat	Id.	3 20	»	»
		210	Ecole spéciale militaire. — D'élève	Id.	3 25	»	»
		211	De tambour-major	Id.	6 85	»	»
		212	De tambour-major (1re tenue)	Id.	7 90	»	»
		213	De sous-officiers rengagés (képi complet). — d'infanterie et d'infirmiers	Id.	5 20	»	»
		214	de cavalerie	Id.	5 20	»	»
		215	d'artillerie	Id.	5 20	»	»
		216	De sous-officiers — du cadre	Id.	3 40	»	»
		217	— (1re tenue)	Id.	3 85	»	»
		218	d'artillerie	Id.	3 40	»	»
		219	— (1re tenue)	Id.	3 85	»	»
		220	d'infirmiers	Id.	3 40	»	»
		221	— (1re tenue)	Id.	3 85	»	»
		222	De soldats — du cadre	Id.	2 70	»	»
		223	— (1re tenue)	Id.	3 15	»	»
		224	d'artillerie	Id.	2 70	»	»
		225	— (1re tenue)	Id.	3 15	»	»
		226	d'infirmiers	Id.	2 70	»	»
		227	— (1re tenue)	Id.	3 15	»	»
		228	De cavaliers de manège. — Sous-officier	Id.	3 05	»	»
		229	Soldat	Id.	3 05	»	»

CLASSIFICATION DES MATIÈRES ET EFFETS				UNITÉ RÉGLEMENTAIRE.	PRIX MINISTÉRIELS au classement		
PAR UNITÉ SOMMAIRE.		PAR UNITÉ DÉTAILLÉE.					
Numéros.	DÉNOMINATION.	Numéros.	DÉNOMINATION.		bon pour le service.	en cours de durée.	d'instruction.
					fr. c.	fr. c.	fr. c.
101	Effets spéciaux aux élèves, aux cadres et aux agents secondaires des diverses écoles (effets décomptés au nombre.) (*Suite.*)	230	Képi (*Suite.*) — Ecole du service de santé militaire. — D'élève	Nombre.	10 95	»	»
		231	De sous-officier rengagé	Id.	5 45	»	»
		232	d'infirmiers ou du train. — Sous-officier — 1re tenue.	Id.	4 10	»	»
		233	2e tenue.	Id.	3 90	»	»
		234	Soldat — 1re tenue.	Id.	3 25	»	»
		235	2e tenue.	Id.	3 05	»	»
		236	Prytanée militaire. — D'élève	Id.	3 15	»	»
		237	Du petit état-major — Sous-officier rengagé	Id.	6 »	»	»
		238	Sous-officier	Id.	3 65	»	»
		239	Soldat	Id.	2 60	»	»
		240					
		241	De cavalier ordonnance	Id.	3 15	»	»
		242	*Ecoles militaires préparatoires et Orphelinat Hériot. — Pour élève	Id.	2 65	»	»
		243	Shako (avec plaque et cocarde). — Ecole spéciale militaire (élève)	Id.	5 75	»	»
		244	Tambour-major	Id	18 15	»	»
		245	Cadre	Id.	6 70	»	»
		246	Accessoires d'effets de coiffure — Cocarde pour képi du Prytanée militaire	Id.	» 10	»	»
		247	Etoile pour képi du Prytanée militaire. — Sous-officier rengagé (cuivre doré)	Id.	» 60	»	»
		248	Cadre (cuivre)	Id.	» 25	»	»
		249	Fausse jugulaire en or, pour képi d'élève du Prytanée militaire	Id.	» 65	»	»
		250	Grenade pour képi du Prytanée militaire. — Sous-officier rengagé (cuivre doré)	Id.	» 60	»	»
		251	Cadre (cuivre)	Id.	» 35	»	»
		252	Jugulaire en or avec boutons, pour képi de sous-officier à l'Ecole spéciale militaire	Id.	» 70	»	»
		253	Plaque de shako de l'Ecole spéciale milit.	Id.	» 40	»	»
		254	Pompons... pour képis divers à l'Ecole spéciale militaire	Id.	» 35	»	»
		255	pour képi d'infirmiers à l'Ecole du service de santé militaire	Id.	» 45	»	»
		256	Brodequins pour Ecoles militaires préparatoires et Orphelinat Hériot (la paire)	Id.	13 85	»	»
		257	Espadrilles (la paire)	Id.	1 »	»	»
		258	Eperons à la chevalière, sans boucle, pour les Ecoles militaires préparatoires (la paire)	Id.	» 80	»	»
		259	Courroies d'éperons pour les Ecoles milit. prépar.	Id.	» 25	»	»
		260	Culotte basanée de cavalier de manège. — sous officiers.	Id.	18 65	»	»
			soldats	Id.	17 40	»	»
		261					
		262					
		263					
		264					
		265					
		266					
		267					

CLASSIFICATION DES MATIÈRES ET EFFETS				UNITÉ RÉGLEMENTAIRE.	PRIX MINISTÉRIELS au classement		
PAR UNITÉ SOMMAIRE.		PAR UNITÉ DÉTAILLÉE.					
Numéros.	DÉNOMINATION.	Numéros.	DÉNOMINATION.		bon pour le service.	en cours de durée.	d'instruction.
					fr. c.	fr. c.	fr. c.
102	Effets spéciaux aux élèves et aux cadres des diverses écoles (effets décomptés au mètre).	1	Galons. — École polytechnique. — En or (22^{mm})	Mètre	5 55	»	»
		2	Galons. — École polytechnique. — En laine à losanges	Id.	» 60	»	»
		3	Galons. — École polytechnique. — En laine en 22^{mm}	Id.	» 35	»	»
		4	Galons. — École spéciale militaire. — En or (de grade) en 22^{mm}	Id.	4 50	»	»
		5	Galons. — École spéciale militaire. — En or (de grade) en 12^{mm}	Id.	2 15	»	»
		6	Galons. — École spéciale militaire. — En laine à losanges en 22^{mm}	Id.	» 40	»	»
		7	Galons. — École spéciale militaire. — En laine écarlate en 22^{mm}	Id.	» 25	»	»
		8	Galons. — École spéciale militaire. — En laine écarlate en 12^{mm}	Id.	» 15	»	»
		9	Galons. — École spéciale militaire. — En laine orange en 22^{mm}	Id.	» 30	»	»
		10	Galons. — École spéciale militaire. — En laine orange en 12^{mm}	Id.	» 20	»	»
		11	Galons. — École du service de santé militaire. — En or, façon à lézardes (22^{mm})	Id.	5 55	»	»
		12	Galons. — École du service de santé militaire. — En laine à losanges	Id.	» 50	»	»
		13	Galons. — École du service de santé militaire. — En laine écarlate (22^{mm})	Id.	» 30	»	»
		14	Galons. — Prytanée militaire. — En or (22^{mm})	Id.	6 »	»	»
		15	Galons. — Prytanée militaire. — De bride d'épaule, pour sous-officier rengagé	Id.	2 95	»	»
		16	Galons. — Prytanée militaire. — En laine à losanges	Id.	» 65	»	»
		17	Galons. — Prytanée militaire. — En laine écarlate (22^{mm})	Id.	» 40	»	»
		18	Galons. — Prytanée militaire. — En laine orange (22^{mm})	Id.	» 40	»	»
		19	Passementerie. — Soutache métal et soie pour adjudants et sous-officiers rengagés de l'École polytechnique	Id.	1 25	»	»
		20	Passementerie. — Soutache or et soie rouge pour adjudants et sous-officiers rengagés de l'École spéciale militaire	Id.	» 80	»	»
		21	Passementerie. — Soutache argent et soie rouge pour adjudants et sous-officiers rengagés de l'École spéciale militaire	Id.	» 70	»	»
		22	Passementerie. — Soutache or et soie rouge de 4^{mm} pour sous-officiers rengagés de l'École du service de santé militaire	Id.	1 35	»	»
		23	Passementerie. — Soutache or et laine rouge (Prytanée militaire)	Id.	1 35	»	»
		24	Passementerie. — Soutache argent fin pour brigadier de manège du Prytanée militaire	Id.	1 35	»	»
		25	Passementerie. — Tresse (Prytanée militaire). — carrée en laine de 6^{mm} pour brandebourgs garance	Id.	» 25	»	»
		26	Passementerie. — Tresse (Prytanée militaire). — carrée en laine de 6^{mm} pour brandebourgs noire	Id.	» 25	»	»
		27	Passementerie. — Tresse (Prytanée militaire). — plate de 15^{mm} pour dolmans	Id.	» 20	»	»
		28					
		29					
		30					
		31					
103	Effets spéciaux au personnel de la télégraphie militaire.	1	*Capote	Nombre.	24 45	14 70	4 90
		2	*Ceinture d'ouvrier	Id.	8 63	5 20	1 75
		3	*Dolman en drap de sous-officier	Id.	18 95	11 40	3 80
		4	*Pantalon en drap de sous-officier	Id.	13 05	7 85	2 65

CLASSIFICATION DES MATIÈRES ET EFFETS				UNITÉ RÉGLEMENTAIRE.	PRIX MINISTÉRIELS au classement		
PAR UNITÉ SOMMAIRE.		PAR UNITÉ DÉTAILLÉE.					
Numéros.	DÉNOMINATION.	Numéros.	DÉNOMINATION.		bon pour le service.	en cours de durée.	d'instruction.
					fr. c.	fr. c.	fr. c.
103	Effets spéciaux au personnel de la télégraphie milit. (*Suite.*)	5	*Blouse de travail en molleton bleu	Nombre	11 65	7 00	2 35
		6	*Blouse de travail en toile bleue	Id.	6 »	3 60	1 20
		7	*Veste en drap	Id.	12 35	7 45	2 50
		8	Accessoires d'effets d'habillement. Boutons d'uniforme (A) gros	Id.	»	»	»
		9	Accessoires d'effets d'habillement. Boutons d'uniforme (A) petits	Id.	»	»	»
		10	Accessoires d'effets d'habillement. *Insignes, ornements et attributs. Etoiles entourées de foudres brodées en or et soie bleu de ciel de collet (la paire)	Id.	1 60	» 95	» 30
		11	Accessoires d'effets d'habillement. *Insignes, ornements et attributs. Etoiles entourées de foudres brodées en or et soie bleu de ciel de képi	Id.	» 80	» 48	» 16
		12	Accessoires d'effets d'habillement. *Insignes, ornements et attributs. Etoiles entourées de foudres en laine bleu de ciel de collet (la paire)	Id.	» 55	» 33	» 11
		13	Accessoires d'effets d'habillement. *Insignes, ornements et attributs. Etoiles entourées de foudres en laine bleu de ciel de képi	Id.	» 35	» 21	» 07
		14	Accessoires d'effets d'habillement. *Insignes, ornements et attributs. Numéros (la paire) brodés en or à 1 chiffre	Id.	» 55	» 33	» 11
		15	Accessoires d'effets d'habillement. *Insignes, ornements et attributs. Numéros (la paire) brodés en or à 2 chiffres	Id.	1 10	» 65	» 20
		16	Accessoires d'effets d'habillement. *Insignes, ornements et attributs. Numéros (la paire) en laine bleu de ciel à 1 chiffre	Id.	» 30	» 18	» 06
		17	Accessoires d'effets d'habillement. *Insignes, ornements et attributs. Numéros (la paire) en laine bleu de ciel à 2 chiffres	Id.	» 55	» 33	» 11
		18	*Képi de télégraphiste	Id.	6 35	5 95	1 30
		19	*Képi de chef d'équipe	Id.	3 30	2 65	» 66
		20	*Képi d'ouvriers	Id.	3 25	2 60	» 65
		21	Pantalons en drap : télégraphistes, soldats	Id.	12 50	7 50	2 50
		22	Pantalons de cheval en drap pour sous-officiers télégraphistes (A)	Id.	»	»	»
		23	Boutons d'uniforme, télégraphie militaire, moyens demi-sphériques (A)	Id.	»	»	»
		24	Portemanteau pour la télégraphie militaire (A)	Id.	»	»	»
		25	Pantalon en toile bleu foncé pour la télégraphie militaire (A)	Id.	»	»	»
		26					
		27					
		28					
		29					
		30					
104	Effets divers spéciaux.	1					
		2					
		3					
		4	aux détenus des pénitenciers militaires. Capot	Id.	21 35	12 85	4 30
		5	aux détenus des pénitenciers militaires. Pantalon	Id.	9 65	5 80	1 95
		6	aux détenus des pénitenciers militaires. Vareuse	Id.	13 35	8 05	2 70
		7	aux détenus des pénitenciers militaires. Képi	Id.	2 55	2 05	0 51
		8	aux condamnés des ateliers de travaux public^s^ Capot	Id.	21 35	12 85	4 30
		9	aux condamnés des ateliers de travaux public^s^ Pantalon	Id.	9 65	5 80	1 95
		10	aux condamnés des ateliers de travaux public^s^ Vareuse	Id.	13 65	8 05	2 70
		11	aux condamnés des ateliers de travaux public^s^ Képi	Id.	2 55	2 05	0 51
		12	pour les exclus de l'armée. Capot	Id.	21 35	12 85	4 30
		13	pour les exclus de l'armée. Pantalon	Id.	9 80	5 90	2 »
		14	pour les exclus de l'armée. Vareuse	Id.	13 65	8 05	2 70
		15	pour les exclus de l'armée. Calotte de campagne	Id.	1 35	0 81	» 27
		16	aux gendarmes réservistes et territoriaux. Capote-manteau Maréchal des logis	Id.	57 40	»	»
		17	aux gendarmes réservistes et territoriaux. Capote-manteau Brigadier	Id.	54 09	»	»
		18	aux gendarmes réservistes et territoriaux. Capote-manteau Gendarme	Id.	50 73	»	»
		19	aux gendarmes réservistes et territoriaux. Gants (la paire)	Id.	1 25	»	»
		20	aux gendarmes réservistes et territoriaux. Pantalon de drap	Id.	21 14	»	»

CLASSIFICATION DES MATIÈRES ET EFFETS				UNITÉ RÉGLEM.NTAIRE.	PRIX MINISTÉRIELS au classement		
PAR UNITÉ SOMMAIRE.		PAR UNITÉ DÉTAILLÉE.					
Numéros	DÉNOMINATION.	Numéros.	DÉNOMINATION.		bon pour le service.	en cours de durée.	d'instruction.
					fr. c.	fr. c.	fr. c.
		21	aux gendarmes réservistes et territoriaux (Suite.) — Tunique — Maréchal des logis	Nombre.	42 33	»	»
		22	Brigadier	Id.	37 08	»	»
		23	Gendarme	Id.	30 97	»	»
		24	Accessoires d'effets d'habillement. — Aiguillette complète avec trèfles, coulant et ferrets (la paire). — Sous-officier	Id.	26 27	»	»
		25	Brigadier	Id.	17 31	»	»
		26	Gendarme	Id.	4 30	»	»
		27	Trompette	Id.	23 93	»	»
		28	Aiguillette seule (la paire). — Sous-officier	Id.	16 96	»	»
		29	Brigadier	Id.	10 75	»	»
		30	Gendarme	Id.	1 01	»	»
		31	Trompette	Id.	15 18	»	»
		32	Coulant en maillechort	Id.	» 33	»	»
		33	Ferrets (la paire). — Sous-officier et gendarme	Id.	1 »	»	»
		34	Trèfles (la paire). — Sous-officier	Id.	8 08	»	»
		35	Brigadier	Id.	5 23	»	»
		36	Gendarme	Id.	1 96	»	»
		37	Trompette	Id.	7 42	»	»
		38	Képi — Sous-officier et brigadier	Id.	7 36	»	»
104	Effets divers spéciaux. (*Suite.*)	39	Gendarme	Id.	3 68	»	»
		40	aux pompiers réservistes. — Ceinture de feu	Id.	2 85	»	»
		41	Manteau à capuchon	Id.	23 25	»	»
		42	Pantalon	Id.	9 15	»	»
		43	Casque	Id.	6 80	»	»
		44	Képi	Id.	2 65	»	»
		45	Bottes (paire)	Id.	12 15	»	»
		46	de tenue de manège. — Culotte (sous-officier et soldat)	Id.	14 15	8 49	2 83
		47	Bottes à l'écuyère	Id.	40 »	24 »	8 »
		48	Éperons	Id.	2 25	1 35	» 45
		49	Garniture d'éperons	Id.	» 75	» 45	» 15
		50	**de gymnase. — Ceinture	Id.	2 50	1 50	» 50
		51	Pantalon	Id.	4 50	2 70	» 90
		52	Veste	Id.	5 50	3 30	1 10
		53	Calotte de l'École de gymnastique	Id.	» 25	» 15	» 05
		54	**de natation. — Caleçon de bain	Id.	1 10	» 65	» 20
		55	Ceinture (sangle)	Id.	1 75	1 05	» 35
		56	**pour la voltige. — Ceinture en sangle à l'usage des troupes à cheval	Id.	» 72	» 42	» 14
		57	**pour le service du bureau — Fausses manches avec plastron	Id.	2 85	1 70	» 60
		58	aux pompiers réservistes. Casques N. M.	Id.	14 70	»	»
		59	aux gendarmes réservistes et territoriaux. — casque. — avec crinière	Id.	29 80	»	»
		60	sans crinière	Id.	27 80	»	»
105	Effets divers conservés au dépôt des mod. à titre de renseignement						

CLASSIFICATION DES MATIÈRES ET EFFETS				UNITÉ RÉGLEMENTAIRE.	PRIX MINISTÉRIELS au classement		
PAR UNITÉ SOMMAIRE.		PAR UNITÉ DÉTAILLÉE.					
Numéros.	DÉNOMINATION.	Numéros.	DÉNOMINATION.		bon pour le service.	en cours de durée.	d'instruction.
					fr. c.	fr. c.	fr. c.
106	*Effets spéciaux pour cyclistes.	1	Collet-manteau	Nombre	12 20	7 35	2 45
		2	Rallonge de bretelle de fusil	Id.	1 »	» 80	» 20
		3	Porte-épée modèle 1888, modifié	Id.	1 95	1 55	» 40
		4	Culotte à fond doublé des unités cyclistes — Sous-officier	Id.	12 »	7 20	2 40
		5	Culotte à fond doublé des unités cyclistes — Soldat	Id.	11 20	6 75	2 25
		6	Culotte à fond doublé pour détachements de sapeurs-cyclistes — Sous-officier	Id.	14 10	8 50	2 85
		7	Culotte à fond doublé pour détachements de sapeurs-cyclistes — Soldat	Id.	13 20	7 95	2 65
		8	Vareuse à capuchon des unités cyclistes — Sous-officier	Id.	19 10	11 50	3 85
		9	Vareuse à capuchon des unités cyclistes — Soldat	Id.	18 »	10 80	3 60
107	Effets pr l'habillemt des hommes libérés des bataillons d'infanterie légère d'Afriq. (A).	1	Gilet	Id.	»	»	»
		2	Pantalon d'été	Id.	»	»	»
		3	Pantalon d'hiver	Id.	»	»	»
		4	Veston d'été	Id.	»	»	»
		5	Veston d'hiver	Id.	»	»	»
		6	Béret	Id.	»	»	»
		7	Casquette	Id.	»	»	»
		8	Chapeau	Id.	»	»	»
		9					
		10					
		11					
		12					
108							
109							

CHAPITRE III.

Effets d'équipement.

§ 1er. — Effets de grand équipement du modèle général.

110	*Banderoles	1	porte-giberne de cavalerie	Nombre.	1 65	1 30	» 35
		2	d'étui de revolver — en cuir noir	Id.	1 35	1 10	» 27
		3	d'étui de revolver — en cuir fauve	Id.	1 35	1 10	» 27
		4	de cartouchière du train des équipages	Id.	1 35	1 10	» 27
		5					
		6					
		7					
		8					
111	*Bretelles.	1	de fusil, de carabine, de mousqueton — en cuir noir	Id.	1 25	1 »	» 25
		2	de fusil, de carabine, de mousqueton — en cuir fauve	Id.	1 45	1 15	» 29
		3	de suspension pour cartouchière — sans crochet, en cuir noir	Id.	2 20	1 80	» 44
		4	de suspension pour cartouchière — en toile cachou pour zouaves et tirailleurs	Id.	1 80	1 45	» 36
		5	Bretelle de suspension avec crochet	Id.	2 45	1 95	» 49
		6					
		7					
		8					
		9					

CLASSIFICATION DES MATIÈRES ET EFFETS				UNITÉ RÉGLEMENTAIRE.	PRIX MINISTÉRIELS au classement		
PAR UNITÉ SOMMAIRE.		PAR UNITÉ DÉTAILLÉE.					
Numéros.	DÉNOMINATION.	Numéros.	DÉNOMINATION.		bon pour le service.	en cours de durée.	d'instruction.
					fr. c.	fr. c.	fr. c.
112	**Cannes et accessoires.	1	Cannes de tambour-major	Nombre.	185 »	148 »	37 »
		2	Cannes de caporal tambour avec cordon	Id.	30 »	24 »	6 »
		3	Cordon de canne de caporal tambour	Id.	2 60	2 10	» 50
		4					
		5					
		6					
		7					
113	*Cartouchières, gibernes, etc.	1	Cartouchières pour troupes à pied (modèle 1888)	Id.	2 70	2 15	» 55
		2	Cartouchières postérieure pour zouaves et tirailleurs	Id.	3 30	2 65	» 66
		3	Cartouchières pour le train des équipages militaires	Id.	»	»	»
		4	Cartouchières pour les corps de l'artillerie (hommes non montés) avec alvéoles	Id.	1 65	1 35	» 35
		5	Cartouchières pour les corps de l'artillerie (hommes non montés) avec cloison de séparation	Id.	1 90	1 55	» 38
		6	Cartouchières pour la cavalerie. A. M.	Id.	3 20	2 60	» 65
		7	Cartouchières pour la cavalerie. N. M.	Id.	3 20	2 60	» 64
		8	Gibernes d'infanterie et corps assimilés	Id.	2 45	2 »	» 50
		9	Gibernes de cavalerie	Id.	6 15	4 90	1 25
		10	Gibernes ancien modèle. Génie (sapeurs conducteurs).	Id.	5 95	4 75	1 20
		11	Poches à cartouches en cuir Ancien modèle.	Id.	2 40	1 95	» 50
		12	Poches à cartouches en cuir Modèle 1887	Id.	2 05	1 65	» 45
		13	Cartouchières d'infirmerie (A)	Id.	»	»	»
		14	Cartouchières du train des équipages. modèle 1901 avec bouton de pression et faux fond	Id:	7 »	5 60	1 40
		15	Cartouchières du train des équipages. modèle 1901 sans bouton de pression et faux fond	Id.	6 50	5 20	1 30
		16	Cartouchières d'infanterie. modèle 1905 Sous-officier	Id.	4 15	3 35	» 83
		17	Cartouchières d'infanterie. modèle 1905 Soldat	Id.	4 05	3 25	» 81
		18	Sacs à cartouches des compagnies sahariennes.	Id.	»	»	»
		19	Cartouchières p^r troupes à pied (mod. ant. à 1888)	Id.	2 50	2 »	» 50
		20	Cartouchières du tr. des équip. mod. 1912 (s. cour.)	Id	6 90	5 60	1 40
		21					
114	*Ceinturons sans plaque et plaques de ceinturon.	1	Ceinturons. Modèle général, pour troupes à pied	Id.	1 55	1 25	» 30
		2	Ceinturons. à boucles et ardillons	Id.	2 85	2 30	» 57
		3	Ceinturons. Artillerie et train des équipages (hommes non montés)	Id.	4 95	4 »	» 99
		4	Ceinturons. Troupes à cheval. En cuir noir ciré à plaque	Id.	2 60	2 10	» 50
		5	Ceinturons. Troupes à cheval. En cuir noir ciré à boucle	Id.	2 85	2 30	» 60
		6	Ceinturons. Troupes à cheval. En cuir fauve avec courroie de carabine.	Id.	2 80	2 25	» 56
		7	Ceinturons. Troupes à cheval. En cuir fauve sans courroie de carabine.	Id.	3 20	2 55	» 64
		8	Ceinturons. Sapeurs-conducteurs du génie	Id.	2 75	2 20	» 55
		9	Ceinturons. **en cuir verni. Sergent-major. Infanterie et corps assimilés, y compris le génie	Id.	3 50	2 80	» 70
		10	Ceinturons. **en cuir verni. Sergent-major. Génie (A. M·	Id.	3 50	2 80	» 70

CLASSIFICATION DES MATIÈRES ET EFFETS				UNITÉ RÉGLEMENTAIRE.	PRIX MINISTÉRIELS au classement		
PAR UNITÉ SOMMAIRE.		PAR UNITÉ DÉTAILLÉE.					
Numéros.	DÉNOMINATION.	Numéros.	DÉNOMINATION.		bon pour le service.	en cours de durée.	d'instruction.
					fr. c.	fr. c.	fr. c.
114	*Ceinturons sans plaque et plaques de ceinturon. (*Suite.*)	11	Ceinturons. (*Suite.*) — **en cuir verni. (*Suite.*) — Maréchal des logis chef. — Toutes troupes à cheval (sapeurs conducteurs du génie exceptés).. ..	Nombre.	4 40	3 50	» 90
		12	Sapeurs conducteurs du génie.......	Id.	3 50	2 80	» 70
		13	Adjudant commis greffier..	Id.	3 50	2 80	» 70
		14	porte-cartouch. des compag. sahar.	Id.	5 90	4 75	1 20
		15	Baudrier porte-cartouchière des compagnies sahariennes.........	Id.	4 70	3 80	» 95
		16	en cuir fauve. artillerie et train des équipages (hommes montés)....	Id.	2 70	2 20	» 54
		17	** Plaques de ceinturon. — Infant. de ligne et corps assim. — En cuivre	Id.	» 40	» 32	» 08
		18	Cuirassiers, dragons..............	Id.	» 70	» 56	» 14
		19	Génie, en cuivre..................	Id.	» 56	» 28	» 09
		20	Sergent-major. — Infanterie...........	Id.	» 75	» 60	» 15
		21	Génie...............	Id.	» 75	» 60	» 15
		22	Chass. à pied, zouav. et tirail. algériens.	Id.	2 10	1 68	» 42
		23	En cuivre doré	Id.	» 60	» 48	» 12
		24	Justice militaire.	Id.	2 10	1 65	» 45
		25					
		26					
		27					
		28					
115	**Dragonnes	1	de cavalerie...........................	Id.	1 15	» 90	» 25
		2	d'infanterie. | Sergent-major..............	Id.	» 85	» 68	» 17
		3	en cuir ciré............................	Id.	1 10	» 90	» 20
		4	blanche (prix de concours) — sous-officier (A)	Id.	»	»	»
		5	soldat (A)	Id.	»	»	»
		6					
		7					
116	*Etuis de revolver et accessoires.	1	Courroie de ceinture de revolver. — en cuir noir	Id.	1 80	145	» 36
		2	en cuir fauve..............	Id.	1 80	145	» 36
		3	Etui de revolver — en cuir noir — sans courroie de ceinture ni banderole............	Id.	6 95	5 60	1 40
		4	complet...............	Id.	10 10	8 80	2 20
		5	en cuir fauve — sans lanière de revolver ni courroie de ceinture ni b.	Id.	7 15	5 80	1 45
		6	complet...............	Id.	10 85	8 80	2 20
		7	Lanière de revolver — en cuir fauve.............	Id.	» 56	» 44	» 11
		8	en cuir noir..............	Id.	» 56	» 44	» 11
		9	Courroie de carabine.....................	Id.	1 30	1 05	» 25
		10					
		11					
		12					
		13					
117	*Havresacs.	1	Modèles antérieurs à 1875 — avec passants de grande courroie.	Id.	11 80	19 45	2 35
		2	sans passants de grande courroie.	Id.	11 50	13 20	2 30

CLASSIFICATION DES MATIÈRES ET EFFETS				UNITÉ RÉGLEMENTAIRE.	PRIX MINISTÉRIELS au classement		
PAR UNITÉ SOMMAIRE.		PAR UNITÉ DÉTAILLÉE.					
Numéros.	DÉNOMINATION.	Numéros.	DÉNOMINATION.		bon pour le service.	en cours de durée.	d'instruction.
					fr. c.	fr. c.	fr. c.
117	*Havre-sacs. (*Suite.*)	3	Modèle 1875 transformé (dont le rivet de bretelle sur le sac a été maintenu) — pour l'infanterie — avec cont.-sangl.	Nombre.	13 00	10 40	2 60
		4	Modèle 1875 transformé (dont le rivet de bretelle sur le sac a été maintenu) — pour l'infanterie — sans cont.-sangl.	Id.	12 70	10 15	2 55
		5	Modèle 1875 transformé (dont le rivet de bretelle sur le sac a été maintenu) — sans contre-sang. pour les zouaves et les tirailleurs..	Id.	11 70	9 40	2 35
		6	Modèle 1875 transformé (dont le rivet de bretelle sur le sac a été maintenu) — avec courroies d'outils pour le génie à pied — avec cont.-sangl.	Id.	14 25	11 40	2 85
		7	Modèle 1875 transformé (dont le rivet de bretelle sur le sac a été maintenu) — avec courroies d'outils pour le génie à pied — sans contre-sanglons.....	Id.	13 95	11 15	2 80
		8	Modèle 1875 transformé (dont le rivet de bretelle a été remplacé par des boucles sur le sac) et modèle 1876 transformé — pour l'infanterie — avec cont. sangl..	Id.	13 »	10 40	2 60
		9	Modèle 1875 transformé (dont le rivet de bretelle a été remplacé par des boucles sur le sac) et modèle 1876 transformé — pour l'infanterie — sans cont.-sangl.	Id.	12 70	10 15	2 55
		10	Modèle 1875 transformé (dont le rivet de bretelle a été remplacé par des boucles sur le sac) et modèle 1876 transformé — sans cont.-sangl. pour les zouaves et les tirailleurs algériens	Id.	11 70	9 40	2 35
		11	Modèle 1875 transformé (dont le rivet de bretelle a été remplacé par des boucles sur le sac) et modèle 1876 transformé — avec courroies d'outils pour le génie à pied — avec cont.-sangl.	Id.	14 25	11 40	2 85
		12	Modèle 1875 transformé (dont le rivet de bretelle a été remplacé par des boucles sur le sac) et modèle 1876 transformé — avec courroies d'outils pour le génie à pied — sans contre-sanglons........	Id.	13 95	11 15	2 80
		13	Modèle 1882. Infanterie et corps assimilés. — avec contre-sanglons de supports et crochets en cuivre.	Id.	15 90	12 75	3 20
		14	Modèle 1882. Infanterie et corps assimilés. — sans contre-sanglons de supports ni crochets en cuivre	Id.	15 40	12 35	3 10
		15	Modèle 1883. Artillerie à pied..................	Id.	15 50	12 40	3 10
		16	Modèle 1883. Génie à pied — avec contre-sanglons de supports et crochets en cuivre.	Id.	19 70	15 80	3 95
		17	Modèle 1883. Génie à pied — sans contre-sanglons de supports ni crochets en cuivre.	Id.	19 25	15 40	3 85
		18	Modèle 1893. Infanterie. — avec contre-sanglons de supports et crochets en cuiv.	Id.	14 05	11 25	2 80
		19	Modèle 1893. Infanterie. — sans contre-sanglons de supports ni crochets en cuiv.	Id.	13 20	10 65	2 65
		20	Modèle 1893. Génie..........................	Id.	16 90	13 60	3 40
		21	Modèle 1893. Troupes d'Afrique, avec courroie de charge de 2 mètres et courroie de capote de 0m,92	Id.	13 85	11 10	2 80
		22	Sac d'artillerie (homme monté)............	Id.	5 75	4 60	1 15
		23	D'infirmerie (A)...........................	Id.	»	»	
		24	Mod. 1883, sans courroie de côté, des hommes à pied de l'artillerie en Afrique............	Id.	»	»	»
		25	Sac cachou des batteries alpines............	Id.	7 35	6 »	1 50
		26	Modèle 1882. Troupes d'Afrique, avec courroie de charge de 2 mètres et courroie de capote de 0m,92. — avec contre-sangl. de supp. et crochets en cuivre.	Id.	16 25	13 »	3 25
		27	Modèle 1882. Troupes d'Afrique, avec courroie de charge de 2 mètres et courroie de capote de 0m,92. — sans contre-sangl. de supp. ni crochets en cuivre (zouaves et tirailleurs algériens)..	Id.	15 75	12 60	3 15
		28	Modèle 1875 transformé (dont le rivet de bretelle sur le sac a été maintenu), sans contre-sanglons, ni courroie de côté pour l'artillerie à pied..............	Id.	10 80	8 80	2 20
		29	Modèle 1875 transformé (dont le rivet de bretelle a été remplacé par des boucles sur le sac) et modèle 1876 transformé, sans contre-sanglons, ni courroie de côté, pour l'artillerie à pied..............	Id.	10 80	8 80	2 20

CLASSIFICATION DES MATIÈRES ET EFFETS — PAR UNITÉ SOMMAIRE. Numéros.	DÉNOMINATION.	PAR UNITÉ DÉTAILLÉE. Numéros.	DÉNOMINATION.	UNITÉ RÉGLEMENTAIRE.	PRIX MINISTÉRIELS au classement — bon pour le service. fr. c.	en cours de durée. fr. c.	d'instruction. fr. c.
118	**Houzeaux en cuir	1	pour conducteur de voiture	Nombre.	12 50	10 »	2 50
		2					
		3					
		4					
119	** Instruments de musique, accessoires et équipement de musiciens.	1	Banderole de giberne porte-musique	Id.	3 25	2 60	» 65
		2	Étuis en basane pour cornet à pistons	Id.	7 50	6 »	1 50
		3	Étuis en basane pour saxhorn soprano petit bugle	Id.	7 75	6 20	1 55
		4	Étuis en basane pour saxhorn contralto grand bugle	Id.	8 »	6 40	1 60
		5	Étuis en basane pour saxhorn saxo-tromba alto	Id.	9 50	7 60	1 90
		6	Étuis en basane pour saxhorn baryton	Id.	11 50	9 20	2 30
		7	Étuis en basane pour saxhorn basse	Id.	12 50	10 »	2 50
		8	Étuis en basane pour saxhorn contrebasse *mi b*	Id.	16 »	12 80	3 20
		9	Étuis en basane pour saxhorn contrebasse *si b*	Id.	20 »	16 »	4 »
		10	Étuis en basane pour saxhorn contrebasse *si b*, grosses proportions	Id.	24 »	19 20	4 80
		11	Étuis en basane pour trompette à pistons	Id.	9 »	7 20	1 80
		12	Étuis en basane pour trombone à 4 pistons	Id.	10 »	» »	2 »
		13	Étuis en basane pour trombone à coulisses	Id.	9 50	7 60	1 90
		14	Étuis en basane pour saxophone soprano, avec clé de *si b* grave	Id.	5 25	4 »	1 05
		15	Étuis en basane pour saxophone alto, avec clé de *si b* grave	Id.	9 25	7 40	1 85
		16	Étuis en basane pour saxophone ténor, avec clé de *si b* grave	Id.	11 »	8 80	2 20
		17	Étuis en basane pour saxophone baryton, avec clé de *si b* grave	Id.	16 »	12 80	3 20
		18	Étuis en basane pour cymbales	Id.	10 »	8 »	2 »
		19	Étuis en basane pour petite flûte Bœhm	Id.	1 50	1 20	» 30
		20	Étuis en basane pour grande flûte Bœhm	Id.	2 25	1 80	» 45
		21	Étuis en basane pour clarinette Bœhm	Id.	2 »	1 60	» 40
		22	Étuis en basane pour hautbois, système du Conservatoire	Id.	2 50	2 »	» 50
		23	Giberne de musique d'infanterie	Id.	6 80	5 45	1 35
		24	Giberne d'artillerie	Id.	10 »	8 »	2 »
		25	Instruments de musique. Petite flûte en *ré b* en bois	Id.	72 »	57 60	14 40
		26	Grande flûte en *ut* en maillechort	Id.	130 »	104 »	26 »
		27	Petite clarinette *mi b*	Id.	71 »	56 80	14 20
		28	Grande clarinette *si b*	Id.	85 08	68 »	17 »
		29	Hautbois	Id.	199 50	159 70	39 90
		30	Saxophone soprano *si b*	Id.	72 50	58 »	14 50
		31	— alto *mi b*	Id.	104 »	83 20	20 80
		32	— ténor *si b*	Id.	106 »	84 80	21 20
		33	— baryton *mi b*	Id.	130 »	104 »	26 »
		34	Cornet à pistons *si b*	Id.	33 40	26 75	6 70
		35	Trompette à pistons *ut* ou *fa*	Id.	32 »	25 60	6 40
		36	Trombone à pistons	Id.	53 40	42 75	10 70
		37	Saxhorn contralto *si b*	Id.	32 15	25 75	6 45
		38	— basse *si b*	Id.	63 25	50 60	12 65
		39	— contrebasse *mi b*	Id.	80 »	64 »	16 »
		40	— contrebasse grave *si b*	Id.	140 »	112 »	28 »
		41	Saxo-tromba alto *mi b*	Id.	35 »	28 »	7 »
		42	Cymbales (paire)	Id.	29 50	23 60	5 90
		43	Trombone alto en *mi b* à 4 pistons	Id.	36 »	28 80	7 20
		44	Trombone à coulisse	Id.	27 »	21 60	5 40
		45	Saxhorn soprano en *mi b* à 3 pistons (petit bugle)	Id.	29 25	23 40	5 85

CLASSIFICATION DES MATIÈRES ET EFFETS				UNITÉ RÉGLEMENTAIRE.	PRIX MINISTÉRIELS au classement		
PAR UNITÉ SOMMAIRE.		PAR UNITÉ DÉTAILLÉE.					
Numéros.	DÉNOMINATION.	Numéros.	DÉNOMINATION.		bon pour le service.	en cours de durée.	d'instruction.
					fr. c.	fr. c.	fr. c.
119	** Instruments de musique et équipement de musiciens. (*Suite.*)	47	Instruments de musique et accessoires. Saxhorn baryton en *si b* à 3 pistons..	Nombre.	39 00	31 20	7 80
		48	Harmonium diapason normal (A)......	Id.	»	»	»
		49	Grosse caisse avec cercles en bois, à cordes..........	Id.	49 »	39 20	9 80
		50	Caisse claire avec cercles en bois, à cordes, sans accessoires..........	Id.	18 »	14 40	3 60
		51	Diapason..........	Id.	3 60	2 90	0 70
		52	Métronome..........	Id.	16 75	13 40	3 35
		53	Triangle..........	Id.	3 50	2 80	0 70
		54	Partitions, méthodes, morceaux de musique (A)..........	Id.	»	»	»
		55	Anches.. de clarinette (la douzaine)..	Id.	3 60	»	»
		56	Anches.. de saxophone soprano. marquées au choix (la douz.)	Id.	4 »	»	»
		57	Anches.. de saxophone alto..... marquées au choix (la douz.)	Id.	4 80	»	»
		58	Anches.. de saxophone ténor.... marquées au choix (la douz.)	Id.	5 50	»	»
		59	Anches.. de saxophone baryton. marquées au choix (la douz.)	Id.	6 30	»	»
		60	Anches de hautbois montées garnies liège..........	Id.	1 50	»	»
		61	Banderole en cuir de saxophone alto, ténor, baryton..........	Id.	2 75	2 20	» 55
		62	Banderole en cuir de contrebasse *mi b*........	Id.	3 60	2 90	» 70
		63	Banderole en cuir de contrebasse *si b*........	Id.	4 50	3 60	» 90
		64	Bec nu.. en ébène pour clarinette *si b* ou *mi b*..........	Id.	3 »	»	»
		65	Bec nu.. en ébonite pour clarinette *si b* ou *mi b*..........	Id.	5 50	»	»
		66	Bec nu.. en ébène pour saxophone soprano..........	Id.	3 »	»	»
		67	Bec nu.. en ébène pour saxophone alto..........	Id.	4 »	»	»
		68	Bec nu.. en ébène pour saxophone ténor..........	Id.	5 »	»	»
		69	Bec nu.. en ébène pour saxophone baryton..........	Id.	7 »	»	»
		70	Boutons de piston assortis en maillechort (la douzaine).	Id.	2 75	»	»
		71	Boutons de piston assortis en cuivre (la douzaine).....	Id.	2 65	»	»
		72	Chapeaux assortis pour pistons (la douz.)	Id.	6 60	»	»
		73	Couvre-bec en cuivre nickelé pour clarinette *si b* ou *mi b*.	Id.	1 20	»	»
		74	Couvre-bec en cuivre nickelé pour saxophone soprano..........	Id.	1 95	»	»
		75	Couvre-bec en cuivre nickelé pour saxophone alto..........	Id.	2 20	»	»
		76	Couvre-bec en cuivre nickelé pour saxophone ténor..........	Id.	2 75	»	»
		77	Couvre-bec en cuivre nickelé pour saxophone baryton..........	Id.	3 30	»	»
		78	Écouvillon en laine pour petite flûte..........	Id.	» 30	»	»
		79	Écouvillon en laine pour clarinette..........	Id.	» 30	»	»
		80	Écouvillon en soie pour petite flûte..........	Id.	» 90	»	»
		81	Écouvillon en soie pour grande flûte.....	Id.	1 80	»	»
		82	Écouvillon avec tournevis p[r] gr. flûte..	Id.	4 »	»	»
		83	Embouchure en cuivre de piston, 1er choix..........	Id.	1 40	»	»
		84	Embouchure en cuivre de bugle, 1er choix..........	Id.	1 50	»	»
		85	Embouchure en cuivre d'alto et de trompette d'harmonie, 1er choix..........	Id.	2 »	»	»
		86	Embouchure en cuivre de baryton, 1er choix..........	Id.	2 80	»	»
		87	Embouchure en cuivre de basse, 1er choix..........	Id.	2 80	»	»
		88	Embouchure en cuivre de trombones à pistons ou à coulisses, 1er choix......	Id.	2 80	»	»
		89	Embouchure en cuivre de contrebasse *mi b*, 1er choix...	Id.	3 80	»	»
		90	Embouchure en cuivre de contrebasse *si b*, 1er choix....	Id.	4 50	»	»

CLASSIFICATION DES MATIÈRES ET EFFETS — PAR UNITÉ SOMMAIRE. Numéros.	DÉNOMINATION.	PAR UNITÉ DÉTAILLÉE. Numéros.	DÉNOMINATION.	UNITÉ RÉGLEMENTAIRE.	PRIX MINISTÉRIELS au classement — bon pour le service. fr. c.	en cours de durée. fr. c.	d'instruction. fr. c.
		91	Instruments de musique et accessoires (Suite.) — Etui d'anche de clarinette ou de hautbois	Nombre.	1 50	»	»
		92	Etui d'anche de saxophone	Id.	2 »	»	»
		93	Ligature de clarinette, en maillechort	Id.	» 80	»	»
		94	Ligature de saxophone soprano, en cuivre	Id.	» 80	»	»
		95	Ligature de saxophone alto, en cuivre	Id.	1 10	»	»
		96	Ligature de saxophone ténor, en cuivre	Id.	1 40	»	»
		97	Ligature de saxophone baryton, en cuivre	Id.	1 80	»	»
		98	Pupitre pour clarinette, maillechort, avec bague	Id.	2 75	»	»
		99	Pupitre cuivre, pour saxophone, tige carrée	Id.	» 75	»	»
		100	Pupitre cuivre, pour instruments divers, tige ronde	Id.	1 10	»	»
		101	Ressorts pour instruments à pistons (la douzaine)	Id.	1 65	»	»
		102	Ressorts pour clarinette et flûte (le jeu)	Id.	1 10	»	»
		103	Ressorts pour saxophone (le jeu)	Id.	1 95	»	»
		104	Roseaux préparés et gougés pour hautbois (le cent)	Id.	10 45	»	»
119	Instruments de musique et équipement de musiciens. (*Suite.*)	105	Sourdine en métal nickelé pour cornet	Id.	2 65	»	»
		106	Tampons de clarinette, système Bœhm (le cent)	Id.	2 50	»	»
		107	Tampons de clarinette, système Bœhm (le jeu)	Id.	» 80	»	»
		108	Tampons de saxophone soprano, avec clé de *si b* grave (le jeu)	Id.	2 20	»	»
		109	Tampons de saxophone alto	Id.	2 30	»	»
		110	Tampons de saxophone ténor	Id.	2 50	»	»
		111	Tampons de saxophone baryton	Id.	2 80	»	»
		112	Tampons de petite flûte, système Bœhm (le jeu)	Id.	» 40	»	»
		113	Tampons de grande flûte cylindrique, système Bœhm (le jeu)	Id.	3 »	»	»
		114	Tampons de hautbois, système du Conservatoire (le jeu)	Id.	1 »	»	»
		115	Tournevis de clarinette	Id.	1 50	»	»
		116	Vis de pied de pupitre pour instruments	Id.	» 15	»	»
		117	Ardillon de giberne	Id.	» 15	»	»
		118	Cahier de musique pour giberne	Id.	» 45	»	»
		119	Cartons de musique n° 2, coins arrondis, réglés, pâte supérieure (le cent)	Id.	4 »	»	»
		120	Cartons de musique n° 2, coins arrondis, blancs (le cent)	Id.	2 »	»	»
		121	Cartons de musique n° 3, coins arrondis, réglés (le cent)	Id.	7 »	»	»
		122	Cartons de musique n° 3, coins arrondis, blancs (le cent)	Id.	3 »	»	»
		123	Cartons de musique n° 4, coins arrondis, réglés (le cent)	Id.	9 »	»	»
		124	Cartons de musique n° 4, coins arrondis, blancs (le cent)	Id.	4 75	»	»

CLASSIFICATION DES MATIÈRES ET EFFETS					UNITÉ RÉGLEMENTAIRE.	PRIX MINISTÉRIELS au classement		
PAR UNITÉ SOMMAIRE.		PAR UNITÉ DÉTAILLÉE.						
Numéros	DÉNOMINATION.	Numéros.	DÉNOMINATION.			bon pour le service.	en cours de durée.	d'instruction.
						fr. c.	fr. c.	fr. c.
119	** Instruments de musique et équipement de musiciens. (*Suite.*)	125	Instruments de musique et accessoires. (*Suite.*)	Crochet de giberne de musique	Nombre.	» 50	»	»
		126		Papier à partition grand format, à l'« italienne » pâte supérieure (la main).	Id.	1 75	»	»
		127		Papier à partition grand format, à la « française », 12 à 30 portées (la main)	Id.	1 75	»	»
		128		Papier à partition format moyen, en raisin, 12 à 18 portées (la main)	Id.	1 25	»	»
		129		Papier à partition petit format, in-8°, 12 à 16 portées (la main)	Id.	1 25	»	»
		130		Papier réglé pour recouvrir les papiers nos 2, 3 et 4 (le cent)	Id.	2 50	»	»
		131		Plumes pour copier la musique (la boîte)	Id.	2 »	»	»
		132		Programme de musique (le mille)	Id.	24 »	»	»
		133		Tenon de giberne (la pièce)	Id.	» 50	»	»
119	** Instruments de musique et accessoires.	134	Accessoires de tambour et de grosse caisse.	Baguettes en ébène, avec embouts en cuivre	Paire.	2 25	1 80	» 45
		135		Bretelle de caisse double A. M.	Nombre.	3 50	2 80	» 70
		136		Bretelle de caisse simple A. M.	Id.	3 25	2 60	» 65
		137		Cercles de roulage de peau pour caisse (la pièce)	Id.	» 15	» 12	» 03
		138		Cercles de grosse caisse en frêne peint.	Id.	3 25	2 60	» 65
		139		Cercle de roulage de grosse caisse	Id.	» 75	» 60	» 15
		140		Colliers de caisse sans écusson A. M.	Id.	6 50	5 20	1 30
		141		Contre-sanglon de caisse	Id.	» 70	» 56	» 14
		142		Cordage de caisse tout préparé. Caisse	Id.	» 65	» 52	» 13
		143		Cordage de caisse tout préparé. Grosse caisse	Id.	1 10	» 90	» 25
		144		Coussin capitonné pour grosse caisse.	Id.	6 50	5 20	1 30
		145		Cuissière de caisse A. M.	Id.	5 50	4 40	1 10
		146		Écusson porte-baguettes en cuivre	Id.	1 50	1 20	» 30
		147		Fût de caisse en aluminium	Id.	8 »	6 40	1 60
		148		Fût de caisse en cuivre	Id.	8 »	6 40	1 60
		149		Fût en aluminium pour grosse caisse.	Id.	28 »	22 40	5 60
		150		Mailloche de grosse caisse	Id.	2 »	1 60	» 40
		151		Mailloche jonc, garnie feutre, pour grosse caisse	Id.	4 50	3 60	» 90
		152		Peau de tambour batterie en veau	Id.	2 80	2 20	» 55
		153		Peau de tambour timbre en chèvre	Id.	2 40	2 »	» 50
		154		Peau de grosse caisse. timbre en chèvre	Id.	6 25	5 »	1 25
		155		Peau de grosse caisse. batterie en veau	Id.	8 »	6 40	1 60
		156		Pliant de grosse caisse	Id.	8 »	6 40	1 60
		157		Timbre de caisse	Id.	» 30	» 24	» 06
		158		Tirant ou coulant pour caisse	Id.	» 15	» 12	» 03
		159		Tringles avec écrous pour caisse claire, ancien modèle.	Id.	1 20	1 »	» 25
		160		Tringles avec écrous pour grosse caisse, ancien modèle.	Id.	1 65	1 35	» 35
		161		Vis de timbre de caisse	Id.	» 15	» 12	» 03
		162		Pupitre de tambour	Id.	» 70	» 56	» 14
		163		Pupitre de grosse caisse	Id.	3 50	2 80	» 70

CLASSIFICATION DES MATIÈRES ET EFFETS				UNITÉ RÉGLEMENTAIRE.	PRIX MINISTÉRIELS au classement		
PAR UNITÉ SOMMAIRE.		PAR UNITÉ DÉTAILLÉE.					
Numéros.	DÉNOMINATION.	Numéros.	DÉNOMINATION.		bon pour le service.	en cours de durée.	d'instruction.
					fr. c.	fr. c.	fr. c.
119	**Instruments de musique et accessoires. (*Suite.*)	165	Accessoires de tambour et de grosse caisse. (*Suite.*) — Cercle de caisse en frêne peint (batterie)	Nombre.	2 »	1 60	» 40
		166	Cercle de caisse en frêne peint (timbre)	Id.	2 »	1 60	» 40
		167	Peau de tambour, timbre en veau.	Id.	2 40	1 90	» 50
		168					
		169					
		170					
		171					
		172					
120	*Porte-épées et porte-fourreaux.	1	Porte-fourreau de sabre-baïonnette	Id.	2 55	2 05	» 51
		2	Porte-épée. — baïonnette.. — modèle 1877	Id.	1 70	1 35	» 35
		3	Porte-épée. — baïonnette.. — modèle 1888	Id.	2 »	1 60	» 40
		4	Porte-épée. — pour sous-officier et musicien du génie et pour le cadre des écoles militaires préparatoires d'infanterie	Id.	1 95	1 55	» 40
		5					
		6					
		7					
		8					
121	**Sifflets de signal et accessoires.	1	Cordon de sifflet	Id.	» 20	» 16	» 04
		2	Etui de signal	Id.	» 60	» 48	» 12
		3	Sifflet de signal	Id.	» 90	» 72	» 18
		4					
		5					
		6					
		7					
122	**Sonnerie ou batterie (Instrumts et accessoires de).	1	Caisse complète avec équipement complet... — ancien modèle	Id.	38 25	30 60	7 75
		2	Caisse complète avec équipement complet... — nouveau modèle	Id.	34 35	17 20	6 70
		3	Équipement complet de tambr N.M. — Bretelle de caisse N. M.	Id.	» 94	» 47	» 17
		4	Collier	Id.	3 70	1 85	» 70
		5	Contre-sanglon	Id.	» 47	» 24	» 07
		6	Cuissière	Id.	5 85	2 93	1 10
		7	Baguettes, avec douilles d'aluminm	Paire.	1 45	1 20	» 30
		8	Ecusson en aluminium	Nombre.	3 55	1 78	» 90
		9	Bouton double de bretelle de caisse N. M	Id.	» 10	» 08	» 02
		10	Clairons, trompettes et leurs accessoires.. — Clairon.... — d'ordonnance	Id.	6 50	5 20	1 30
		11	Clairon.... — chasseur Millereau	Id.	18 »	14 40	3 60
		12	Cordon.... — de clairon	Id.	2 30	1 85	» 50
		13	Cordon.... — de trompette	Id.	2 40	1 95	» 50
		14	Courroie de clairon ou de trompette.	Id.	1 60	1 30	» 30
		15	Crêpe pour cérémonies funèbres (A).	Id.	»	»	»
		16	Trompette-clairon Breton	Id.	17 »	13 60	3 40
		17	Chaînette d'embouchure avec mousqueton	Id.	» 40	» 32	» 08
		18	Embouchure de cuivre. — pour clair. ou trompe.	Id.	» 90	» 72	» 18
		19	Embouchure de cuivre. — recourbée, pour clairon ou trompette.	Id.	1 40	1 15	» 28
		20	Gland de cordon de clairon ou trompette	Id.	» 90	» 72	» 18

CLASSIFICATION DES MATIÈRES ET EFFETS						PRIX MINISTÉRIELS au classement		
PAR UNITÉ SOMMAIRE.		PAR UNITÉ DÉTAILLÉE.			UNITÉ RÉGLEMENTAIRE.			
Numéros.	DÉNOMINATION.	Numéros.	DÉNOMINATION.			bon pour le service.	en cours de durée.	d'instruction.
						fr. c.	fr. c.	fr. c.
122	Sonnerie ou batterie (Instrum^ts et accessoires de). (*Suite.*)	21	Clairons, trompettes et leurs accessoires. (*Suite.*)	Cordon de trompette de la gendarmerie grande tenue (A)	Nombre.	»	»	»
		22		Cordon de trompette de la gendarmerie petite tenue (A)	Id.	»	»	»
		23		Trompette d'ordonnance	Id.	6 85	5 45	1 40
		24	Caisse complète sans équipement	Ancien modèle	Id.	18 30	14 65	3 65
		25		Nouveau modèle	Id.	18 30	14 65	3 65
		26						
123								
124								
125								
126								

§ 2. — *Pièces et accessoires d'effets de grand équipement.*

Numéros.	DÉNOMINATION.	Numéros.	DÉNOMINATION.		UNITÉ RÉGLEMENTAIRE.	bon pour le service.	en cours de durée.	d'instruction.
127	*Pièces et accessoires d'effets de grand équipement.	1	Accessoires et pièces de garnitures de ceinturon	Anneau de ceinturon	Nombre.	» 18	» 14	» 04
		2		Boucle de ceinturon	Id.	» 37	» 19	» 09
		3		Boucle du gousset porte-épée baïonnette	Id.	» 05	» 04	» 01
		4		Boucle du gousset porte-sabre baïonnette	Id.	» 05	» 04	» 01
		5		*Chape mobile en cuivre pour ceinturon de sapeurs conducteurs du génie	Id.	» 47	» 36	» 09
		6		*Coulant pour ceinturon en cuivre	Id.	» 19	» 12	» 08
		7		Crochet de sabre en S (sapeurs conducteurs du génie, artillerie)	Id.	» 15	» 12	» 03
		8		Crochet de sabre pour sergent-major	Id.	» 10	» 08	» 02
		9		Dé d'agrafe de plaque (1). Cavalerie	Id.	» 13	» 10	» 03
		10		Dé d'agrafe de plaque (1). Infanterie	Id.	» 13	» 10	» 03
		11		Entre-deux avec anneau et crochet	Id.	» 90	» 72	» 18
		12		*Verrou pour ceinturon de toutes armes, en cuivre	Id.	» 08	» 04	» 01
		13		Verrou de ceinturon de serg.-maj.	Id.	» 10	» 08	» 02
		14	Accessoires de giberne et garniture de banderole de giberne	Boucle	Id.	» 25	» 20	» 05
		15		Bouton	Id.	» 05	» 04	» 01
		16		Canons croisés	Id.	» 30	» 24	» 06
		17		Coulant	Id.	» 12	» 09	» 03
		18		Dé	Id.	» 05	» 04	» 01
		19		Grenade d'artillerie	Id.	» 15	» 12	» 03
		20		Grenade du génie	Id.	» 20	» 16	» 04
		21		Passant	Id.	» 12	» 09	» 03
		22		Plateau à tourillon et chape mobile	Id.	1 »	» 80	» 20
		23		Tourillon	Id.	» 30	» 24	» 06

(1) Cet objet ne doit être décompté que lorsqu'il n'est pas fixé à la bande du ceinturon.

CLASSIFICATION DES MATIÈRES ET EFFETS				UNITÉ RÉGLEMENTAIRE.	PRIX MINISTÉRIELS au classement		
PAR UNITÉ SOMMAIRE.		PAR UNITÉ DÉTAILLÉE.					
Numéros.	DÉNOMINATION.	Numéros.	DÉNOMINATION.		bon pour le service.	en cours de durée.	d'instruction.
					fr. c.	fr. c.	fr. c.
		24	Accessoires de havresac.. — Bretelle	Nombre.	1 60	1 30	» 30
		25	Contre-sanglon	Id.	» 33	» 26	» 07
		26	Courroie.. de capote	Id.	» 60	» 48	» 12
		27	Courroie.. de charge	Id.	1 20	» 95	» 25
		28	Courroie.. petite	Id.	» 50	» 40	» 10
		29	*Crochet pour contre-sanglon de havresac et bretelle de suspension en cuivre	Id.	» 07	» 04	» 01
		30	Planchettes (cadre en bois)	Id.	» 85	» 68	» 17
		31	Rivet	Id.	» 03	» 02	» 01
		32	Tiroir à cartouches	Id.	» 19	» 10	» 05
		33	Bouton	Id.	» 06	» 03	» 02
		34	Accessoires divers — Ardillon de boucle de bretelles	Id.	» 02	» 01	» 01
		35	Boucle de banderole d'étui de revolver	Id.	» 10	» 08	» 02
		36	Boucle de bretelle de fusil	Id.	» 10	» 08	» 02
		37	Boucle de ceinture d'étui de revolver	Id.	» 10	» 08	» 02
127	*Pièces et accessoires d'effets de grand équipement. (*Suite.*)	38	Bouton à deux têtes pour bretelle de fusil et ceinturon de cavalerie	Id.	» 06	» 03	» 02
		39	Bouton à deux têtes pour porte-giberne	Id.	» 10	» 08	» 02
		40	Bouton à gorge grand	Id.	» 05	» 04	» 01
		41	Bouton à gorge petit	Id.	» 05	» 04	» 01
		42	Bouton de cartouchière et de giberne	Id.	» 05	» 04	» 01
		43	Plaque de martingale d'étui de revolver	Id.	» 15	» 12	» 03
		44	Dé d'agrafe de bélière	Id.	» 13	» 10	» 03
		45	Courroies de ceinture de cartouchière du train des équipages	Id.	1 25	» 63	» 25
		46	Bouton double de ceinturon de cavalerie (nouveau modèle)	Id.	» 05	» 04	» 01
		47	Dessous de patelette	Id.	» 25	» 20	» 05
		48	Dessous de porte-fourreau de sabre-baïonnette	Id.	1 30	1 05	» 25
		49	Dessus de porte-fourreau de sabre-baïonnette	Id.	» 30	» 24	» 06
		50	Agrafe-support de carabine (A)	Id.	1 15	0 95	0 25
		51	Dispositif pour le port de l'arme à la bretelle (A)	Id.	»	»	»
		52	Crochet pour cartouchière d'infanterie modèle 1905	Id.	» 08	» 04	» 02
		53					
		54					
		55					
		56					
128							
129							

CLASSIFICATION DES MATIÈRES ET EFFETS				UNITÉ RÉGLEMENTAIRE.	PRIX MINISTÉRIELS au classement		
PAR UNITÉ SOMMAIRE.		PAR UNITÉ DÉTAILLÉE.					
Numéros.	DÉNOMINATION.	Numéros.	DÉNOMINATION.		bon pour le service.	en cours de durée.	d'instruction.
					fr. c.	fr. c.	fr. c.

§ 3. — *Accessoires divers d'équipement.*

Numéros.	DÉNOMINATION.	Numéros.	DÉNOMINATION.	UNITÉ RÉGLEMENTAIRE.	bon pour le service.	en cours de durée.	d'instruction.
130	Besaces, étuis, sacs, trousses et accessoires divers.	1	**Bâton ferré pour chasseurs alpins	Nombre.	» 75	» 45	» 15
		2	**Besaces (petites)	Id.	» 75	» 38	» 15
		3	Botte de lance avec lanière	Id.	1 50	» 90	» 30
		4	**Cordon de plaque d'identité (le mètre 0,02)	Id. (0,80)	» 016	»	»
		5	Couteau de détenu	Id.	» 20	« 12	» 04
		6	**Cuiller	Id.	» 08	» 04	» 02
		7	** Etui-musette modèle ordinaire	Id.	» 90	» 54	» 18
		8	** Etui-musette nouveau modèle	Id.	1 »	» 50	» 25
		9	Fanions (flamme seule) d'alignement	Id.	2 75	1 65	» 55
		10	Fanions (flamme seule) pour arbitres	Id.	2 »	1 20	» 40
		11	Fanions (flamme seule) pour quartiers généraux. Pour général commandant en chef un groupe d'armées	Id.	18 »	10 80	3 60
		12	Fanions (flamme seule) pour quartiers généraux. Pour major général d'un groupe d'armées	Id.	7 »	4 20	1 40
		13	Fanions (flamme seule) pour quartiers généraux. Pour général commandant en chef une armée	Id.	3 50	2 10	» 70
		14	Fanions (flamme seule) pour quartiers généraux. Pour général commandant un corps d'armée	Id.	1 55	» 95	» 30
		15	Fanions (flamme seule) pour quartiers généraux. Pour général commandant l'artillerie ou le génie d'une armée	Id.	1 50	» 90	» 30
		16	Fanions (flamme seule) pour quartiers généraux. Pour général commandant la 1re div. d'infant. d'un corps d'armée	Id.	1 55	» 95	» 30
		17	Fanions (flamme seule) pour quartiers généraux. Pour général commandant la 2e div. d'infanterie d'un corps d'armée	Id.	1 85	1 10	» 40
		18	Fanions (flamme seule) pour quartiers généraux. Pour général commandant la 3e div. d'infanterie d'un corps d'armée	Id.	2 25	1 35	» 45
		19	Fanions (flamme seule) pour quartiers généraux. Pour général commandant une div. d'infant. non comprise dans un corps d'armée	Id.	2 05	1 20	» 40
		20	Fanions (flamme seule) pour quartiers généraux. Pour général commandant un groupe de divisions de cavalerie	Id.	1 50	» 90	» 30
		21	Fanions (flamme seule) pour quartiers généraux. Pour général commandant la brigade d'artillerie d'un corps d'armée	Id.	1 20	» 70	» 15
		22	Fanions (flamme seule) pour quartiers généraux. Pour général commandant la brigade de cavalerie d'un corps d'armée	Id.	1 20	» 70	» 25
		23	Fanions (flamme seule) pour quartiers généraux. Pour général commandant une division de cavalerie	Id.	1 50	» 90	» 30
		24	Fanions (flamme seule) pour quartiers généraux. Pour général commandant directeur de manœuvres de cavalerie	Id.	2 »	1 20	» 40
		25	Fanions (flamme seule) pour sections de munitions d'infanterie	Id.	1 30	» 80	» 25
		26	Fanions (flamme seule) pour 1re, 2e et 3e sections du parc d'artillerie	Id.	1 30	» 80	» 25
		27	Fanions (flamme seule) pour caissons de bataillon	Id.	1 30	» 80	» 25

CLASSIFICATION DES MATIÈRES ET EFFETS				UNITÉ RÉGLEMENTAIRE.	PRIX MINISTÉRIELS au classement		
PAR UNITÉ SOMMAIRE.		PAR UNITÉ DÉTAILLÉE.					
Numéros.	DÉNOMINATION.	Numéros.	DÉNOMINATION.		bon pour le service. fr. c.	en cours de durée. fr. c.	d'instruction. fr. c.
130	Besaces, étuis, sacs, trousses et accessoires divers. (*Suite.*)	28	Fanions (flamme seule). (*Suite.*) pour sections de munitions d'artillerie	Nombre.	1 30	» 80	» 25
		29	Fanions pour 4e section du parc d'artillerie	Id.	1 30	» 80	» 25
		30	Fanions pour ambulances et hôpitaux de campagne	Id.	1 30	» 80	» 25
		31	Fanions pour postes télégraphiques	Id.	1 30	» 80	» 25
		32	Flamme de lance	Id.	1 »	» 50	» 30
		33	**Fouet	Id.	» 75	» 38	» 20
		34	**Fourchette	Id.	» 08	» 04	» 02
		35	**Gamelle individuelle — Infanterie — En tôle	Id.	1 »	» 60	» 20
		36	**Gamelle individuelle — Infanterie — En aluminium	Id.	2 50	1 50	» 50
		37	**Gamelle individuelle — Cavalerie — En tôle	Id.	1 10	» 65	» 20
		38	**Gamelle individuelle — Cavalerie — En aluminium	Id.	2 90	1 75	» 60
		39	Lance porte-fanion	Id.	11 »	6 60	2 20
		40	Lunière de bras pour porte-fanion	Id.	1 »	» 60	» 20
		41	Lanternes pour général commandant en chef un groupe d'armées	Id.	30 »	»	»
		42	Lanternes pour major général d'un groupe d'armées	Id.	29 »	»	»
		43	Lanternes pour général commandant en chef une armée	Id.	29 »	»	»
		44	Lanternes pour général comm^t un corps d'armée	Id.	29 »	»	»
		45	Lanternes pour général commandant un groupe de divisions de cavalerie	Id.	29 »	»	»
		46	Lanternes pour général commandant l'artillerie et le génie d'une armée	Id.	29 50	»	»
		47	Lanternes pour général commandant la 1re division d'infanterie d'un corps d'armée	Id.	29 50	»	»
		48	Lanternes pour général commandant la 2e division d'infanterie d'un corps d'armée	Id	29 50	»	»
		49	Lanternes pour général commandant la 3e division d'infanterie d'un corps d'armée	Id.	29 50	»	»
		50	Lanternes pour général commandant une division d'infanterie non comprise dans un corps d'armée	Id.	29 50	»	»
		51	Lanternes pour général commandant une division de cavalerie	Id.	29 50	»	»
		52	Lanternes pour général commandant la brigade d'artillerie d'un corps d'armée	Id.	29 50	»	»
		53	Lanternes pour général commandant la brigade de cavalerie d'un corps d'armée	Id.	29 50	»	»
		54	Lanternes pour les sections de munitions d'infanterie	Id.	29 50	»	»
		55	Lanternes pour les 1re, 2e et 3e sections du parc d'artillerie	Id.	29 50	»	»
		56	Lanternes pour les caissons de bataillon	Id.	29 50	»	»
		57	Lanternes pour les sections de munitions d'artillerie	Id.	29 50	»	»
		58	Lanternes pour la 4e section du parc d'artillerie	Id.	29 50	»	»

CLASSIFICATION DES MATIÈRES ET EFFETS				UNITÉ RÉGLEMENTAIRE.	PRIX MINISTÉRIELS au classement		
PAR UNITÉ SOMMAIRE.		PAR UNITÉ DÉTAILLÉE.					
Numéros.	DÉNOMINATION.	Numéros.	DÉNOMINATION.		bon pour le service.	en cours de durée.	d'instruction.
					fr. c.	fr. c.	fr. c.
130	Besaces, étuis, sacs, trousses et accessoires divers. (*Suite.*)	59	**Musette de pansage non garnie (1)	Nombre.	1 »	» 60	» 20
		60	**Musette de pans. en toile cachou non garnie (1).	Id.	» 84	» 42	» 17
		61	Plaque d'identité	Id.	» 03	» 02	» 01
		62	Portefeuille { d'estafette du service de la trésorerie et des postes	Id.	8 50	5 10	1 70
		63	Portefeuille { de secrétaire d'état-major	Id.	19 »	11 40	3 80
		64	Sacs { **à avoine	Id.	2 60	1 30	» 65
		65	Sacs { à effets pour détenus	Id.	» 60	» 36	» 12
		66	Sacs { **de petite monture non garni (2)	Id.	» 35	» 18	» 08
		67	Sachet { à pain de guerre. { Artillerie	Id.	» 20	» 12	» 04
		68	Sachet { à pain de guerre. { Cavalerie	Id.	» 30	» 18	» 06
		69	Sachet { à vivres (collectif)	Id.	» 45	» 27	» 09
		70	Sachet { pour vivres de réserve**	Id.	» 20	» 12	» 04
		71	Sac à cartouches (cavalerie)	Id.	» 75	» 45	» 15
		72	Sacoches { pour estafette du service de la trésorerie et des postes	Id.	37 »	22 20	7 40
		73	Sacoches { pour maréchal des logis chef de cavalerie	Id.	12 30	7 40	2 50
		74	Sac à dépêches pour vélocipédiste	Id.	8 50	5 10	1 70
		75	**Tasse ou quart { en tôle	Id.	» 20	» 12	» 04
		76	**Tasse ou quart { en aluminium	Id.	» 40	» 24	» 08
		77	Trousse { en basane non garnie (3)**	Id.	» 40	» 20	» 10
		78	Trousse { à boutons	Id.	» 20	» 20	» 04

(1) Objets de pansage qui composent la musette garnie (ancien et nouveau modèle) :

Étrille	0f 36	0f 36
Brosse à cheval	1 05	1 05
Torchon-serviette	0 40	0 40
Éponge	1 10	1 10
Paire de ciseaux	0 40	0 40
Musette vide	1 00	0 84
	4 31	4 15
	(4 30)	

Ces prix sont diminués de 0 fr. 47 si la brosse à cheval est remplacée par la brosse en chiendent.

(2) Objets de petite monture renfermés dans le sac :

Boîte à graisse	0f 12
Brosse à boutons	0 36
— à reluire	0 50
— pour armes	0 10
— à habits	0 50
— double	0 44
Cuiller	0 08
A reporter	2 10
Report	2 10
Fourchette	0 08
Martinet	0 50
Patience	0 03
Trousse basane garnie	0 65
	3 36
Sac vide	0 35
Sac garni	3 71
	(3 70)

Ce prix est diminué de 0 fr. 10 si la trousse garnie est en toile cachou.

(3) Objets composant la trousse garnie en basane ou en toile cachou :

Trousse vide	0f 40	0 30
Bobine garnie	0 10	0 10
Dé en fer	0 05	0 05
4 écheveaux de fil	0 10	0 10
	0 65	0 55

CLASSIFICATION DES MATIÈRES ET EFFETS				UNITÉ RÉGLEMENTAIRE.	PRIX MINISTÉRIELS au classement		
PAR UNITÉ SOMMAIRE.		PAR UNITÉ DÉTAILLÉE.					
Numéros.	DÉNOMINATION.	Numéros.	DÉNOMINATION.		bon pour le service.	en cours de durée.	d'instruction.
					fr. c.	fr. c.	fr. c.
		79	Courroie de ceinture pour vélocipédiste	Nombre.	1 90	» 95	» 35
		80	Portefeuille à soufflet à l'usage du colonel (A)	Id.	»	»	»
		81	Portefeuille à serrure à l'usage du lieutenant-colonel (A)	Id.	»	»	»
				Id.	»	»	»
		82	Jeux de marques pour plaques d'identité. Majeur (A)	Id.	»	»	»
			Mineur (A)	Id.	»	»	»
		83	Sachets à sable (A)	Id.	3 50	2 10	» 70
		84	Portefeuilles pr notes d'officiers avec soufflet (A)	Id.	2 85	1 75	» 57
		84¹	sans soufflet (A)	Id.	» 30	» 18	» 06
130	Besaces, étuis, sacs, trousses et accessoires divers. (*Suite.*)	85	Sachets à cartouches (artillerie, génie, train)	Id.	4 30	2 15	»
		86	Musette de pansage garnie	Id.	4 15	2 08	»
		87	en toile cachou garnie	Id.	» 65	» 33	» 25
		88	Trousses en basane garnie (sans la glace)	Id.	3 70	1 85	» 85
		89	Sacs de petite monture garnis avec trousse	Id.	3 05	1 55	» 60
		90	sans trousse	Id.	9 »	7 20	1 80
		91	Sacoche porte-cartouches des comp. sahariennes	Id.	4 45	2 65	» 90
		92	Sac au modèle des subsistances				
		93	**Étui-musette pour troupes munies de la bretelle de suspension	Id.	1 30	» 65	»
		94	**Courroie de soutien de musette pour troupes munies de la bretelle de suspension	Id.	0 29	» 15	»
		95	**Trousse en toile cachou non garnie	Id.	0 30	» 15	»
		96	garnie (ss glace, ni peigne, ni ciseaux)	Id.	0 55	» 30	»
		97	**Sachet à cartouches de cavalerie	Id.	0 30	» 15	»
		97¹	**Sachet-trousse de cavalerie pour contenir sous-pieds, brides, éperons, lacet, savon, etc. (A)	Id.	»	»	»
		97²	*Gaine pour fourreau de sabre de cavalerie droit	Id.	1 75	1 15	» 37
		97³	courbe	Id.	1 75	1 15	» 37
		97⁴	d'adjudant d'infanterie, Mle 1845	Id.	1 45	» 87	» 29
		1	de propreté. Boîte double à graisse et à cirage	Id.	» 12	» 07	» 02
		2	Brosse à boutons	Id.	» 36	» 18	» 08
		3	à habits	Id.	» 50	» 25	» 10
		4	à laver	Id.	» 54	» 27	» 09
		5	à reluire	Id.	» 50	» 25	» 09
		6	double à chaussures	Id.	» 44	» 22	» 07
		7	pour armes	Id.	» 10	» 06	» 02
		8	Martinet	Id.	» 50	» 25	» 14
		9	Patience	Id.	» 03	» 02	»
131	**Effets et objets de propreté et de pansage	10	Serviette	Id.	» 48	» 24	» 12
		11	de pansage. Brosse en chiendent	Id.	» 58	» 29	» 11
		12	à cheval, en soie	Id.	1 05	» 53	» 23
		13	Ciseaux (paire de)	Id.	» 40	» 24	» 08
		14	Corde à fourrage	Id.	» 50	» 25	» 14
		15	Éponge	Id.	1 10	» 65	» 20
		16	Étrille	Id.	» 36	» 18	» 08
		17	Torchon-serviette	Id.	» 40	» 20	» 10
		18					
		19	composant la trousse garnie. Ciseaux (paire de)	Id.	» 25	» 15	» 05
		20	Dé à coudre	Id.	» 05	»	»
		21	Fil (collection réglementaire de quatre écheveaux)	Id.	» 10	»	»
		22					
		23					

CLASSIFICATION DES MATIÈRES ET EFFETS				UNITÉ RÉGLEMENTAIRE.	PRIX MINISTÉRIELS au classement		
PAR UNITÉ SOMMAIRE.		PAR UNITÉ DÉTAILLÉE.					
Numéros.	DÉNOMINATION.	Numéros.	DÉNOMINATION.		bon pour le service.	en cours de durée.	d'instruction.
					fr. c.	fr. c.	fr. c.
131	**Effets et objets de propreté et de pansage.	24	Coton rouge à marquer (en pelotes)	Nombre.	» 10	»	»
		25	Peigne à cheval	Id.	» 85	» 21	» 07
		26	Brosse à cheval en chiendent et piazzava	Id.	» 65	» 39	» 19
		27	Ciseaux (paire de)	Id.	» 25	» 13	»
		28	Glace	Id.	» 10	» 05	»
		29	Peigne	Id.	» 15	» 08	»
		30	Petites boîtes pr le transp. de la graisse Thomas aux manœuvres, contenant 0 kgr. 500	Id.	» 12	» 06	[illegible]
		31	Petites boîtes pr le transp. de la graisse Thomas aux manœuvres, contenant 1 kgr.	Id.	» 18	» 09	[illegible]
		32	Petites boîtes pr le transp. de la graisse Thomas aux manœuvres, contenant 2 kgr.	Id.	» 30	» 15	[illegible]
132	Effets d'équipement spéciaux à l'usage des spahis et des tirailleurs sahariens.	1	*Bretelle de carabine	Id.	1 »	» 80	» 20
		2	*Bretelle de suspension de cartouchières	Id.	1 95	1 55	[illegible]
		3	*Ceinturon	Id.	2 30	1 85	[illegible]
		4	**Cordon de trompette	Id.	2 90	2 35	[illegible]
		5	**Courroie de trompette	Id.	» 95	» 80	[illegible]
		6	**Dragonne de sabre	Id.	» 80	» 65	[illegible]
		7	*Etui de revolver avec banderole	Id.	6 [illegible]0	5 05	[illegible]
		8	*Giberne avec porte-giberne	Id.	5 45	4 40	[illegible]
		9	**Musette en cuir	Id.	8 25	6 60	1 65
		10	*Lanière de revolver	Id.	» 40	» 35	[illegible]
		11	Poche à cartouches*	Id.	2 95	2 35	[illegible]
		12					
		13					
		14					
		15					
		16					
133							
134							
135							
136							
			§ 4. — *Effets d'équipement spéciaux.*				
137	Effets spéciaux aux sous-offic. rengagés ou commissionnés ainsi qu'aux sous-offic. élèves offic. et aux élèves d'administration stagiaires.	1	** Ceinturon complet. Sous-officier rengagé. Infanterie et corps assimilés (sauf les chasseurs à pied, les zouaves et les tirailleurs)	Nombre.	5 50	»	»
		2	** Ceinturon complet. Sous-officier rengagé. Chasseurs à pied	Id.	7 25	»	»
		3	** Ceinturon complet. Sous-officier rengagé. Zouaves et tirailleurs	Id.	7 50	»	»
		4	** Ceinturon complet. Sous-officier rengagé. Cavalerie	Id.	3 50	»	»
		5	** Ceinturon complet. Sous-officier rengagé. Artillerie et train des équipages	Id.	5 »	»	»
		6	** Ceinturon complet. Sous-officier rengagé. Génie. Sapeurs-mineurs	Id.	5 50	»	»
		7	** Ceinturon complet. Sous-officier rengagé. Génie. Sapeurs-conducteurs	Id.	7 50	»	»
		8	** Ceinturon complet. Sous-officier rengagé. Spahis	Id.	2 95	2 35	» [illegible]
		9	** Ceinturon complet. Sous-officier élève officier. Ecole militaire d'infanterie	Id.	5 50	»	»
		10	** Ceinturon complet. Sous-officier élève officier. Ecole d'application de cavalerie	Id.	5 »	»	»
		11	** Ceinturon complet. Sous-officier élève officier. Ecole militaire d'artillerie et du génie. Artillerie et train	Id.	5 75	»	»
		12	** Ceinturon complet. Sous-officier élève officier. Ecole militaire d'artillerie et du génie. Génie	Id.	5 50	»	»
		13	** Ceinturon complet. Sous-officier élève officier. d'administration	Id.	5 50	»	»
		14	**Dragonne pour sous-officier rengagé et sous-officier élève officier. Troupes à cheval	Id.	1 25	»	»
		15	**Dragonne pour sous-officier rengagé et sous-officier élève officier. Troupes à pied	Id.	» 95	»	»
		16	**Dragonne pour sous-officier rengagé et sous-officier élève officier. Spahis	Id.	» 95	» 76	» [illegible]
		17					
		18					
		19					
		20					
		21					

CLASSIFICATION DES MATIÈRES ET EFFETS				UNITÉ RÉGLEMENTAIRE.	PRIX MINISTÉRIELS au classement		
PAR UNITÉ SOMMAIRE.		PAR UNITÉ DÉTAILLÉE.					
Numéros.	DÉNOMINATION.	Numéros.	DÉNOMINATION.		bon pour le service.	en cours de durée.	d'instruction.
					fr. c.	fr. c.	fr. c.
138	Effets spéciaux aux élèves et aux cadres des diverses écoles.	1	De grand équipement. — Bretelle de fusil — École polytechnique	Nombre.	» 90	»	»
		2	École spéciale militaire	Id.	» 70	»	»
		3	École du service de santé militaire	Id.	» 80	»	»
		4	Prytanée militaire	Id.	» 80	»	»
		5	Bretelle de fusil scolaire (Prytanée militaire)	Id.	» 70	»	»
		6	Cartouchière. — École polytechnique, modèle 1888	Id.	2 40	»	»
		7	École spéciale militaire — modèle 1888	Id.	1 85	»	»
		8	École spéciale militaire — de cavalerie (élève)	Id.	1 85	»	»
		9	École du service de santé militaire	Id.	2 05	»	»
		10	Prytanée militaire	Id.	2 05	»	»
		11	Ceinturon. — École polytechnique. — D'épée, en cuir verni avec agrafes-plateaux — Elève	Id.	6 15	»	»
		12	D'épée, en cuir verni avec agrafes-plateaux — Sous-officier	Id.	4 85	»	»
		13	Du modèle général, sans plaque, pour troupes à pied	Id.	1 60	»	»
		14	École spéciale militaire. — En cuir verni. — Elève et cadre. — Sergent-major	Id.	2 30	»	»
		15	Maréchal des logis chef	Id.	2 30	»	»
		16	Maréchal des logis chef d'artillerie	Id.	2 20	»	»
		17	D'artillerie — Hommes montés	Id.	1 70	»	»
		18	D'artillerie — Hommes non montés	Id.	1 70	»	»
		19	pour épée (cadre)	Id.	3 05	»	»
		20	En cuir verni — pour élève et cadre — Infanterie	Id.	1 40	»	»
		21	pour élève et cadre — Cavalerie	Id.	1 30	»	»
		22	pour sous-officiers rengagés — Infanterie	Id.	3 05	»	»
		23	pour sous-officiers rengagés — Cavalerie	Id.	3 05	»	»
		24	pour sous-officiers rengagés — Artillerie	Id.	2 15	»	»
		25	En cuir ciré pour élève et homme du cadre — Infanterie	Id.	1 40	»	»
		26	En cuir ciré pour élève et homme du cadre — Cavalerie	Id.	1 90	»	»
		27	École du service de santé militaire. — En cuir verni — avec médaillons dorés au mercure pour élève	Id.	8 05	»	»
		28	pour vareuse	Id.	3 40	»	»
		29	pour sous-officier rengagé	Id.	4 70	»	»
		30	Du modèle général — pour troupes à pied (sans plaque)	Id.	1 35	»	»
		31	pour troupes à cheval	Id.	2 »	»	»

CLASSIFICATION DES MATIÈRES ET EFFETS				UNITÉ RÉGLEMENTAIRE.	PRIX MINISTÉRIELS au classement		
PAR UNITÉ SOMMAIRE.		PAR UNITÉ DÉTAILLÉE.					
Numéros.	DÉNOMINATION.	Numéros.	DÉNOMINATION.		bon pour le service.	en cours de durée.	d'instruction.
					fr. c.	fr. c.	fr. c.
138	Effets spéciaux aux élèves et aux cadres des diverses écoles. (*Suite.*)	32	De grand équipement. (*Suite.*) — Dragonne. — Ceinturon. (*Suite.*) — Prytanée militaire — De sous-officier rengagé (complet)	Nombre.	5 40	»	»
		33	De bataillon scolaire	Id.	1 35	»	»
		34	D'infanterie	Id.	1 65	»	»
		35	De sergent-major d'infanterie et du génie	Id.	4 15	»	»
		36	Du train des équipages	Id.	4 05	»	»
		37	Ecoles militaires préparatoires — de cavalerie (sans martingale). — Ecole d'Autun	Id.	2 65	»	»
		38	Ecole de Billom	Id.	2 65	»	»
		39	Ecole spéciale militaire — De sabre pour sergent-major et maréchal des logis chef	Id.	» 90	»	»
		40	De sabre ou d'épée pour sous-officiers rengagés — Infanterie	Id.	» 85	»	»
		41	Cavalerie et artillerie	Id.	» 85	»	»
		42	De sabre pour élève de cavalerie et homme du cadre	Id.	1 15	»	»
		43	Ecole du service de santé militaire — D'épée pour sous-officier rengagé	Id.	» 80	»	»
		44	De sabre	Id.	1 10	»	»
		45	Prytanée militaire. — De sous-officier rengagé. — Infanterie	Id.	» 95	»	»
		46	Cavalerie	Id.	1 25	»	»
		47	De sergent-major	Id.	» 85	»	»
		48	De sabre de cavalerie	Id.	1 25	»	»
		49	Etui de revolver en cuir fauve — Ecole spéciale militaire	Id.	6 85	»	»
		50	Ecole du service de santé militaire	Id.	6 15	»	»
		51	Havresac en toile — Ecole polytechnique	Id.	12 55	»	»
		52	Ecole spéciale militaire	Id.	10 45	»	»
		53	Ecole du service de santé militaire	Id.	12 65	»	»
		54	Prytanée militaire	Id.	15 50	»	»
		55	Plaque de ceinturon. — Ecole polytechnique. — du modèle général	Id.	» 45	»	»
		56	Ecole spéciale militaire — Elève. — Ceinturon en cuir ciré	Id.	» 30	»	»
		57	Ceinturon en cuir verni	Id.	» 55	»	»

CLASSIFICATION DES MATIÈRES ET EFFETS				Unité réglementaire.	Prix ministériels au classement		
Par unité sommaire.		Par unité détaillée.					
Numéros.	Dénomination.	Numéros.	Dénomination.		bon pour le service. fr. c.	en cours de durée. fr. c.	d'instruction. fr. c.
		58	De grand équipement. (*Suite.*) — Plaque de ceinturon. (*Suite.*) — École spéciale militaire (*Suite.*) — Cadre. — Ceinturon d'infanterie (avec coulant) et verrou	Nombre.	» 55	»	»
		59	Ceinturon de cavalerie (avec chape à barrette et verrou)	Id.	» 55	»	»
		60	Ceinturon d'épée avec verrou	Id.	» 50	»	»
		61	École du service de santé militaire. — Ceinturon d'infanterie	Id.	1 35	»	»
		62	Prytanée militaire. — Ceinturon. — de bataillon scolaire	Id.	» 45	»	»
		63	de sergent-major	Id.	» 80	»	»
138	Effets spéciaux aux élèves et aux cadres des diverses écoles. (*Suite.*)	64	d'infanterie	Id.	» 45	»	»
		65	Porte-épée baïonnette. — École polytechnique	Id.	1 75	»	»
		66	École spéciale militaire. — En cuir ciré pour élève et homme du cadre	Id.	1 20	»	»
		67	En cuir verni pour élève	Id.	1 65	»	»
		68	Prytanée militaire	Id.	2 10	»	»
		69	Porte-fourreau de sabre-baïonnette. — École du service de santé militaire	Id.	1 65	»	»
		70	Prytanée militaire	Id.	2 10	»	»
		71	Accessoires de ceinturon de sabre. — Coulant de ceinturon du modèle général. — École polytechnique	Id.	» 20	»	»
		72	École spéciale militaire	Id.	» 15	»	»
		73	École du service de santé militaire	Id.	» 15	»	»
		74	Prytanée militaire	Id.	» 15	»	»
		75	Crochet de sabre pour élève cavalier (École spéciale militaire)	Id.	» 10	»	»
		76	Verrou de ceinturon. — École polytechnique. — De ceinturon du modèle général	Id.	» 10	»	»

CLASSIFICATION DES MATIÈRES ET EFFETS				UNITÉ RÉGLEMENTAIRE.	PRIX MINISTÉRIELS au classement		
PAR UNITÉ SOMMAIRE.		PAR UNITÉ DÉTAILLÉE.					
Numéros.	DÉNOMINATION.	Numéros.	DÉNOMINATION.		bon pour le service.	en cours de durée.	d'instruction.
					fr. c.	fr. c.	fr. c.
138	Effets spéciaux aux élèves et aux cadres des diverses écoles. (*Suite.*)	77	De grand équipement. (*Suite.*) — Accessoires de ceinturon de sabre. (*Suite.*) — Verrou de sûreté. (*Suite.*) — Ecole spéciale militaire. — De ceinturon en cuir ciré	Nombre.	» 10	»	»
		78	De grand équipement. (*Suite.*) — Accessoires de ceinturon de sabre. (*Suite.*) — Verrou de sûreté. (*Suite.*) — Ecole spéciale militaire. — De ceinturon en cuir verni	Id.	» 10	»	»
		79	De grand équipement. (*Suite.*) — Accessoires de ceinturon de sabre. (*Suite.*) — Verrou de sûreté. (*Suite.*) — Ecole du service de santé militaire. — De ceinturon d'infanterie.	Id.	» 10	»	»
		80	Accessoires divers d'équipement. — Boîte — en bois pour chapeau — Ecole polytechnique	Id.	» 80	»	»
		81	Accessoires divers d'équipement. — Boîte — en bois pour chapeau — Ecole du service de santé militaire.	Id.	1 30		»
		82	Accessoires divers d'équipement. — Boîte — en carton pour képi (Ecole polytechnique).	Id.	» 65	»	»
		83	Accessoires divers d'équipement. — Brosse — Ecoles militaires préparatoires et Orphelinat Hériot. — A dents.	Id.	» 20	»	»
		84	Accessoires divers d'équipement. — Brosse — Ecoles militaires préparatoires et Orphelinat Hériot. — A tête	Id.	» 70	»	»
		85	Accessoires divers d'équipement. — Cravache (Ecoles militaires préparatoires)	Id.	1 20	»	»
		86					
		87					
		88					
		89					
139	Effets divers spéciaux.	1	Aux gendarmes réservistes et territoriaux. — De grand équipement. — Banderole porte-giberne	Id.	7 50	»	»
		2	Aux gendarmes réservistes et territoriaux. — De grand équipement. — Bretelle de carabine	Id.	1 30	»	»
		3	Aux gendarmes réservistes et territoriaux. — De grand équipement. — Ceinturon — complet (plaque, accessoires et porte-épée-baïonnette)	Id.	5 55	»	»
		4	Aux gendarmes réservistes et territoriaux. — De grand équipement. — Ceinturon — seul	Id.	3 55	»	»
		5	Aux gendarmes réservistes et territoriaux. — De grand équipement. — Etui de revolver en cuir verni noir sans lanière	Id.	4 65	»	»
		6	Aux gendarmes réservistes et territoriaux. — De grand équipement. — Giberne	Id.	4 95	»	»
		7	Aux gendarmes réservistes et territoriaux. — De grand équipement. — Plaque de ceinturon	Id.	» 70	»	»
		8	Aux gendarmes réservistes et territoriaux. — De grand équipement. — Accessoires de ceinturon — Chape mobile	Id.	» 25	»	»
		9	Aux gendarmes réservistes et territoriaux. — De grand équipement. — Accessoires de ceinturon — Dé d'agrafe	Id.	» 10	»	»
		10	Aux gendarmes réservistes et territoriaux. — Accessoires divers d'équipement. — Cadenas	Id.	» 55	»	»
		11	Aux gendarmes réservistes et territoriaux. — Accessoires divers d'équipement. — Chaînette	Id.	» 55	»	»
		12	Aux gendarmes réservistes et territoriaux. — Accessoires divers d'équipement. — Portefeuille de correspondance.	Id.	11 65	»	»
		13	Aux gendarmes réservistes et territoriaux. — Accessoires divers d'équipement. — Poucettes (paire)	Id.	1 30	»	»
		14	Aux gendarmes réservistes et territoriaux. — Accessoires divers d'équipement. — Sac de petite monture garni	Id.	4 50	»	»
		15	Au personnel de la télégraphie militaire. — Accessoires divers d'équipement. — Boîte en bois pour képi	Id.	1 25	»	»
		16	Au personnel de la télégraphie militaire. — Accessoires divers d'équipement. — Sac-besace	Id.	6 20	5 »	1 25
		17	De tenue de manège pour les élèves de l'Ecole d'application de cavalerie et de l'Ecole militaire d'artillerie et du génie — Accessoires divers d'équipement. — Cravache	Id.	7 »	»	»

CLASSIFICATION DES MATIÈRES ET EFFETS				UNITÉ RÉGLEMENTAIRE.	PRIX MINISTÉRIELS au classement		
PAR UNITÉ SOMMAIRE.		PAR UNITÉ DÉTAILLÉE.					
Numéros.	DÉNOMINATION.	Numéros.	DÉNOMINATION.		bon pour le service.	en cours de durée.	d'instruction.
					fr. c.	fr. c.	fr. c.
139	Effets divers spéciaux. (*Suite.*)	18		Nombre.			
		19					
		20					
		21					
			Nota. — Les effets du modèle général pour lesquels il n'est pas assigné de prix spéciaux par les marchés figurent à leurs numéros respectifs du présent chapitre.				
140							
141							
142							
143							

CHAPITRE IV.

Effets de campement.

144	Couchage auxiliaire et couvertures.	1	Couvertures grandes	Nombre.	18 »	»	»
		2	Couvertures petites	Id.	9 »	»	»
		3	Enveloppes de paillasse	Id.	4 55	»	»
		4	Enveloppes de traversin	Id.	» 85	»	»
		5	Moustiquaire pour officier	Id.	18 »	»	»
		6	Moustiquaire pour la troupe	Id.	15 »	»	»
		7	Nattes de couchage ordinaires	Id.	» 35	»	»
		8	Nattes de couchage en Tunisie	Id.	1 60	»	»
		9	Paillassons	Id.	3 »	»	»
		10	Sacs de couchage	Id.	4 25	»	»
		11	Plateaux isolateurs en bois (A)	Id.	»	»	»
		12	Hamac complet	Id.	32 15	»	»
		13	Toile de hamac	Id.	9 »	»	»
		14	Matelas de hamac	Id.	15 »	»	»
		15	Couverture gris beige pour hamac	Id.	5 75	»	»
		16	Anneau de hamac	Id.	» 75	»	»
		17	Araignée de hamac	Id.	» 40	»	»
		18	Ruban de hamac	Id.	» 10	»	»
		19					
		20					
145	Matières pour la literie.	1	Paille de couchage (au quintal) (A)	Id.	»	»	»
		2					
		3					
146	Tentes et accessoires.	1	Tentes complètes conique de 6 mètres de diamètre, à muraille	Nombre.	175 »	»	»
		2	Tentes complètes de conseil à toit double	Id.	346 85	»	»
		3	Tentes complètes de conseil conique	Id.	283 35	»	»
		4	Tentes complètes de marche, pour officier	Id.	43 45	»	»
		5	Tentes complètes elliptique, du modèle modifié, pour 16 hommes	Id.	161 30	»	»
		6	Tentes complètes individuelle, modèle 1897	Id.	7 85	»	»
		7	Tentes complètes baraques, avec accessoires	Id.	1.020f	»	»

CLASSIFICATION DES MATIÈRES ET EFFETS				UNITÉ RÉGLEMENTAIRE.	PRIX MINISTÉRIELS au classement	
PAR UNITÉ SOMMAIRE.		PAR UNITÉ DÉTAILLÉE.				
Numéros.	DÉNOMINATION.	Numéros.	DÉNOMINATION.		bon pour le service.	en cours de durée.
					fr. c.	fr. c.
136	Tentes et accessoires. (*Suite.*)	8	Sacs tentes-abris complets	Nombre.	7 90	»
		9	Toiles de tentes, conique de 6 mètres de diamètre, à muraille	Id.	149 80	»
		10	Toiles de tentes, de conseil, à toit double	Id.	248 »	»
		11	Toiles de tentes, de conseil, conique	Id.	179 10	»
		12	Toiles de tentes, de marche, pour officier	Id.	38 55	»
		13	Toiles de tentes, elliptique, du modèle modifié pour 16 hommes	Id.	136 »	»
		14	Toiles de tentes, individuelle, modèle 1897	Id.	6 85	»
		16	Toiles de sacs tentes-abris	Id.	6 90	»
		18	Accessoires de tentes. Bois de tente. Branche de tente de conseil conique	Id.	2 45	»
		19	Bois de tente. Montant de tente conique à muraille	Id.	2 20	»
		20	Bois de tente. Montant de tente de conseil à toit double	Id.	7 »	»
		21	Bois de tente. Montant de tente de conseil conique	Id.	21 50	»
		22	Bois de tente. Montant de tente de marche pour officier	Id.	» 70	»
		23	Bois de tente. Montant de tente elliptique à 16 hommes	Id.	2 60	»
		24	Bois de tente. Montant de tente Edgington (A)	Id.	»	»
		25	Bois de tente. Support d'auvent de tentes de conseil	Id.	1 10	»
		26	Bois de tente. Support d'auvent de tentes diverses	Id.	» 90	»
		28	Bois de tente. Demi-support brisé en deux morceaux de sac tente-abri	Id.	» 45	»
		29	Bois de tente. Demi-support brisé en deux morceaux en bambou pour tente individuelle modèle 1897	Id.	1 60	»
		30	Bois de tente. Traverse de tente de conseil à toit double	Id.	2 95	»
		31	Bois de tente. Traverse de tente de marche pour officier	Id.	2 10	»
		32	Bois de tente. Traverse de tente elliptique à 16 hommes	Id.	2 50	»
		33	Bois de tente. Traverse de manteaux d'armes de piquet (A)	Id.	»	»
		34	Cordeaux de sac tente-abri de piquet	Id.	» 05	»
		35	Cordeaux de sac tente-abri de tirage	Id.	» 15	»
		36	Cordeaux de tente de piquet	Id.	» 05	»
		37	Cordeaux de tente de tirage	Id.	» 15	»
		38	Cordeaux de tente individuelle mle 1897 de piquet, le mille	Id.	14 »	»
		39	Cordeaux de tente individuelle mle 1897 de tirage, le mille	Id.	50 »	»
		40	Étuis d'outils p. faucille	Id.	» 50	»
		41	Étuis d'outils p. hache	Id.	2 »	»
		42	Étuis d'outils p. pelle	Id.	2 »	»
		43	Étuis d'outils p. pioche	Id.	2 »	»
		44	Étuis d'outils p. serpe	Id.	1 50	»

CLASSIFICATION DES MATIÈRES ET EFFETS				UNITÉ RÉGLEMENTAIRE.	PRIX MINISTÉRIELS au classement		
PAR UNITÉ SOMMAIRE.		PAR UNITÉ DÉTAILLÉE.					
Numéros.	DÉNOMINATION.	Numéros.	DÉNOMINATION.		bon pour le service.	en cours de durée.	d'instruction.
					fr. c.	fr. c.	fr. c.
146	Tentes et accessoires. (*Suite.*)	45	Accessoires de tentes. (*Suite.*) — Outils. — Bêche — avec manche	Nombre.	5 »	»	»
		46	sans manche	Id.	4 50	»	»
		47	Faucille	Id.	1 »	»	»
		48	Fourche — en bois	Id.	» 75	»	»
		49	en fer	Id.	3 »	»	»
		50	Hache — avec manche	Id.	5 »	»	»
		51	sans manche	Id.	4 50	»	»
		52	Hachette — avec manche	Id.	3 »	»	»
		53	sans manche	Id.	2 80	»	»
		54	Maillet en bois — avec manche	Id.	» 50	»	»
		55	sans manche	Id.	» 25	»	»
		56	Masse en fer — avec manche	Id.	3 »	»	»
		57	sans manche	Id.	2 60	»	»
		58	Pelle — avec manche	Id.	5 »	»	»
		59	sans manche	Id.	4 50	»	»
		60	Pioche — avec manche	Id.	5 »	»	»
		61	sans manche	Id.	4 50	»	»
		62	Serpe — avec manche	Id.	2 »	»	»
		63	sans manche	Id.	1 60	»	»
		64	Manches — de bêche	Id.	» 50	»	»
		65	de hache	Id.	» 50	»	»
		66	de hachette	Id.	» 20	»	»
		67	de maillet en bois	Id.	» 25	»	»
		68	de masse en fer	Id.	» 40	»	»
		69	de pelle	Id.	» 50	»	»
		70	de pioche	Id.	» 50	»	»
		71	de serpe	Id.	» 40	»	»
		72	Piquets de tente — grand	Id.	» 20	»	»
		73	petit	Id.	» 10	»	»
		74	petit, en acier doux	Id.	» 15	»	»
		75	Pliants	Id.	3 »	»	»
		76	Tables pour tentes de conseil. — à toit double	Id.	26 »	»	»
		77	conique	Id.	28 15	»	»
		78	Tablettes pour tentes — conique, avec portemanteaux	Id.	5 80	»	»
		79	elliptique — avec tasseaux et portemanteaux	Id.	4 70	»	»
		80	elliptique — sans tasseaux ni portemanteaux	Id.	4 55	»	»
		81	Accessoires divers de tentes. — Cercle en fer	Id.	» 50	»	»
		82	Chapeau de tente conique à muraille	Id.	4 35	»	»
		83	Contre-sanglon de chapeau de tente	Id.	» 40	»	»
		84	Corde — de petit piquet de muraille	Id.	» 06	»	»
		85	de grand piquet de muraille	Id.	» 12	»	»
		86	de support d'auvent — avec postillon	Id.	» 95	»	»
		87	de support d'auvent — sans postillon	Id.	» 40	»	»
		88	de suspension pour tablette ronde	Id.	1 »	»	»

CLASSIFICATION DES MATIÈRES ET EFFETS				UNITÉ RÉGLEMENTAIRE.	PRIX MINISTÉRIELS au classement		
PAR UNITÉ SOMMAIRE.		PAR UNITÉ DÉTAILLÉE.					
Numéros.	DÉNOMINATION.	Numéros.	DÉNOMINATION.		bon pour le service.	en cours de durée.	d'instruction.
					fr. c.	fr. c.	fr. c.
146	Tentes et accessoires. (*Suite.*)	89	Accessoires de tentes. (*Suite.*) — Accessoires divers de tentes. (*Suite.*) — Cordeau en coton avec olive	Nombre.	» 30	»	»
		90	Accessoires de tentes. (*Suite.*) — Accessoires divers de tentes. (*Suite.*) — Cordeau en coton sans olive	Id.	» 05	»	»
		91	Accessoires de tentes. (*Suite.*) — Accessoires divers de tentes. (*Suite.*) — Cordeau en coton attache double	Id.	» 05	»	»
		92	Accessoires de tentes. (*Suite.*) — Accessoires divers de tentes. (*Suite.*) — Fer de lance	Id.	5 »	»	»
		93	Accessoires de tentes. (*Suite.*) — Accessoires divers de tentes. (*Suite.*) — Goujon	Id.	1 20	»	»
		94	Accessoires de tentes. (*Suite.*) — Accessoires divers de tentes. (*Suite.*) — Portemanteau de tablette	Id.	» 05	»	»
		95	Accessoires de tentes. (*Suite.*) — Accessoires divers de tentes. (*Suite.*) — Rideau pour tente de conseil	Id.	27 »	»	»
		96	Accessoires de tentes. (*Suite.*) — Accessoires divers de tentes. (*Suite.*) — Tasseau de tablette	Id.	» 10	»	»
		97	Accessoires de tentes. (*Suite.*) — Accessoires divers de tentes. (*Suite.*) — Prélart (A)	Id.	»	»	»
		98	Montants de tente à capuchon (A)	Id.	»	»	»
		99	Toiles à œillets et voilières (A)	Id.	»	»	»
		100	Bois de tente. 1/2 support brisé en deux morceaux pour tentes individuelles.	Id.	» 75	»	»
		101					
		102					
		103					
147	Ustensiles, étuis d'ustensiles et accessoires.	1	Ustensiles. — Bidon grand à 8 hommes	Id.	2 70	2 15	» 55
		2	Ustensiles. — Bidon grand à 4 hommes	Id.	2 30	1 85	» 45
		3	Ustensiles. — Bidon grand en cuir	Id.	3 40	2 70	» 70
		4	Ustensiles. — Bidon petit *de 1 litre en tôle	Id.	» 85	» 68	» 17
		5	Ustensiles. — Bidon petit *de 1 litre en aluminium	Id.	2 80	2 25	» 57
		6	Ustensiles. — Bidon petit *de 2 litres en tôle	Id.	1 20	» 95	» 25
		7	Ustensiles. — Bidon petit *de 2 litres en aluminium	Id.	5 85	4 70	1 20
		8	Ustensiles. — Bidon petit *de cavalerie avec quart adhérent	Id.	1 »	» 80	» 20
		9	Ustensiles. — Gamelle à 8 hommes	Id.	2 20	1 75	» 45
		10	Ustensiles. — Gamelle à 4 hommes en tôle	Id.	2 »	1 60	» 40
		11	Ustensiles. — Gamelle à 4 hommes en aluminium	Id.	3 80	3 05	» 75
		12	Ustensiles. — Gamelle — Moulin à café	Id.	3 »	»	»
		13	Ustensiles. — Gamelle — Nécessaire Bouthéon	Id.	» 60	»	»
		14	Ustensiles. — Marmite à 8 hommes	Id.	3 20	2 55	» 65
		15	Ustensiles. — Marmite à 4 hommes en tôle	Id.	3 »	2 40	» 60
		16	Ustensiles. — Marmite à 4 hommes en aluminium	Id.	9 25	7 40	1 85
		17	Ustensiles. — Marmite — Nécessaire Bouthéon	Id.	» 80	» 64	» 16
		18	Ustensiles. — Marmite —	Id.	»	»	»
		19	Ustensiles. — Marmite —	Id.	»	»	»
		20	Ustensiles. — Marmite de peloton	Id.	13 »	10 40	2 60
		21	Ustensiles. — Moulin à café, filtre Klepper	Id.	5 20	4 45	1 05
		22	Ustensiles. — Nécessaire individuel du système Bouthéon (complet)	Id.	1 50	1 20	» 30
		23	Ustensiles. — *Peau de bouc	Id.	3 45	2 75	» 70
		24	Ustensiles. — Quart pour bidon de cavalerie	Id.	» 20	» 16	» 04
		25	Ustensiles. — Seau en toile	Id.	1 95	1 55	» 40
		26	Ustensiles. — Moulin à café en aluminium	Id.	4 25	3 40	» 85

CLASSIFICATION DES MATIÈRES ET EFFETS				UNITÉ RÉGLEMENTAIRE.	PRIX MINISTÉRIELS au classement		
PAR UNITÉ SOMMAIRE.		PAR UNITÉ DÉTAILLÉE.					
Numéros.	DÉNOMINATION.	Numéros.	DÉNOMINATION.		bon pour le service.	en cours de durée.	d'instruction.
					fr. c.	fr. c.	fr. c.
147	Ustensiles, étuis d'ustensiles et accessoires. (*Suite.*)	27	Etuis d'ustensiles. de gamelle-moulin à café	Nombre.	» 25	» 20	» 05
		28	Etuis d'ustensiles. de bidons à 8 hommes	Id.	1 »	» 80	» 20
		29	Etuis d'ustensiles. de bidons à 4 hommes	Id.	1 »	» 80	» 20
		30	Etuis d'ustensiles. de marmites à 8 hommes	Id.	1 »	» 80	» 20
		31	Etuis d'ustensiles. de marmites à 4 hommes	Id.	1 »	» 80	» 20
		32	Etuis d'ustensiles. de gamelles à 8 hommes	Id.	1 »	» 80	» 20
		33	Etuis d'ustensiles. de gamelles à 4 hommes	Id.	1 »	» 80	» 20
		34	Etuis d'ustensiles. de gamelles individuelles	Id.	» 40	» 32	» 08
		35	Etuis d'ustensiles. De petits bidons *de 1 litre en tôle	Id.	» 75	» 60	» 15
		36	Etuis d'ustensiles. De petits bidons *de 1 litre en aluminium	Id.	» 75	» 60	» 15
		37	Etuis d'ustensiles. De petits bidons *de 2 litres en tôle	Id.	1 »	» 80	» 20
		38	Etuis d'ustensiles. De petits bidons *de 2 litres en aluminium	Id.	1 »	» 80	» 20
		39	Etuis d'ustensiles. De petits bidons *de cavalerie avec quart adhérent	Id.	» 45	» 36	» 09
		40	De marmites de peloton. Couteau de cuisine	Id.	1 70	1 35	» 35
		41	De marmites de peloton. Cuiller	Id.	» 45	» 36	» 09
		42	De marmites de peloton. Fourchette	Id.	» 50	» 40	» 10
		43	Accessoires d'ustensiles divers. Bouchon de bidon en liège (avec arm. et ficelle).	Id.	» 08	» 06	» 02
		44	Accessoires d'ustensiles divers. Bretelle de bidon ou de marmite à 8 hommes	Id.	2 50	2 »	» 50
		45	Accessoires d'ustensiles divers. Chaînette du nécessaire Bouthéon.	Id.	» 10	» 08	» 02
		46	Accessoires d'ustensiles divers. Courroies de bidon *de 1 litre. Cuirassiers.	Id.	1 25	1 »	» 25
		47	Accessoires d'ustensiles divers. Courroies de bidon *de 1 litre. Tous les corps autres que les cuirassiers	Id.	1 25	1 »	» 25
		48	Accessoires d'ustensiles divers. Courroies de bidon *de 2 litres	Id.	1 45	1 15	» 29
		49	Accessoires d'ustensiles divers. Courroies de bidon *de cavalerie	Id.	2 35	1 90	» 47
		50	Accessoires d'ustensiles divers. Courroies de gamelles à 8 hommes	Id.	1 25	1 »	» 25
		51	Accessoires d'ustensiles divers. Courroies d'ustensiles à 4 hommes	Id.	» 34	» 70	» 17
		52	Accessoires d'ustensiles divers. Courroies de peau de bouc	Id.	1 10	» 88	» 22
		53	Accessoires d'ustensiles divers. Couvercles de marmite	Id.	1 »	» 80	» 20
		54	Accessoires de gamelle-moulin à café. Contre-noix	Id.	» 50	» 40	» 10
		55	Accessoires de gamelle-moulin à café. Couvercle	Id.	» 40	» 32	» 08
		56	Accessoires de gamelle-moulin à café. Gamelle	Id.	» 80	» 64	» 16
		57	Accessoires de gamelle-moulin à café. Goupille	Id.	» 05	» 04	» 01
		58	Accessoires de gamelle-moulin à café. Manivelle	Id.	» 70	» 56	» 14
		59	Accessoires de gamelle-moulin à café. Noix	Id.	» 50	» 40	» 10
		60	Accessoires de gamelle-moulin à café. Rondelle	Id.	» 05	» 04	» 01
		61	Accessoires de gamelle-moulin à café. Vis	Id.	» 05	» 04	» 01
		62	Ustensiles pour cantines à vivres d'officiers. Assiette creuse en fer battu	Id.	» 45	» 36	» 09
		63	Ustensiles pour cantines à vivres d'officiers. Bidon carré, ou grand flacon en tôle étamée	Id.	1 60	1 30	» 30
		64	Ustensiles pour cantines à vivres d'officiers. Boîte carrée grande	Id.	1 55	1 25	» 30
		65	Ustensiles pour cantines à vivres d'officiers. Bougeoir	Id.	1 »	» 80	» 20
		66	Ustensiles pour cantines à vivres d'officiers. Bouillotte	Id.	1 »	» 80	» 20
		67	Ustensiles pour cantines à vivres d'officiers. Couteau de table	Id.	» 50	» 40	» 10
		68	Ustensiles pour cantines à vivres d'officiers. Couteau de cuisine avec gaine	Id.	1 50	1 20	» 30
		69	Ustensiles pour cantines à vivres d'officiers. Cafetière-filtre	Id.	1 50	1 20	» 30
		70	Ustensiles pour cantines à vivres d'officiers. Cuiller à bouche	Id.	» 15	» 12	» 03
		71	Ustensiles pour cantines à vivres d'officiers. Cuiller à pot ou pochon	Id.	» 50	» 40	» 10

CLASSIFICATION DES MATIÈRES ET EFFETS				UNITÉ RÉGLEMENTAIRE.	PRIX MINISTÉRIELS au classement		
PAR UNITÉ SOMMAIRE.		PAR UNITÉ DÉTAILLÉE.					
Numéros.	DÉNOMINATION.	Numéros.	DÉNOMINATION.		bon pour le service.	en cours de durée.	d'instruction.
					fr. c.	fr. c.	fr. c.
147	Ustensiles, étuis d'ustensiles et accessoires. (*Suite.*)	72	Ustensiles pour cantines à vivres d'officiers. (*Suite.*) Ecumoire	Nombre.	» 25	» 20	» 05
		73	Fourchette en fer battu	Id.	» 15	» 12	» 03
		74	Gril en fer	Id.	» 50	» 40	» 10
		75	Lanterne carrée	Id.	3 »	2 40	» 60
		76	Marmite carrée en tôle étamée	Id.	3 90	3 10	» 80
		77	Moulin à café	Id.	2 »	1 60	» 40
		78	Poêle à frire	Id.	» 80	» 64	» 16
		79	Poivrière en fer-blanc	Id.	» 30	» 24	» 06
		80	Salière	Id.	» 20	» 16	» 04
		81	Timbale	Id.	» 35	» 28	» 07
		82	Tire-bouchon	Id.	» 35	» 28	» 07
		83	Anse de couvercle pour marmite à 4 hommes	Id.	» 11	» 09	» 02
		84	Anse de couvercle pour gamelle à 4 hommes	Id.	» 06	» 05	» 01
		85	Poignée de couvercle pour marmite à 4 hommes.	Id.	» 10	» 08	» 02
		86	Boutons à deux têtes pour courroies de petit bidon.	Id.	» 10	» 08	» 02
		87	....				
		88	Marmite individuelle en aluminium	Id.	4 40	3 50	» 90
		89	Bouchons en liège pour petits bidons d'un litre en aluminium	Id.	» 10	» 08	» 02
		90	Chaînette avec agrafe pour gamelle individuelle.	Id.	» 25	» 20	» 05
		91	Enchapure avec agrafe pour gamelle individuelle.	Id.	» 25	» 20	» 05
		92	Gâche avec agrafe pour gamelle individuelle	Id.	» 10	» 08	» 02
		93	Rondelles diverses avec agrafe pour gamelles individuelles	Id.	» 05	» 04	» 01
		94	Rivets avec agrafe pour gamelle individuelle	Id.	» 07	» 05	» 02
		95	Bouchon de bidon en bois (avec ficelle)	Id.	» 02	» 02	» 01
		96	Bidon en aluminium	Id.	2 80	2 25	» 55
		97	Couvercle de cruche Mignucci	Id.	» 50	» 40	» 10
		98	*Etuis d'ustensiles en treillis N. M. marmites à 4 hommes	Id.	1 30	1 05	» 26
		99	*Etuis d'ustensiles en treillis N. M. gamelle à 4 hommes	Id.	1 30	1 05	» 26
		100	*Etuis d'ustensiles en treillis N. M. gamelles individuelles	Id.	» 55	» 44	» 11
		101	*Courroie de petit bidon de un et deux litres pour troupes montées de la bretelle de suspension. courroie de soutien	Id.	» 29	» 24	» 06
		102	grande bande	Id.	» 49	» 40	» 10
		103	petite bande	Id.	» 19	» 16	» 04
		104	complète	Id.	» 97	» 80	» 20
		105					
148	Caisses, cantines, boîtes diverses et accessoires.	1	Boîtes et demi-boîtes. Boîtes à imprimés et à cartes.	Id.	10 »	»	»
		2	Boîtes à livrets matricules	Id.	15 »	»	»
		3	Boîtes à plaques d'identité	Id.	6 50	»	»
		4	demi-boîte, à livrets matricules	Id.	11 »	»	»
		5	Cacolet pour transport des caisses	Id.	20 »	»	»
		6	Caisses à archives pour états-majors et services administratifs à compartiments	Id.	47 50	»	»
		7	Caisses à archives pour états-majors et services administratifs sans compartiments	Id.	23 »	»	»
		8	Caisses à bagages du modèle ordinaire	Id.	17 »	»	»
		9	Caisses à bagages nouveau modèle	Id.	26 »	»	»

CLASSIFICATION DES MATIÈRES ET EFFETS				UNITÉ RÉGLEMENTAIRE.	PRIX MINISTÉRIELS au classement		
PAR UNITÉ SOMMAIRE.		PAR UNITÉ DÉTAILLÉE.					
Numéros.	DÉNOMINATION.	Numéros.	DÉNOMINATION.		bon pour le service.	en cours de durée.	d'instruction.
					fr. c.	fr. c.	fr. c.
		10	Caisses. (*Suite.*) de fonds et de comptabilité : pour compagnie	Nombre.	22 25	»	»
		11	— pour conseil d'administration éventuel ou commandant de portion détachée (petit modèle)	Id.	45 »	»	»
		12	— pour corps de troupe (grand modèle)	Id.	47 »	»	»
		13	— pour approvisionnements de réserve : des corps de troupe : n° 1 (B)	Id.	19 50	»	»
		14					
		15	— n° 2 (C)	Id.	19 50	»	»
		16					
		17	— pour chefs ouvriers	Id.	19 50	»	»
		18	— des quartiers généraux	Id.	11 40	»	»
148	Caisses, cantines, boîtes diverses et accessoires. (*Suite.*)	19	— pour lanternes de quartiers généraux	Id.	7 20	»	»
		20	Caissette métallique pour officier payeur	Id.	20 »	»	»
		21	Cantines : à vivres : complète	Id.	49 80	»	»
		22	— vide	Id.	23 »	»	»
		23	— de comptabilité du modèle des subsistances : simple	Id.	22 50	»	»
		24	— à compartiments	Id.	45 »	»	»
		25	— régimentaires d'artillerie du modèle 1853-1877	Id.	18 70	»	»
		26	Corde de brêlage de fourgon à bagages	Id.	1 60	»	»
		27	Caisses à bagages avec supports de brancards de couchette des officiers d'Algérie	Id.	28 55	»	»
		28	Caisse dite de mobilisation (A)	Id.	»	»	»
		29	Cantines à vivres complètes, ancien modèle	Id.	47 50	»	»
		30	Caisse pour pièces d'armes (A)	Id.	»	»	»
		31	Caisse pour approvisionnement de réserve des corps de troupe (n° 1, ancien modèle)	Id.	19 50	»	»
		32	Caisse pour ouvriers tailleurs (D)	Id.	21 »	»	»
		33	Caisse pour ouvriers cordonniers ou bottiers (E)	Id.	21 »	»	»
		34	Caisse pour ouvriers des corps de troupe (tailleurs, cordonniers et bottiers)	Id.	19 50	»	»
		35	Caisse mixte n° 2 pr ouvriers tailleurs & cordonniers	Id.	135 40	»	»
		36	Approvisionnement réduit de compagnie pour ouvriers tailleurs et cordonniers	Id.	12 »	»	»
		37	Enveloppe (grde) pr le transpr de la comptab. des comp.	Id.	2 85	»	»
149	Accessoires divers de campement.	1	Peaux de mouton	Id.	5 »	»	»
		2	Piquet en fer	Id.	3 »	»	»
		3	Piton pour l'arrimage des armes dans les wagons	Id.	» 05	»	»
		4	Plancher de tente (A)	Id.	»	»	»
		5	Vrilles pour l'arrimage des armes dans les wagons	Id.	» 20	»	»
		6					
		7					
		8					
		9					

Dimensions dans œuvre. (B) Longueur : 0m,910. — Largeur : 0m,500. — Hauteur : 0m,495 ; (C) Longueur : 1m,000. — Largeur : 0m,600. — Hauteur : 0m,390 ; (D) Longueur : 0m,620. — Largeur : 0m,300. — Hauteur : 0m,170 ; (E) Longueur : 0m,620. — Largeur : 0m,300. — Hauteur : 0m,240. Épaisseur (environ) : .

CLASSIFICATION DES MATIÈRES ET EFFETS				UNITÉ RÉGLEMENTAIRE.	PRIX MINISTÉRIELS au classement		
PAR UNITÉ SOMMAIRE.		PAR UNITÉ DÉTAILLÉE.					
Numéros.	DÉNOMINATION.	Numéros.	DÉNOMINATION.		bon pour le service.	en cours de durée.	d'instruction.
					fr. c.	fr. c.	fr. c.
150	Abris en prélart	1	Abri en prélart pour troupes alpines (A)	Nombre.	»	»	»
		2					
		3					
151							
152							
153							

CHAPITRE V.

Matériaux d'emballage.

Numéros.	DÉNOMINATION.	Numéros.	DÉNOMINATION.	UNITÉ RÉGLEMENTAIRE.	bon pour le service.	en cours de durée.	d'instruction.
154	Matériaux au nombre.	1	Boîtes — Grandes	Id.	2 »	»	»
		2	Boîtes — Petites	Id.	1 »	»	»
		3	Caisses (1) — à claire-voie — Grande (au-dessus de 0m,800)	Id.	5 »	»	»
		4	Caisses (1) — à claire-voie — Moyenne (de 0m,200 à 0m,800)	Id.	4 »	»	»
		5	Caisses (1) — à claire-voie — Petite (au-dessous de 0m,200)	Id.	3 »	»	»
		6	Caisses (1) — à plein — Grande (au-dessus de 0m,600)	Id.	6 »	»	»
		7	Caisses (1) — à plein — Moyenne (de 0m,200 à 0m,600)	Id.	5 »	»	»
		8	Caisses (1) — à plein — Petite (au-dessous de 0m,200)	Id.	4 »	»	»
		9	Liens en fer du système Wohl	Id.	» 15	»	»
		10	Paniers divers (A)	Id.	»	»	»
		11	Planches pour balles de fourrage (A)	Id.	»	»	»
		12	Récipients en terre ou en grès (A)	Id.	»	»	»
		13	Tonneaux et barils (A). — Grands	Id.	»	»	»
		14	Tonneaux et barils (A). — Moyens	Id.	»	»	»
		15	Tonneaux et barils (A). — Petits	Id.	»	»	»
		16	Sacs à naphtaline (A)	Id.	»	»	»
		17	Sacs d'emballage (A)	Id.	»	»	»
		18	Balle d'emballage (A)	Id.	»	»	»
		19					
		20					
		21					
		22					
155	Matériaux au poids.	1	Clous et pointes	Kilog.	» 80	»	»
		2	Corde	Id.	1 20	»	»
		3	Fer feuillard	Id.	1 50	»	»
		4	Ficelle	Id.	» 10	»	»
		5	Foin	Id.	» 08	»	»
		6	Paille	Id.	1 »	»	»
		7	Papier — goudronné	Id.	» 50	»	»
		8	Papier — gris	Id.	» 45	»	»
		9	Papier — roux	Id	» 65	»	»
		10	Papier — bisulfite parcheminé	Id.	» 50	»	»
		11	Papier — doublé noir	Id.	» 60	»	»
		12	Plomb				
		13					
		14					
		15					
		16					

(1) Les dimensions des caisses sont relatives au cube intérieur, c'est-à-dire à leur capacité effective.

CLASSIFICATION DES MATIÈRES ET EFFETS				UNITÉ RÉGLEMENTAIRE.	PRIX MINISTÉRIELS au classement		
PAR UNITÉ SOMMAIRE.		PAR UNITÉ DÉTAILLÉE.					
Numéros.	DÉNOMINATION.	Numéros.	DÉNOMINATION.		bon pour le service.	en cours de durée.	d'instruction.
					fr. c.	fr. c.	fr. c.
156	Matériaux au mètre.	1	Toile d'emballage. 0m,89 de largeur	Mètre	» 25	»	»
		2	Toile d'emballage. 1m,04 de largeur	Id.	» 30	»	»
		3	Toile d'emballage. 1m,20 de largeur	Id.	» 35	»	»
		4	Toile d'emballage. 1m,40 de largeur	Id.	» 45	»	»
		5					
		6					
		7					
		8					
157	Matériaux au litre.	1	Encre à marquer les colis	Litre.	» 60	»	»
		2					
		3					
		4					
158							
159							
160							
161							

CHAPITRE VI.

Objets mobiliers, appareils et outils.

Numéros.	DÉNOMINATION.	Numéros.	DÉNOMINATION.	UNITÉ RÉGLEMENTAIRE.	bon pour le service.	en cours de durée.	d'instruction.
162	Objets mobiliers, appareils et outils.	1	Appareils à décatir (A). Chaudière à vapeur munie de ses accessoires	Nombre.	»	»	»
		2	Appareils à décatir (A). Accessoires. Cadre en fer	Id.	»	»	»
		3	Appareils à décatir (A). Accessoires. Clef anglaise	Id.	»	»	»
		4	Appareils à décatir (A). Accessoires. Hachette	Id.	»	»	»
		5	Appareils à décatir (A). Accessoires. Manomètre	Id.	»	»	»
		6	Appareils à décatir (A). Accessoires. Table à décatir	Id.	»	»	»
		7	Appareils de buanderie (A). Bateau-lavoir	Id.	»	»	»
		8	Appareils de buanderie (A). Brouette-tricycle	Id.	»	»	»
		9	Appareils de buanderie (A). Chaudière munie de ses accessoires	Id.	»	»	»
		10	Appareils de buanderie (A). Lessiveuse. avec foyer	Id.	»	»	»
		11	Appareils de buanderie (A). Lessiveuse. sans foyer	Id.	»	»	»
		12	Appareils de buanderie (A). Accessoires. Cuviers	Id.	»	»	»
		13	Appareils de buanderie (A). Accessoires. Essoreuse	Id.	»	»	»
		14	Appareils de buanderie (A). Accessoires. Etuve	Id.	»	»	»
		15	Appareils de buanderie (A). Accessoires. Foulon à maillet suspendu	Id.	»	»	»
		16	Appareils de buanderie (A). Accessoires. Mécanisme de lessiveuse à bras	Id.	»	»	»
		17	Appareils de buanderie (A). Accessoires. Tuyau de fumée	Id.	»	»	»
		18	Appareils d'incendie. Contrôleurs de ronde système Collin. Boite en fonte	Id.	10 »	»	»
		19	Appareils d'incendie. Contrôleurs de ronde système Collin. Boite de 400 cadrans	Id.	10 »	»	»
		20	Appareils d'incendie. Contrôleurs de ronde système Collin. Chronomètre complet	Id.	75 »	»	»
		21	Appareils d'incendie. Contrôleurs de ronde système Collin. Numéro en émail (A)	Id.	»	»	»
		22	Appareils d'incendie. Contrôleurs de ronde système Collin. Poche en cuir	Id.	7 »	»	»
		23	Appareils d'incendie. Extincteurs avec accessoires. modèle de Mauclerc	Id.	125 »	»	»
		24	Appareils d'incendie. Extincteurs avec accessoires. modèle Monnet (A)	Id.	»	»	»
		25	Appareils d'incendie. Extincteurs avec accessoires. modle de Roëlands (A)	Id.	»	»	»

CLASSIFICATION DES MATIÈRES ET EFFETS				UNITÉ RÉGLEMENTAIRE.	PRIX MINISTÉRIELS au classement		
PAR UNITÉ SOMMAIRE.		PAR UNITÉ DÉTAILLÉE.					
Numéros.	DÉNOMINATION.	Numéros.	DÉNOMINATION.		bon pour le service.	en cours de durée.	d'instruction.
					fr. c.	fr. c.	fr. c.
162	Objets mobiliers, appareils et outils. (*Suite.*)	26	Appareils. (*Suite*). — d'incendie. (*Suite.*) — Extincteurs. (*Suite.*) — avec accessoires. (*Suite.*) — modle Tabouët — en fer — de 15 litres	Nombre.	110 »	»	»
		27	de 25 litres	Id.	160 »	»	»
		28	de 40 litres	Id.	200 »	»	»
		29	en cuivre — de 15 litres	Id.	140 »	»	»
		30	de 25 litres	Id.	210 »	»	»
		31	de 40 litres	Id.	260 »	»	»
		32	modèle Zapfle	Id.	55 »	»	»
		33	Objets isolés (A). — Lance	Id.	»	»	»
		34	Raccord	Id.	»	»	»
		35	Tuyau de raccord	Id.	»	»	»
		36	Horloge de ronde	Id.	60 »	»	»
		37	Grenades extinctrices (A)	Id.	»	»	»
		38	Pompes — avec accessoires — à brouette	Id.	343 »	»	»
		39	à chariot	Id.	710 »	»	»
		40	portative (A)	Id.	»	»	»
		41	Objets isolés. — Lance	Id.	12 »	»	»
		42	Raccord	Id.	4 85	»	»
		43	Seau en toile	Id.	1 45	»	»
		44	Tuyau de raccord	Id.	6 55	»	»
		45	Matériel divers. — Barils	Id.	1 20	»	»
		46	Caisses étanches	Id.	10 »	»	»
		47	Echelle d'incendie	Id.	40 »	»	»
		48	Grands bidons à incendie	Id.	2 »	»	»
		49	Hache d'incendie	Id.	6 40	»	»
		50	Siphon de vidange	Id.	157 50	»	»
		51	Tonneau de secours	Id.	6 »	»	»
		52	Clef pour robinets de colonne montante (A)	Id.	»	»	»
		53	de mesurage. — Double décalitre	Id.	16 »	»	»
		54	Double décimètre (A) — en métal	Id.	»	»	»
		55	en bois	Id.	»	»	»
		56	Mesures — de 1 litre (A)	Id.	»	»	»
		57	de 50 litres	Id.	9 »	»	»
		58	Mètre — en bois	Id.	» 60	»	»
		59	en métal	Id.	» 75	»	»
		60	Ruban métrique (A)	Id.	»	»	»
		61	Toise (A)	Id.	»	»	»
		62	Appareil de mesurage. — Mesure de 1 décalitre	Id.	»	»	»
		63	de pesage (A) — Balances — en bois — Grande	Id.	»	»	»
		64	Moyenne	Id.	»	»	»
		65	en cuivre — Grande	Id.	»	»	»
		66	Moyenne	Id.	»	»	»
		67	Petite	Id.	»	»	»
		68	en fer — Grande	Id.	»	»	»
		69	Moyenne	Id.	»	»	»
		70	Petite	Id.	»	»	»
		71	Bascules	Id.	»	»	»

CLASSIFICATION DES MATIÈRES ET EFFETS				UNITÉ RÉGLEMENTAIRE.	PRIX MINISTÉRIELS au classement		
PAR UNITÉ SOMMAIRE.		PAR UNITÉ DÉTAILLÉE.					
Numéros.	DÉNOMINATION.	Numéros.	DÉNOMINATION.		bon pour le service.	en cours de durée.	d'instruction.
					fr. c.	fr. c.	fr. c.
162	Objets mobiliers, appareils et outils. (*Suite*.)	72	Appareils de pesage. (*Suite*). Poids..... en cuivre. Série.......	Nombre.	»	»	»
		73	Poids, en cuivre. Isolé.......	Id.	»	»	»
		74	Poids, en fonte... Série.......	Id.	»	»	»
		75	Poids, en fonte. Isolé.......	Id.	»	»	»
		76	Romaine.. en cuivre. Grande.....	Id.	»	»	»
		77	Romaine, en cuivre. Moyenne...	Id.	»	»	»
		78	Romaine, en cuivre. Petite......	Id.	»	»	»
		79	Romaine, en fer..... Grande.....	Id.	»	»	»
		80	Romaine, en fer. Moyenne...	Id.	»	»	»
		81	Romaine, en fer. Petite......	Id.	»	»	»
		82	Instruments de précision. Alcoomètre..........................	Id.	1 20	»	»
		83	Aréomètre..........................	Id.	1 20	»	»
		84	Balance de précision (A)............	Id.	»	»	»
		85	Calibres à coulisse (A)...............	Id.	»	»	»
		86	....				
		87	Dynamomètres (A) modèle Chévefy.........	Id.	»	»	»
		88	Dynamomètres (A) de divers modèles.........	Id.	»	»	»
		89	Entréomètre (A)......................	Id.	»	»	»
		90	Fil à plomb..........................	Id.	1 45	»	»
		91	Gabarits (A) pour mesurer le tour de la tête............	Id.	»	»	»
		92	Jauges.... à fil de fer (A)..........	Id.	»	»	»
		93	Jauges, en fer (A)......................	Id.	»	»	»
		94	Jauges, Palmer (A)......................	Id.	»	»	»
		95	Jauges, à cadran système Bossière (A)................	Id.	»	»	»
		96	Loupe..................................	Id.	4 »	»	»
		97	Micromètre (A)..........................	Id.	»	»	»
		98	Microscope muni de ses accessoires (A)..............................	Id.	»	»	»
		99	Niveau à bulle d'air..................	Id.	7 »	»	»
		100	Oculaire micrométrique (A)...........	Id.	»	»	»
		101	Pelmamètre, pour la mesure intérieure des semelles de chaussures (A)............................	Id.	»	»	»
		102	Pèse-lessive..........................	Id.	1 50	»	»
		103	Pied à coulisse (A)....................	Id.	»	»	»
		104	Pige (A)................................	Id.	»	»	»
		105	Podomètre (A)........................	Id.	»	»	»
		106	Podotypomètre (A)......................	Id.	»	»	»
		107	Règles (A). Pour la pointure d'effets de coiffure............	Id.	»	»	»
		107 *bis*	Règles (A). Pour mesurer les draps.	Id.	»	»	»
		108	Sablier compteur pour le décatissage (A)........................	Id.	»	»	»
		109	Trébuchet pour analyses (A).........	Id.	»	»	»
		110	Vis micrométrique (A)................	Id.	»	»	»
		111	Microtome mécanique (A)...........	Id.	»	»	»
		112	Plaques à crans pour mesurer les épaisseurs (A)....................	Id. Id.	» »	» »	» »
		113	Prisme télémètre Souchier (A)......	Id.	»	»	»

CLASSIFICATION DES MATIÈRES ET EFFETS					UNITÉ RÉGLEMENTAIRE.	PRIX MINISTÉRIELS au classement		
PAR UNITÉ SOMMAIRE.		PAR UNITÉ DÉTAILLÉE.						
Numéros.	DÉNOMINATION.	Numéros.		DÉNOMINATION.		bon pour le service.	en cours de durée.	d'instruction.
						fr. c.	fr. c.	fr. c.
162	Objets mobiliers, appareils et outils. (*Suite*).	114	Mobilier.	Appareil de bain par aspersion (A)........	Nombre.	»	»	»
		115		Armoire........	Id.	»	»	»
		116		Armoire-comptoir pour la télégraphie militaire (A)........	Id.	»	»	»
		117		Arrosoirs { en fer-blanc........	Id.	1 »	»	»
		118		Arrosoirs { en zinc........	Id.	5 »	»	»
		119		Banc (A)........	Id.	»	»	»
		120		Baquet en bois (A)........	Id.	»	»	»
		121		Bibliothèque (A)........	Id.	»	»	»
		122		Bouillotte (A)........	Id.	»	»	»
		123		Brancard (A)........	Id.	»	»	»
		124		Brouettes (A)........	Id.	»	»	»
		125		Bureau portatif (A)........	Id.	»	»	»
		126		Cadenas........	Id.	1 40	»	»
		127		Calorifères (A)........	Id.	»	»	»
		128		Casiers (A) { de bureau........	Id.	»	»	»
		129		Casiers (A) { de hangar........	Id.	»	»	»
		130		Carton de bureau (A)........	Id.	»	»	»
		131		Cendrier (A)........	Id.	»	»	»
		132		Chaîne en fer pour chien de garde (A)........	Id.	»	»	»
		133		Chaise (A)........	Id.	»	»	»
		134		Chandeliers (A)........	Id.	»	»	»
		135		Charrette à bras (A)........	Id.	»	»	»
		136		Châssis en fer grillagé (appareil de sûreté placé autour des machines) (A)........	Id.	»	»	»
		137		Chaudron ordinaire (A)........	Id.	»	»	»
		138		Chenets (paire de) (A)........	Id.	»	»	»
		139		Chevalet porte-selles (A)........	Id.	»	»	»
		140		Ciseaux à lampe (paire de)........	Id.	1 75	»	»
		141		Cloche avec sa monture (A)........	Id.	»	»	»
		142		Clochette (A)........	Id.	»	»	»
		143		Cloisons de diverses dimensions (A)........	Id.	»	»	»
		144		Coffre-fort. { 1re grandeur........	Id.	210 »	»	»
		145		Coffre-fort. { 2e grandeur........	Id.	150 »	»	»
		146		Collier en cuir pour chien de garde (A)........	Id.	»	»	»
		147		Commode (A)........	Id.	»	»	»
		148		Courroie à porteur pour brancard (A)........	Id.	»	»	»
		149		Crachoir (A)........	Id.	»	»	»
		150		Cuveau cerclé en fer (A)........	Id.	»	»	»
		151		Diables ou traîneaux (A)........	Id.	»	»	»
		152		Doublure de mur en planche (A)........	Id.	»	»	»
		153		Echafaudage roulant (A)........	Id.	»	»	»
		154		Echelles (A) { double........	Id.	»	»	»
		155		Echelles (A) { simple........	Id.	»	»	»
		156		Encriers (A)........	Id.	»	»	»
		157		Enseignes (A)........	Id.	»	»	»
		158		Eponge emmanchée (A)........	Id.	»	»	»
		159		Etagère (A)........	Id.	»	»	»
		160		Fauteuil (A)........	Id.	»	»	»
		161		Fontaine-lavabo en métal (A)........	Id.	»	»	»
		162		Fontaine en pierre (A)........	Id.	»	»	»

CLASSIFICATION DES MATIÈRES ET EFFETS				UNITÉ RÉGLEMENTAIRE.	PRIX MINISTÉRIELS au classement		
PAR UNITÉ SOMMAIRE.		PAR UNITÉ DÉTAILLÉE.					
Numéros.	DÉNOMINATION.	Numéros.	DÉNOMINATION.		bon pour le service.	en cours de durée.	d'instruction.
					fr. c.	fr. c.	fr. c.
162	Objets mobiliers, appareils et outils. (*Suite.*)	163	Mobilier. (*Suite.*) Fourneaux à gaz (A)	Nombre.	»	»	»
		164	Fourneaux ordinaire (A)	Id.	»	»	»
		165	Glace avec cadre (A)	Id.	»	»	»
		166	Grille en fer (A)	Id.	»	»	»
		167	Horloge avec poids (A)	Id.	»	»	»
		168	Lampe (A)	Id.	»	»	»
		169	Lanternes (A)... de ville	Id.	»	»	»
		170	Lanternes (A)... ordinaire	Id.	»	»	»
		171	Lanternes (A)... pour retraite aux flambeaux	Id.	»	»	»
		172	Marchepied ou escabelle (A)	Id.	»	»	»
		173	Manne carrée en osier (A)	Id.	»	»	»
		174	Mouchettes (A)	Id.	»	»	»
		175	Niche à chien (A)	Id.	»	»	»
		176	Paniers à charbon... en osier blanc	Id.	4 »	»	»
		177	Paniers à charbon... en osier brut	Id.	3 »	»	»
		178	Patère (A)	Id.	»	»	»
		179	Pelle à charbon (A)	Id.	»	»	»
		180	Pendule (A)	Id.	»	»	»
		181	Piège à rats (métallique)	Id.	3 »	»	»
		182	Pincettes (paire de) (A)	Id.	»	»	»
		183	Placards portemanteaux (A)	Id.	»	»	»
		184	Placard pour la télégraphie militaire (A)	Id.	»	»	»
		185	Planche mobile en sapin (A)	Id.	»	»	»
		186	Plancher mobile (A)	Id.	»	»	»
		187	Planchettes (A).. de diverses dimensions	Id.	»	»	»
		188	Planchettes (A).. d'inscription	Id.	»	»	»
		189	Plaques isolatrices en fonte ou en tôle (A)	Id.	»	»	»
		190	Poêle (A)	Id.	»	»	»
		191	Porte en fer grillagée (appareil de sûreté) (A)	Id.	»	»	»
		192	Portemanteau garni de champignons (A)	Id.	»	»	»
		193	Porte-mouchettes (A)	Id.	»	»	»
		194	Pots (A).... à eau, avec cuvette	Id.	»	»	»
		195	Pots (A).... en terre	Id.	»	»	»
		196	Pots (A).... à graisse, en terre	Id.	»	»	»
		197	Presse autographique (A)	Id.	»	»	»
		198	Pupitre	Id.	3 »	»	»
		199	Ratière en bois (A)	Id.	»	»	»
		200	Rayons d'étagères (A)	Id.	»	»	»
		201	Récipients divers en métal (A)	Id.	»	»	»
		202	Récipients à eau pour poêle (A)	Id.	»	»	»
		203	Réverbère-applique (A)	Id.	»	»	»
		204	Rideaux.... pour casiers (A)	Id.	»	»	»
		205	Rideaux.... pour croisées	Id.	3 »	»	»
		206	Rideaux.... pour étagères (A)	Id.	»	»	»
		207	Rideaux.... pour magasins (en laine caoutchoutée) (A)	Id.	»	»	»
		208	Sac à distribution	Id.	2 85	»	»

CLASSIFICATION DES MATIÈRES ET EFFETS				UNITÉ RÉGLEMENTAIRE.	PRIX MINISTÉRIELS au classement		
PAR UNITÉ SOMMAIRE.		PAR UNITÉ DÉTAILLÉE.					
Numéros.	DÉNOMINATION.	Numéros.	DÉNOMINATION.		bon pour le service.	en cours de durée.	d'interruption.
					fr. c.	fr. c.	fr. c.
			Mobilier. (Suite.)				
		209	Seaux — en bois	Nombre.	2 50	»	»
		210	Seaux — en terre (A)	Id.	»	»	»
		211	Seaux — en zinc, tôle, fer-blanc	Id.	2 25	»	»
		212	Seaux — galvanisé	Id.	1 50	»	»
		213	Serrures — avec moraillons	Id.	2 50	»	»
		214	Serrures — sans moraillons	Id.	2 »	»	»
		215	Serviette	Id.	1 25	»	»
		216	Sonnettes (A)	Id.	»	»	»
		217	Soufflets à punaises (A)	Id.	»	»	»
		218	Souricières — en bois (A)	Id.	»	»	»
		219	Souricières — métalliques	Id.	1 »	»	»
		220	Store — en bois (A)	Id.	»	»	»
		221	Store — en jonc (A)	Id.	»	»	»
		222	Suspension avec abat-jour en fer-blanc (A)	Id.	»	»	»
		223	Tables (A) — en bois	Id.	»	»	»
		224	Tables (A) — en grès émaillé	Id.	»	»	»
		225	Tables (A) — en marbre	Id.	»	»	»
		226	Tableau (grand) pour exécuter les tracés (A)	Id.	»	»	»
		227	Tablette (A)	Id.	»	»	»
		228	Tablette-console (A)	Id.	»	»	»
		229	Tabouret (A)	Id.	»	»	»
162	Objets mobiliers, appareils	230	Tapis (A)	Id.	»	»	»
		231	Tente-parasol (A)	Id.	»	»	»
		232	Tête de loup	Id.	2 »	»	»
		233	Thermomètre	Id.	3 »	»	»
		234	Timbre d'appel avec tirage (A)	Id.	»	»	»
		235	Tisonnier	Id.	1 50	»	»
		236	Torchon ou essuie-mains	Id.	1 »	»	»
		237	Tréteau en bois pour table (A)	Id.	»	»	»
		238	Tringles en fer pour rideaux (A)	Id.	»	»	»
		239	Tuyau pour poêle (bout de) (A)	Id.	»	»	»
		240	Verres à gaz	Id.	» 50	»	»
			Outils et ustensiles pour ateliers.				
		241	Aiguille d'emballage	Id.	» 50	»	»
		242	Ais à mettre en presse	Id.	5 50	»	»
		243	Alène emmanchée	Id.	» 50	»	»
		244	Arrache-clous américain	Id.	4 60	»	»
		245	Bains (A) — à décaper	Id.	»	»	»
		246	Bains (A) — pour étamer	Id.	»	»	»
		247	Balle servant à mettre le noir sur les marques	Id.	» 80	»	»
		248	Bancs — de taillage	Id.	4 »	»	»
		249	Bancs — de tonnelier	Id.	14 »	»	»
		250	Bassin en cuivre en cul-de-poule de 100 litres (A)	Id.	»	»	»
		251	Bâton pour plier les étoffes (A)	Id.	»	»	»
		252	Battoir	Id.	» 75	»	»
		253	Bédanes	Id.	1 10	»	»

CLASSIFICATION DES MATIÈRES ET EFFETS				UNITÉ RÉGLEMENTAIRE.	PRIX MINISTÉRIELS au classement		
PAR UNITÉ SOMMAIRE.		PAR UNITÉ DÉTAILLÉE.					
Numéros.	DÉNOMINATION.	Numéros.	DÉNOMINATION.		bon pour le service.	en cours de durée.	d'instruction.
					fr. c.	fr. c.	fr. c.
162	Objets mobiliers, appareils et outils. (*Suite.*)		Outils et ustensiles pour ateliers. (*Suite*).				
		254	Bidons de 20 litres (A)	Nombre.	»	»	»
		255	Bigornes	Id.	12 »	»	»
		256	Billot	Id.	7 »	»	»
		257	Binette	Id.	1 »	»	»
		258	Bistortier grand pour pommades	Id.	25 »	»	»
		259	Blocs et caractères en bronze pour le marquage des draps (A)	Id.	»	»	»
		260	Boîtes (A)… à décaper	Id.	»	»	»
		261	Boîtes (A)… à forer	Id.	»	»	»
		262	Boîtes (A)… pour étamer	Id.	»	»	»
		263	Bordoirs	Id.	2 »	»	»
		264	Bouterolles	Id.	1 »	»	»
		265	Bouvets	Id.	2 50	»	»
		266	Broche avec manche	Id.	» 30	»	»
		267	Brosse tube en fer-blanc	Id.	1 70	»	»
		268	Brûloir pour les ustensiles (A)	Id.	»	»	»
		269	Burette à huile de graissage	Id.	1 »	»	»
		270	Burin	Id.	1 »	»	»
		271	Carreaux… en fer pour estampiller les plombs	Id.	» 75	»	»
		272	Carreaux… pour tailleur	Id.	6 »	»	»
		273	Carré simple grand	Id.	3 »	»	»
		274	Chasse… agrafe	Id.	2 »	»	»
		275	Chasse… à main	Id.	» 95	»	»
		276	Chasse… rivets	Id.	1 »	»	»
		277	Chaudières (A)	Id.	»	»	»
		278	Chevalets… de sciage	Id.	4 »	»	»
		279	Chevalets… en bois pour menuisier (A)	Id.	»	»	»
		280	Chevalets… en bois pour métrer les couvertures (A)	Id.	»	»	»
		281	Cisailles à table en bois, 0m,80 de longueur de lame (A)	Id.	»	»	»
		282	Ciseaux… à bois	Id.	2 75	»	»
		283	Ciseaux… à froid	Id.	1 »	»	»
		284	Ciseaux… de relieur (paire)	Id.	4 »	»	»
		285	Ciseaux… de tailleur (paire) de coupe	Id.	15 »	»	»
		286	Ciseaux… de tailleur (paire) petits	Id.	2 50	»	»
		287	Clefs… anglaise	Id.	5 40	»	»
		288	Clefs… à plomber (A)	Id.	»	»	»
		289	Coffin pour pierre à aiguiser	Id.	» 60	»	»
		290	Coins en fer pour plomber les colis	Id.	15 »	»	»
		291	Colombe de tonnelier	Id.	21 50	»	»
		292	Compas… à pièces	Id.	4 »	»	»
		293	Compas… d'épaisseur	Id.	3 10	»	»
		294	Compas… ordinaire de relieur	Id.	4 »	»	»
		295	Composteur complet	Id.	30 »	»	»
		296	Compte-fils	Id.	2 »	»	»
		297	Conscience	Id.	» 80	»	»

CLASSIFICATION DES MATIÈRES ET EFFETS					UNITÉ RÉGLEMENTAIRE.	PRIX MINISTÉRIELS au classement		
PAR UNITÉ SOMMAIRE.		PAR UNITÉ DÉTAILLÉE.						
Numéros.	DÉNOMINATION.	Numéros.		DÉNOMINATION.		bon pour le service.	en cours de durée.	d'instruction.
						fr. c.	fr. c.	fr. c.
162	Objets mobiliers, appareils et outils. (*Suite.*)	298	Outils et ustensiles pour ateliers. (*Suite.*)	Cornette à découper	Nombre.	1 50	»	»
		299		Coudes — cintré	Id.	» 60	»	»
		300		Coudes — équerre	Id.	» 95	»	»
		301		Coulette ferrée	Id.	15 »	»	»
		302		Cousoir de $0^m,80$ de table	Id.	11 »	»	»
		303		Couteaux — à flétrir les étoffes	Id.	1 90	»	»
		304		Couteaux — à main	Id.	1 60	»	»
		305		Couteaux — à parer	Id.	5 »	»	»
		306		Couteaux — à pied	Id.	3 »	»	»
		307		Couteaux — à reboucher	Id.	» 50	»	»
		308		Couteaux — à rogner	Id.	2 »	»	»
		309		Couteaux — pour épreuves dynamométriques sur les draps	Id.	1 50	»	»
		310		Couteaux — de sellier (A)	Id.	»	»	»
		311		Couteaux — de vitriers (A)	Id.	»	»	»
		312		Crayon de menuisier	Id.	» 10	»	»
		313		Crochets — à porteur	Id.	2 75	»	»
		314		Crochets — de cordonnier	Id.	» 50	»	»
		315		Crochets — pour les colis	Id.	1 50	»	»
		316		Crochets — pour plier les étoffes	Id.	» 50	»	»
		317		Cuiller à fondre le plomb	Id.	1 50	»	»
		318		Cuves de décapage (A)	Id.	»	»	»
		319		Dégorgeoir	Id.	3 10	»	»
		320		Diamant	Id.	20 »	»	»
		321		Ebranchoir de cordonnier	Id.	10 »	»	»
		322		Emporte-pièces pour découpage de pattes et d'écussons (A)	Id.	»	»	»
		323		Enclume (A)	Id.	»	»	»
		324		Enclumette pour battre les faux	Id.	2 »	»	»
		325		Equerres — en bois	Id.	» 90	»	»
		326		Equerres — en fer	Id.	5 »	»	»
		327		Estampilles — en bois	Id.	1 10	»	»
		328		Estampilles — en fer pour plomber les colis	Id.	3 50	»	»
		329		Etablis — de ferblantier	Id.	60 »	»	»
		330		Etablis — de menuisier	Id.	40 »	»	»
		331		Etaux en fer — à agrafes	Id.	9 »	»	»
		332		Etaux en fer — à main	Id.	3 50	»	»
		333		Faux emmanchée	Id.	4 35	»	»
		334		Fers — à égoutter	Id.	20 »	»	»
		335		Fers — à griller les poils des draps (A)	Id.	»	»	»
		336		Fers — à réchaud	Id.	23 »	»	»
		337		Fers — à repasser	Id.	4 »	»	»
		338		Fers — à souder	Id.	3 60	»	»
		339		Fers — de chapelier	Id.	1 50	»	»
		340		Fers — d'outils de menuisier	Id.	» 95	»	»
		341		Filières (A)	Id.	»	»	»
		342		Filtre à huile (A)	Id.	»	»	»
		343		Forets	Id.	» 75	»	»
		344		Forge mobile (A)	Id.	»	»	»

CLASSIFICATION DES MATIÈRES ET EFFETS					UNITÉ RÉGLEMENTAIRE.	PRIX MINISTÉRIELS au classement		
PAR UNITÉ SOMMAIRE.		PAR UNITÉ DÉTAILLÉE.						
Numéros.	DÉNOMINATION.	Numéros.		DÉNOMINATION.		bon pour le service.	en cours de durée.	d'instruction.
						fr. c.	fr. c.	fr. c.
162	Objets mobiliers, appareils et outils. (*Suite*).	345	Outils et ustensiles pour ateliers. (*Suite.*)	Formes (paire de)	Nombre.	2 »	»	»
		346		Forme ferrée pour cordonnier (A)	Id.	»	»	»
		347		Fourche en fer américaine (A)	Id.	»	»	»
		348		Fourneau à colle forte avec bain-marie (p. mod.)	Id.	11 »	»	»
		349		Fraises (A)	Id.	»	»	»
		350		Galet à sertir	Id.	15 »	»	»
		351		Gouges (A)	Id.	»	»	»
		352		Goupille (A)	Id.	»	»	»
		353		Grain d'orge	Id.	1 »	»	»
		354		Grattoir	Id.	1 »	»	»
		355		Grecque simple de relieur	Id.	3 50	»	»
		356		Griffe en fer	Id.	15 »	»	»
		357		Guillaume d'établi	Id.	1 15	»	»
		358		Haches (A)	Id.	»	»	»
		359		Hachettes (A)	Id.	»	»	»
		360		Jambe en bois (outil de cordonnier) (A)	Id.	»	»	»
		361		Lames de scie (A)	Id.	»	»	»
		362		Lampes … à souder	Id.	6 »	»	»
		363		Lampes … d'allumage	Id.	2 »	»	»
		364		Lettres montées sur manches (série) (A)	Id.	»	»	»
		365		Lettres pour le marquage des colis … série (A)	Id.	»	»	»
		366		Lettres pour le marquage des colis … isolée (A)	Id.	»	»	»
		367		Levier pour estampiller les ustensiles	Id.	20 »	»	»
		368		Limes	Id.	1 50	»	»
		369		Lingotière	Id.	1 10	»	»
		370		Machines … à coudre	Id.	250	»	»
		371		Machines … à marquer et à plier les draps (A)	Id.	»	»	»
		372		Machines … à percer	Id.	64 »	»	»
		373		Machines … à placer les œillets	Id.	15 »	»	»
		374		Machinoire	Id.	» 60	»	»
		375		Maillet de ferblantier ou de menuisier	Id.	1 30	»	»
		376		Mailloche	Id.	» 60	»	»
		377		Mandrin	Id.	» 50	»	»
		378		Manique	Id.	1 »	»	»
		379		Marques à chaud (A),	Id.	»	»	»
		380		Marteaux … à endosser, de relieur	Id.	3 »	»	»
		381		Marteaux … à marquer, de cordonnier	Id.	8 »	»	»
		382		Marteaux … de ferblantier	Id.	2 »	»	»
		383		Marteaux … en fer, à manche de bois	Id.	1 35	»	»
		384		Marteaux … portant pour empreinte « Rebuts » (A)	Id.	»	»	»
		385		Marteaux … pour colis	Id.	1 70	»	»
		386		Marteaux … pour commission de réception	Id	5 25	»	»
		387		Marteaux … Merlin (A)	Id.	»	»	»
		388		Masse en fer (A)	Id.	»	»	»
		389		Matrices (A) … à découper	Id.	»	»	»
		390		Matrices (A) … pour couvercle de gamelle	Id.	»	»	»

CLASSIFICATION DES MATIÈRES ET EFFETS						PRIX MINISTÉRIELS au classement	
PAR UNITÉ SOMMAIRE.		PAR UNITÉ DÉTAILLÉE.			UNITÉ RÉGLEMENTAIRE.	bon pour le service.	en cours de durée.
Numéros.	DÉNOMINATION.	Numéros.		DÉNOMINATION.		fr. c.	fr. c.
162	Objets mobiliers, appareils et outils (*Suite.*)		Outils et ustensiles pour ateliers (*Suite.*)				
		391		Mèches assorties	Nombre.	» 40	»
		392		Métiers — à matelas	Id.	8 »	»
		393		Métiers — à rouler les étoffes	Id.	25 »	»
		394		Métiers — pour plier les étoffes, garni de 4 tringles en fer	Id.	6 »	»
		395		Meules à aiguiser — montée	Id.	30 »	»
		396		Meules à aiguiser — non montée	Id.	20 »	»
		397		Moteur à gaz (A)	Id.	»	»
		398		Mouillette	Id.	1 »	»
		399		Moule à couler le plomb	Id.	36 40	»
		400		Navette	Id.	5 50	»
		401		Numéro en fer isolé (A)	Id.	» [illegible]	»
		402		Outils pour ferblantier (A)	Id.	» [illegible]	»
		403		Palette	Id.	1 »	»
		404		Passe-carreaux	Id.	2 »	»
		405		Pelles (A) — en bois	Id.	»	»
		406		Pelles (A) — en fer	Id.	» [illegible]	»
		407		Pied en fer	Id.	4 »	»
		408		Pierres — à aiguiser	Id.	» 40	»
		409		Pierres — à huile morfil (A)	Id.	» [illegible]	»
		410		Pierres — à repasser	Id.	» 50	»
		411		Pierres — de touche	Id.	15 »	»
		412		Pinces — à étamer	Id.	3 25	»
		413		Pinces — à œillets	Id.	3 50	»
		414		Pinces — à plomber les colis	Id.	30 »	»
		415		Pinces — de cordonnier	Id.	3 »	»
		416		Pinces — de forge	Id.	2 20	»
		417		Pinces — en bois (paire)	Id.	2 50	»
		418		Pinces — plate et ronde	Id.	1 35	»
		419		Pinceau de relieur	Id.	2 50	»
		420		Pioches (A)	Id.	»	»
		421		Planches — à découper	Id.	2 »	»
		422		Planches — à laver	Id.	3 50	»
		423		Planes — de tourneur	Id.	5 »	»
		424		Planes — ordinaire	Id.	2 20	»
		425		Plaques — de fer, à poignées	Id.	1 25	»
		426		Plaques — pour estampiller les couvertures	Id.	1 45	»
		427		Plaques — pour marquer les colis	Id.	2 50	»
		428		Plaques — série de 10 chiffres en zinc (A)	Id.	»	»
		429		Plateau de plomb pour emporte-pièce	Id.	1 »	»
		430		Poêle pour tailleur avec accessoires (A)	Id.	»	»
		431		Poignée de faux	Id.	» 30	»
		432		Poinçons ou estampes	Id.	2 »	»
		433		Pointe à rabaisser, avec fourreau	Id.	3 75	»
		434		Porte-foret à engrenage	Id.	10 »	»
		435		Pots — à colle avec bain-marie	Id.	4 50	»
		436		Pots — à huile	Id.	1 50	»
		437		Poteau d'étendage (A)	Id.	»	»
		438		Poulain	Id.	20 »	»

CLASSIFICATION DES MATIÈRES ET EFFETS					UNITÉ RÉGLEMENTAIRE.	PRIX MINISTÉRIELS au classement		
PAR UNITÉ SOMMAIRE.		PAR UNITÉ DÉTAILLÉE.						
Numéros.	DÉNOMINATION.	Numéros.		DÉNOMINATION.		bon pour le service.	en cours de durée.	d'instruction.
						fr. c.	fr. c.	fr. c.
		439		Presses (A). à froid	Nombre.	2 »	»	»
		440		Presses (A). à percussion, n° 2, 60 centimètres entre les jumelles	Id.	»	»	»
		441		Presses (A). à rogner, à deux jumelles, de 60 centimètres entre les vis	Id.	»	»	»
		442		Presses (A). pour emballer	Id.	»	»	»
		443		Pressoir à couvertures (A)	Id.	»	»	»
		444		Queues de rat assorties	Id.	1 50	»	»
		445		Rabot	Id.	2 50	»	»
		446		Racloir	Id.	1 »	»	»
		447		Râteaux en bois	Id.	1 50	»	»
		448		Râteaux en fer	Id.	1 50	»	»
		449		Râteliers à double et simple cheville (A)	Id.	»	»	»
		450		Râteliers pour outils de ferblantier	Id.	12 »	»	»
		451		Réchaud	Id.	4 35	»	»
		452		Règle en fer, pour relieur	Id.	7 »	»	»
		453		Riflard ou demi-varlope	Id.	6 »	»	»
		454		Roue à bras	Id.	30 »	»	»
		455		Rouleaux pour éventer les draps	Id.	10 »	»	»
		456		Rouleaux pour l'examen des étoffes	Id.	20 »	»	»
162	Objets mobiliers, appareils et outils. (*Suite.*)	457	Outils et ustensiles pour ateliers. (*Suite.*)	Scies passe-partout	Id.	4 50	»	»
		458		Sergent en fer (A)	Id.	»	»	»
		459		Seringue à huile (A)	Id.	»	»	»
		460		Serre-joints	Id.	2 90	»	»
		461		Sifran (A)	Id.	»	»	»
		462		Soufflet de forge (A)	Id.	»	»	»
		463		Soyage	Id.	12 »	»	»
		464		Spatule en hêtre	Id.	» 50	»	»
		465		Tables à métrer les toiles	Id.	3 50	»	»
		466		Tables à récurage	Id.	12 »	»	»
		467		Tables étalonnée de 2 mètres	Id.	20 »	»	»
		468		Tables étalonnée de 5 mètres	Id.	30 »	»	»
		469		Tables pour les tailleurs des commissions	Id.	30 »	»	»
		470		Tablier en bois pour laveur	Id.	2 »	»	»
		471		Tarières (A)	Id.	»	»	»
		472		Tas dit « pied de chèvre »	Id.	18 »	»	»
		473		Tas monté sur un billot (A)	Id.	»	»	»
		474		Tasseau dit « table à main »	Id.	15 »	»	»
		475		Tenailles (paire de)	Id.	1 60	»	»
		476		Tiers-point	Id.	» 75	»	»
		477		Tire-pied	Id.	1 »	»	»
		478		Tour monté en bois (A)	Id.	»	»	»
		479		Tour monté en fer (A)	Id.	»	»	»
		480		Tourne-à-gauche (A)	Id.	»	»	»
		481		Tournevis emmanché	Id.	»	1	»

CLASSIFICATION DES MATIÈRES ET EFFETS					UNITÉ RÉGLEMENTAIRE.	PRIX MINISTÉRIELS au classement		
PAR UNITÉ SOMMAIRE.		PAR UNITÉ DÉTAILLÉE.						
Numéros.	DÉNOMINATION.	Numéros.		DÉNOMINATION.		bon pour le service.	en cours de durée.	d'instruction.
						fr. c.	fr. c.	fr. c.
		482	Outils et ustensiles pour ateliers. (*Suite.*)	Traitoir	Nombre.	3 50	»	»
		483		Tranche	Id.	4 »	»	»
		484		Tranchet	Id.	1 50	»	»
		485		Tréteau de table en fer	Id.	5 »	»	»
		486		Triangle en bois pour flétrir les étoffes (A)	Id.	»	»	»
		487		Trousse garnie d'ouvrier électricien (A)	Id.	»	»	»
		488		Truelle	Id.	1 80	»	»
		489		Trusquin	Id.	4 50	»	»
		490		Tuyère de forge	Id.	3 »	»	»
		491		Valet d'établi	Id.	2 »	»	»
		492		Varlope	Id.	9 »	»	»
		493		Vilebrequin	Id.	2 60	»	»
		494		Vis d'établi	Id.	4 15	»	»
		495		Vis d'étau avec sa boite	Id.	15 »	»	»
		496		Vis en bois pr établi de menuisier	Id.	3 »	»	»
		497		Volant (A)	Id.	»	»	»
		498		Vrilles	Id.	» 50	»	»
		499	Ustensiles et objets d'usage courant.	Agitateur en verre	Id.	» 30	»	»
162	Objets mobiliers, appareils et outils. (*Suite.*)	500		Appareils à gaz (A) : Bras manchon	Id.	»	»	»
		501		Appareils à gaz (A) : Compteur à gaz	Id.	»	»	»
		502		Appareils à gaz (A) : pour illuminations	Id.	»	»	»
		503		Appareils à gaz (A) : Lyre à fleurons et à rinceaux de 65 sur 35	Id.	»	»	»
		504		Appareils à gaz (A) : Lyre à mouvement	Id.	»	»	»
		505		Appareils à gaz (A) : Lyre ordinaire avec globe	Id.	»	»	»
		506		Arbre de couche (A)	Id.	»	»	»
		507		Auvents (A)	Id.	»	»	»
		508		Bac avec accessoires pour l'imperméabilisation des toiles (A)	Id.	»	»	»
		509		Bâche (A)	Id.	»	»	»
		510		Bain de sable	Id.	1 50	»	»
		511		Barres d'appui pour arrimage de matériel (A)	Id.	»	»	»
		512		Ballons (A)	Id.	»	»	»
		513		Barrettes à écrous pour feuillets de punition (A)	Id.	»	»	»
		514		Bassins (A)	Id.	»	»	»
		515		Bec de Bunsen	Id.	4 50	»	»
		516		Blouse ou sarrau	Id.	4 »	»	»
		517		Bocaux (A)	Id.	»	»	»
		518		Boites à composteurs en caoutchouc complète (A)	Id.	»	»	»
				Boites à composteurs en caoutchouc vide (A)	Id.	»	»	»
		519		Boites à ordures (A)	Id.	»	»	»
		520		Boites à marques avec ou sans lettre de compagnie (A)	Id.	»	»	»
		521		Boites à marques avec ou sans timbre du corps (A)	Id.	»	»	»

CLASSIFICATION DES MATIÈRES ET EFFETS				UNITÉ RÉGLEMENTAIRE	PRIX MINISTÉRIELS au classement		
PAR UNITÉ SOMMAIRE.		PAR UNITÉ DÉTAILLÉE.					
Numéros.	DÉNOMINATION.	Numéros.	DÉNOMINATION.		bon pour le service.	en cours de durée.	d'instruction.
					fr. c.	fr. c.	fr. c.
162	Objets mobiliers, appareils et outils. (*Suite.*)	522	Ustensiles et objets d'usage courant. (*Suite.*) — Boîtes. (*Suite.*) à marques. (*Suite.*) de commission de vérificateurs civils..... Grandes (6 timbres)..	Nombre.	20 »	»	»
		523	Boîtes. (*Suite.*) à marques. (*Suite.*) de commission de vérificateurs civils..... Petites (3 timbres)..	Id.	12 »	»	»
		524	Boîtes. (*Suite.*) à réactifs (A) complète..........	Id.	»	»	»
		525	Boîtes. (*Suite.*) à réactifs (A) vide..............	Id.	»	»	»
		526	Boîtes. (*Suite.*) à résine (A)................	Id.	»	»	»
		527	Boîtes. (*Suite.*) avec tampon................	Id.	4 »	»	»
		528	Boîtes. (*Suite.*) à munitions	Id.	»	»	»
		529	Bonbonnes (A)........................	Id.	»	»	»
		530	Bouchons (A) en caoutchouc..............	Id.	»	»	»
		531	Bouchons (A) en liège.....................	Id.	»	»	»
		532	Boulet (A)..........................	Id.	»	»	»
		533	Boulin en sapin (A)..................	Id.	»	»	»
		534	Bouteilles (A).......................	Id.	»	»	»
		535	Câbles pour monte-charge (A)...........	Id.	»	»	»
		536	Cadre pour l'arrimage du matériel (A).....	Id.	»	»	»
		537	Cachet, timbre ou poinçon pour le marquage des effets ou objets (A)...........	Id.	»	»	»
		538	Caisses..... en tôle à charbon (A).........	Id.	»	»	»
		539	Caisses..... réservoir à eau (A)...........	Id.	»	»	»
		540	Canot (A)..........................	Id.	»	»	»
		541	Capsule, feuille et fil de platine (A)........	Id.	»	»	»
		542	Capsule en porcelaine.................	Id.	» 40	»	»
		543	Casquette en toile (A)................	Id.	»	»	»
		544	Chalumeau en cuivre (A)..............	Id.	»	»	»
		545	Chantier (A)........................	Id.	»	»	»
		546	Chariots (A) à poulies en fer............	Id.	»	»	»
		547	Chariots (A) d'intérieur..................	Id.	»	»	»
		548	Châssis à baguette (A)...............	Id.	»	»	»
		549	Chèvre avec crochets en fer (A)...........	Id.	»	»	»
		550	Chevrette (A).......................	Id.	»	»	»
		551	Chevron en sapin du Nord (A)...........	Id.	»	»	»
		552	Chiffres montés sur manche. Série (9 chiffres, 0 à 8)... 15^{mm} de hauteur.	Id.	3 30	»	»
		553	Chiffres montés sur manche. Série (9 chiffres, 0 à 8)... 10^{mm} de hauteur.	Id.	3 »	»	»
		554	Chiffres montés sur manche. Isolé..................	Id.	» 35	»	»
		555	Chiffres montés sur manche. Romain pour le marquage successif des collections d'effets............	Id.	» 35	»	»
		556	Chiffres en cuivre. Série..................	Id.	4 »	»	»
		557	Chiffres en cuivre. Isolé..................	Id.	» 40	»	»
		558	Chiffres en cuivre. Jeu pour la télégraphie militaire (A)..............	Id.	»	»	»
		559	Chiffres en fer, série (A).............	Id.	»	»	»
		560	Claie en bois pour poser les étoffes (A).....	Id.	»	»	»

CLASSIFICATION DES MATIÈRES ET EFFETS				UNITÉ RÉGLEMENTAIRE.	PRIX MINISTÉRIELS au classement		
PAR UNITÉ SOMMAIRE.		PAR UNITÉ DÉTAILLÉE.					
Numéros	DÉNOMINATION.	Numéros.	DÉNOMINATION.		bon pour le service.	en cours de durée.	d'instruction.
					fr. c.	fr. c.	fr. c.
162	Objets mobiliers, appareils et outils. (*Suite.*)		Ustensiles et objets d'usage courant. (*Suite.*)				
		561	Clef à molette (A)	Nombre.	»	»	»
		562	Composteur en caoutchouc (A)	Id.	»	»	»
		563	Compteur à eau (A)	Id.	»	»	»
		564	Courroie de transmission (A)	Id.	»	»	»
		565	Creusets (A)	Id.	»	»	»
		566	Cristallisoirs en verre (A)	Id.	»	»	»
		567	Cruche de laboratoire (A)	Id.	»	»	»
		568	Cuve à eau en zinc (A)	Id.	»	»	»
		569	Dessiccateur avec cloche et plaque (A)	Id.	»	»	»
		570	Empiloir à couvertures (A)	Id.	»	»	»
		571	Engrenage (A)	Id.	»	»	»
		572	Entonnoirs (A)	Id.	»	»	»
		573	Enveloppes pour étoffes ou couvertures (A).	Id.	»	»	»
		574	Eprouvettes (A)	Id.	»	»	»
		575	Etiquettes (A) : d'armes	Id.	»	»	»
		576	Etiquettes (A) : de lit	Id.	»	»	»
		577	Etiquettes (A) : parcheminée	Id.	»	»	»
		578	Etiquettes (A) : passe-partout	Id.	»	»	»
		579	Etiquettes (A) : pour ballots collectifs	Id.	»	»	»
		580	Etuves : de Coulier (A)	Id.	»	»	»
		581	Etuves : Wiessneg (A)	Id.	»	»	»
		582	Falot de ronde	Id.	4 »	»	»
		583	Fil de fer galvanisé (A)	Id.	»	»	»
		584	Flacons (A)	Id.	»	»	»
		585	Fourneau à moufle, à incinération (A)	Id.	»	»	»
		586	Fromage en grès (A)	Id.	»	»	»
		587	Gants pour membres des commissions de réception (la paire)	Id.	2 50	»	»
		588	Gobelet en verre pour laboratoire (A)	Id.	»	»	»
		589	Harnais pour voiture à deux roues (A)	Id.	»	»	»
		590	Housses (A)	Id.	»	»	»
		591	Jeux : de dames (A)	Id.	»	»	»
		592	Jeux : d'échecs (A)	Id.	»	»	»
		593	Jeux : de jacquet (A)	Id.	»	»	»
		594	Jeux : de loto (A)	Id.	»	»	»
		595	Jeux : de dominos (A)	Id.	»	»	»
		596	Lampe à esprit de vin	Id.	1 20	»	»
		597	Lettres : de compagnie en caoutchouc, avec cachet	Id.	0 35	»	»
		598	Lettres : H S	Id.	0 35	»	»
		599	Main en fer pour corde à puits (A)	Id.	»	»	»
		600	Manches : de timbres	Id.	» 10	»	»
		601	Manches : pour lettres H S	Id.	» 15	»	»
		602	Matras d'essayeur (A)	Id.	»	»	»
		603	Monte-charge sans engrenage (A)	Id.	»	»	»
		604	Mortiers (A)	Id.	»	»	»
		605	Moufle pour coupelle (A)	Id.	»	»	»
		606	Ouvrages divers (A). Barème pour le pesage et le mesurage des étoffes	Id.	»	»	»

CLASSIFICATION DES MATIÈRES ET EFFETS				UNITÉ RÉGLEMENTAIRE.	PRIX MINISTÉRIELS au classement		
PAR UNITÉ SOMMAIRE.		PAR UNITÉ DÉTAILLÉE.					
Numéros.	DÉNOMINATION.	Numéros.	DÉNOMINATION.		bon pour le service.	en cours de durée.	d'instruction.
					fr. c.	fr. c.	fr. c.
162	Objets mobiliers, appareils et outils. (Suite.)	607	Ustensiles et objets d'usage courant. (Suite.) — Ouvrages divers (A). (Suite.) — *Bulletin des lois* (volume)	Nombre.	»	»	»
		608	*Bulletin officiel* du ministère de la guerre (volume)	Id.	»	»	»
		609	*Journal militaire officiel* (volume)	Id.	»	»	»
		610	Livrets de compagnie	Id.	»	»	»
		611	Livrets d'officier de peloton	Id.	»	»	»
		612	Livrets de sergent de section	Id.	»	»	»
		613	Livrets de caporal d'escouade	Id.	»	»	»
		614	Ordonnances, règlements, instructions (volume)	Id.	»	»	»
		615	Ouvrages (volume)	Id.	»	»	»
		616	Tracés de coupe	Id.	»	»	»
		617	Palan à hélice avec sa chaîne (A)	Id.	»	»	»
		618	Palan ordinaire avec chaîne (A)	Id.	»	»	»
		619	Pantalons de toile (A)	Id.	»	»	»
		620	Papiers divers pour analyses chimiques (le cahier) (A)	Id.	»	»	»
		621	Patin mobile pour les étoffes	Id.	5 50	»	»
		622	Pipettes (A)	Id.	»	»	»
		623	Piquets en fer (A)	Id.	»	»	»
		624	Plaques chiffre ou lettre	Id.	» 25	»	»
		625	Plaques avec les lettres H S	Id.	» 55	»	»
		626	Plaques avec numéro du corps	Id.	1 20	»	»
		627	Plateaux en bois ferré (A)	Id.	»	»	»
		628	Poinçon à l'usage des commissions de réception des effets de la 2e portion (A) d'admission	Id.	»	»	»
		629	Poinçon à l'usage des commissions de réception des effets de la 2e portion (A) de rejet	Id.	»	»	»
		630	Perches (A)	Id.	»	»	»
		631	Pompes (A) à main	Id.	»	»	»
		632	Pompes (A) avec accessoires	Id.	»	»	»
		633	Pont ferré mobile (A)	Id.	»	»	»
		634	Porte capsule	Id.	2 »	»	»
		635	Poteaux (A) d'empiloir	Id.	»	»	»
		636	Poteaux (A) limite de camp ou quai d'embarquement	Id.	»	»	»
		637	Poulies en bois, avec sa corde	Id.	5 »	»	»
		638	Poulies en fer (A)	Id.	»	»	»
		639	Réservoir à huile (A)	Id.	»	»	»
		640	Réservoir d'eau (A)	Id.	»	»	»
		641	Robinet de jauge (A)	Id.	»	»	»
		642	Sacoche pour planton (A)	Id.	»	»	»
		643	Sangle de suspension (A)	Id.	»	»	»
		644	Sous-traits pour les effets (A)	Id.	»	»	»
		645	Spatules (A) en fer	Id.	»	»	»
		646	Spatules (A) en porcelaine	Id.	»	»	»
		647	Spatules (A) en verre	Id.	»	»	»

CLASSIFICATION DES MATIÈRES ET EFFETS					UNITÉ RÉGLEMENTAIRE.	PRIX MINISTÉRIELS au classement		
PAR UNITÉ SOMMAIRE.		PAR UNITÉ DÉTAILLÉE.						
Numéros.	DÉNOMINATION.	Numéros.	DÉNOMINATION.			bon pour le service.	en cours de durée.	d'instruction.
						fr. c.	fr. c.	fr. c.
		648	Ustensiles et objets d'usage courant. (*Suite.*)	Stalles pour le classement des étoffes (A)	Nombre.	»	»	»
		649		Stalles p^r l'embarquement des chevaux Double (A)	Id.	»	»	»
		650		Stalles p^r l'embarquement des chevaux Simple (A)	Id.	»	»	»
		651		Support (A) avec traverses pour arrimage	Id.	»	»	»
		652		Support (A) pour tubes à essais	Id.	»	»	»
		653		Timbre de régiment (caoutchouc) grand modèle	Id.	1 75	»	»
		654		Timbre de régiment (caoutchouc) petit modèle	Id.	1 50	»	»
		655		Timbre à l'usage des commissions de réception des effets de la 2e portion (A) Admission	Id.	»	»	»
		666		Timbre à l'usage des commissions de réception des effets de la 2e portion (A) Ajournement	Id	»	»	»
		657		Timbre à l'usage des commissions de réception des effets de la 2e portion (A) Rejet	Id.	»	»	»
		658		Tonneaux monté sur haquet (A)	Id.	»	»	»
		659		Tonneaux pour arrosage des magasins (A)	Id.	»	»	»
		660		Trépieds en fer (A)	Id.	»	»	»
		661		Treuil mécanique pour ascenseur (A)	Id.	»	»	»
		662		Tubes à essais (la dizaine) (A)	Id.	»	»	»
		663		Tubulure (accessoire de compteur à eau) (A)	Id.	»	»	»
162	Objets mobiliers, appareils et outils. (*Suite*).	664		Tuyau en cuivre de 1 kilog. 500 (A)	Id.	»	»	»
		665		....				
		666		Urne pour vote de conseil d'administration (A)	Id.	»	»	»
		667		Ustensiles pour chambrées (A) Balai ou balai-brosse	Id.	»	»	»
		668		Ustensiles pour chambrées (A) Baquet	Id.	»	»	»
		669		Valet en paille tressée (A)	Id.	»	»	»
		670		Vases divers à précipités (A)	Id.	»	»	»
		671		Vélocipèdes (A)	Id.	»	»	»
		672		Verres à expériences	Id.	» 40	»	»
		673		Verres à illuminations	Id.	» 10	»	»
		674		Vessie de porc (A)	Id.	»	»	»
		675		Volige (A)	Id.	»	»	»
		676		Balance en fonte à bras égaux (A)	Id.	»	»	»
		677		Demi-décalitre (A)	Id.	»	»	»
		678		Balance romaine (A)	Id.	»	»	»
		679		Hygromètre (A)	Id.	»	»	»
		680		Pèse-sels (A)	Id.	»	»	»
		681		Densimètre	Id.	4 »	»	»
		682		Timbre-composteur (A)	Id.	»	»	»
		683		Jauge en acier (A)	Id.	»	»	»
		684		Typomètre	Id.	» 30	»	»
		685		Compte-gouttes gradué	Id.	1 50	»	»
		686		Casiers à chaussures (A) grands	Id.	»	»	»
		687		Casiers à chaussures (A) moyens	Id.	»	»	»
		688		Casiers à chaussures (A) petits	Id.	»	»	»

CLASSIFICATION DES MATIÈRES ET EFFETS				UNITÉ RÉGLEMENTAIRE.	PRIX MINISTÉRIELS au classement		
PAR UNITÉ SOMMAIRE.		PAR UNITÉ DÉTAILLÉE.					
Numéros.	DÉNOMINATION.	Numéros.	DÉNOMINATION.		bon pour le service.	en cours de durée.	d'instruction.
					fr. c.	fr. c.	fr. c.
162	Objets mobiliers, appareils et outils (*Suite.*) — Ustensiles et objets d'usage courant. (A). (*Suite.*)	689	Casiers à pain	Nombre.	»	»	»
		690	Casiers à serviettes	Id.	»	»	»
		691	Table en ardoise	Id.	»	»	»
		692	Crochet de suspension	Id.	»	»	»
		693	Marteau pour brûler les draps	Id.	»	»	»
		694	Rouleau encreur pour la machine à marquer les draps	Id.	»	»	»
		695	Rouleau pour plier les étoffes	Id.	»	»	»
		696	Chèvre sans crochet	Id.	»	»	»
		697	Cruche pour chambrée	Id.	»	»	»
		698	Etiquettes de porte de chambre	Id.	»	»	»
		699	Lettres en fer (série)	Id.	»	»	»
		700	Lampe à pétrole	Id.	»	»	»
		701	Livrets pour adjudants	Id.	»	»	»
		702	Gabarit d'étui de revolver	Id.	»	»	»
		703	Gabarit de cartouches de revolver	Id.	»	»	»
		704	Timbre humide du colonel	Id.	»	»	»
		705	Timbre rectificatif (colonel et trésorier)	Id.	»	»	»
		706	Cachet à la cire du conseil d'administration	Id.	»	»	»
		707	Timbre pour conseil d'administration	Id.	»	»	»
		708	Cahier de visite médicale	Id.	»	»	»
		709	Registre à écrou	Id.	»	»	»
		710	Seaux hygiéniques en tôle émaillée	Id.	»	»	»
		711	Brocs sans couvercle émaillés	Id.	»	»	»
		712	Cuvettes en tôle émaillée	Id.	»	»	»
		713	Boîtes pour commission de réception	Id.	»	»	»
		714	Double-mètre étalonné	Id.	»	»	»
		715	Pulvérisateur pour désinfection	Id.	»	»	»
		716	Fausses cartouches en bois	Id.	»	»	»
		717	Livrets matricules pour chevaux	Id.	»	»	»
		718	Titr. d'absence de courte durée (le mille)	Id.	»	»	»
		719	Boîtes pour fiches de mobilisation	Id.	»	»	»
		720	Couvercle pour la presse autographique	Id.	»	»	»
		721	Faubert en fils goudronnés	Id.	»	»	»
		722	Lanterne de cheminée	Id.	»	»	»
		723	Manches pour balais	Id.	»	»	»
		724	Porte-carreau pour tailleur	Id.	»	»	»
		725	Récipients à tripoli en verre	Id.	»	»	»
		726	Socle pour coffre-fort	Id.	»	»	»
		727	Supports mobiles de crachoir	Id.	»	»	»
		728	Timbres rectangulaires avec chiffres mobiles	Id.	»	»	»
		729	Dame en fonte	Id.	»	»	»
		730	Commutateur à manette à deux directions	Id.	»	»	»
		731	Eléments complets de pile de forteresse Leclanché n° 2	Id.	»	»	»
		732	Paratonnerre Bertsch	Id.	»	»	»
		733	Sonnerie à trembleur et à moyenne résistance	Id.	»	»	»
		734	Boîte pour piles de forteresse Leclanché de 6 éléments n° 2	Id.	»	»	»

CLASSIFICATION DES MATIÈRES ET EFFETS					UNITÉ RÉGLEMENTAIRE.	PRIX MINISTÉRIELS au classement		
PAR UNITÉ SOMMAIRE.		PAR UNITÉ DÉTAILLÉE.						
Numéros.	DÉNOMINATION.	Numéros.		DÉNOMINATION.		bon pour le service.	en cours de durée.	d'instruction.
						fr. c.	fr. c.	fr. c.
		735		Paratonnerre à fil préservateur	Nombre.		»	»
		736		Récepteur Ader nº 3 avec cordon	Id.	»	»	»
		737		Transmetteur Ader nº 3 sans cordon	Id.	»	»	»
		738		Appels magnétiques	Id.	»	»	»
		739		Boîtes pour pile de forteresse Leclanché de 3 éléments nº 2	Id.	»	»	»
		740		Sonneries diverses de 50 ohms	Id.	»	»	»
		741		Drapeau	Id.	»	»	»
		742		Crible à scories	Id.	»	»	»
		743		Collection d'échantillons de cuirs	Id.	»	»	»
		744		Broc en fer-blanc	Id.	»	»	»
		745		Enveloppe imperméable pour le transport de la comptabilité de compagnie en campagne	Id.	»	»	»
		746		Paniers à viande	Id.	»	»	»
		747		Paniers à légumes	Id.	»	»	»
		748		Bassine en fer battu	Id.	»	»	»
		749		Garde-feu	Id.	»	»	»
		750		Placard en bois	Id.	»	»	»
		751		Enclume et mèche emporte-pièce pour machine à placer les œillets	Id.	»	»	»
		752		Ecusson de drapeau	Id.	»	»	»
102	Objets mobiliers, appareils et outils. (*Suite.*)	753	Ustensiles et objets d'usage courant (A). (*Suite.*)	Bec Auer	Id.	»	»	»
		754		Bidon à pétrole	Id.	»	»	»
		755		Manchon de bec Auer	Id.	»	»	»
		756		Rallonge de table	Id.	»	»	»
		757		Robinet en bois	Id.	»	»	»
		758		Robinet en métal avec clef	Id.	»	»	»
		759		Four à rôtir	Id.	»	»	»
		760		Brasero en fer avec poignées	Id.	»	»	»
		761		Entourage protecteur cylindrique	Id.	»	»	»
		762		Entourage protecteur rectangulaire	Id.	»	»	»
		763		Pâte au sabre	Id.	»	»	»
		764		Carnets de mobilisation	Id.	»	»	»
		765		Bâti en chêne pour balance	Id.	»	»	»
		766		Machine à écrire	Id.	»	»	»
		767		Dessous d'estampe	Id.	»	»	»
		768		Lame de scie circulaire	Id.	»	»	»
		769		Tamis pour passer la peinture	Id.	»	»	»
		770		Supports en fer à marquer les draps	Id.	»	»	»
		771		Récipients en aluminium avec manches	Id.	»	»	»
		772		Tréteaux pour sous-traits	Id.	»	»	»
		773		....				
		774		Poinçons en acier de 0,010,68	Id.	»	»	»
				Poinçons en acier de 0,003,68	Id.	»	»	»
		775		Listes d'appel	Id.	»	»	»
		776		Etats de casernement	Id.	»	»	»
		777		Etouffoir en tôle	Id.	»	»	»
		778		Baguettes en bois à pointes de fer	Id.	»	»	»
		779		Jeux d'olives de 8 pièces	Id.	»	»	»
		780		Broches pour amorcer les clous à la chaussure	Id.	»	»	»

CLASSIFICATION DES MATIÈRES ET EFFETS					PRIX MINISTÉRIELS au classement		
PAR UNITÉ SOMMAIRE.		PAR UNITÉ DÉTAILLÉE.		UNITÉ RÉGLEMENTAIRE			
Numéros.	DÉNOMINATION.	Numéros.	DÉNOMINATION.		bon pour le service.	en cours de durée.	d'instruction.
					fr. c.	fr. c.	fr. c.
162	Objets mobiliers, appareils et outils (*Suite.*)	781	Ustensiles et objets d'usage courant. (A). (*Suite.*) — Lampe à alcool (petite)	Nombre.	»	»	»
		782	Glissières en toile	Id.	»	»	»
		783	Torchons de cuisine	Id.	»	»	»
		784	Appareil thermo-conservateur	Id.	»	»	»
		785	Support d'appareil thermo-conservateur	Id.	»	»	»
		786	Cachet à cire pour vaguemestre des dépôts	Id.	4 50	»	»
		787					
		788					
		789					
		790					
		791					
		792					
		793					
163	Ustensiles de cuisine et matériel de réfectoire (A)	1	Ustensiles de cuisine. — Baquet en tôle galvanisée	Id.	»	»	»
		2	Boîte à sel et à épices, en bois	Id.	»	»	»
		3	Casserole en fer battu étamé avec couvercle de 10 litres	Id.	»	»	»
		4	Casserole en fer battu étamé avec couvercle de 5 litres	Id.	»	»	»
		5	Casserole en fer battu étamé avec couvercle de 3 litres	Id.	»	»	»
		6	Couperet (grand)	Id.	»	»	»
		7	Couteau de cuisine grand	Id.	»	»	»
		8	Couteau de cuisine moyen	Id.	»	»	»
		9	Couteau à éplucher les légumes	Id.	»	»	»
		10	Couteau à ouvrir les boîtes de conserves	Id.	»	»	»
		11	Crochet de boucherie à mailles	Id.	»	»	»
		12	Cuiller à bouillon en fer étamé de 2 litres	Id.	»	»	»
		13	Cuiller à bouillon en fer battu étamé de 50 centilitres	Id.	»	»	»
		14	Cuiller en bois de hêtre	Id.	»	»	»
		15	Écumoire en fer battu étamé (grande)	Id.	»	»	»
		16	Feuille de boucher	Id.	»	»	»
		17	Fourchette en fer étamé (grande)	Id.	»	»	»
		18	Fourchette à découper	Id.	»	»	»
		19	Fusil de boucher	Id.	»	»	»
		20	Hachoir à viande	Id.	»	»	»
		21	Lardoire	Id.	»	»	»
		22	Machine à couper le pain de soupe	Id.	»	»	»
		23	Moulin à poivre	Id.	»	»	»
		24	Panier à salade	Id.	»	»	»
		25	Passe-purée	Id.	»	»	»
		26	Pilon en hêtre ou en frêne	Id.	»	»	»
		27	Planche à découper	Id.	»	»	»
		28	Râpe demi-cylindrique en fer-blanc	Id.	»	»	»
		29	Scie de boucher	Id.	»	»	»
		30	Seau en tôle galvanisée	Id.	»	»	»
		31	Terrines en terre (grandes)	Id.	»	»	»
		32	Tôle pour rôtis	Id.	»	»	»
		33	Matériel de réfectoire. — Assiette en faïence creuse ou plate	Id.	»	»	»
		34	Couvert à salade en buis	Id.	»	»	»
		35	Cuiller à soupe ou pochon	Id.	»	»	»
		36	Cuiller à moutarde en buis	Id.	»	»	»

CLASSIFICATION DES MATIÈRES ET EFFETS					UNITÉ RÉGLEMENTAIRE.	PRIX MINISTÉRIELS au classement.		
PAR UNITÉ SOMMAIRE.		PAR UNITÉ DÉTAILLÉE.						
Numéros.	DÉNOMINATION.	Numéros.	DÉNOMINATION.			bon pour le service.	en cours de durée.	d'instruction.
						fr. c.	fr. c.	fr. c.
163	Ustensiles de cuisine et matériel de réfectoire. (*Suite*).	37	Matériel de réfectoire (A). (*Suite.*)	Moutardier	Nombre.	»	»	»
		38		Nécessaire d'escouade en faïence ou en fer battu étamé	Id.	»	»	»
		39		Plat ovale (grand)	Id.	»	»	»
		40		Plat rond (grand)	Id.	»	»	»
		41		Saladier	Id.	»	»	»
		42		Salière	Id.	»	»	»
		43		Soupière d'escouade	Id.	»	»	»
		44		Verre à boire ordinaire	Id.	»	»	»
		45						
		46						
		47						
		48						
164	Objets et outils pour perruquier.	1		Boîte pour outils de perruquier	Id.	4 »	»	»
		2		Caoutchouc pour essuyer les rasoirs	Id.	» 95	»	»
		3		Cuir à rasoir	Id.	1 25	»	»
		4		Tondeuse	Id.	7 »	»	»
		5		Ressort de tondeuse	Id.	» 50	»	»
		6		Peigne démêloir	Id.	» 50	»	»
		7		Rasoir	Id.	3 »	»	»
		8		Blaireau	Id.	1 75	»	»
		9		Bol à barbe	Id.	» 50	»	»
		10		Brosse à peigne	Id.	1 »	»	»
		11		Brosse à tête en soie	Id.	2 50	»	»
		12		Peigne fin	Id.	» 40	»	»
		13		Pâte à rasoir	Id.	» 10	»	»
		14		Poudre de savon (la boîte)	Id.	» 50	»	»
		15		Ciseaux pour coiffeur	Id.	3 »	»	»
		16						
		17						
		18						
		19						
165								
166								

CHAPITRE VII.

Matières premières et accessoires divers pour réparations.

167	Matières au nombre.	1	Accessoires en métal et bouclerie.	Agrafe et porte-agrafe	Nombre.	» 08	»	»
		2		Aiguilles à coudre (le paquet de 25)	Id.	» 40	»	»
		3		Aiguilles à repriser (le paquet de 25)	Id.	» 45	»	»
		4		Aiguilles de sellier (la douzaine)	Id.	» 60	»	»
		5		Aiguilles de voilier	Id.	» 05	»	»
		6		Anneau étamé	Id.	» 20	»	»
		7		Boucles en cuivre	Id.	» 05	»	»
		8		Boucles étamées diverses grandes	Id.	» 15	»	»
		9		Boucles étamées diverses petites	Id.	» 05	»	»
		10		Boucles noires	Id.	» 05	»	»
		11		Boucles en fer étamé	Id.	» 05	»	»

CLASSIFICATION DES MATIÈRES ET EFFETS				UNITÉ RÉGLEMENTAIRE.	PRIX MINISTÉRIELS au classement		
PAR UNITÉ SOMMAIRE.		PAR UNITÉ DÉTAILLÉE.					
Numéros.	DÉNOMINATION.	Numéros.	DÉNOMINATION.		bon pour le service.	en cours de durée.	d'instruction.
					fr. c.	fr. c.	fr. c.
167	Matières au nombre. (*Suite.*)	12	Accessoires en métal et bouclerie (*Suite.*) — Boutons… en cuivre	Nombre.	» 05	»	»
		13	Boutons… en zinc	Id.	» 05	»	»
		14	Boutons… distinctifs de tenue d'instructn	Id.	» 03	»	»
		15	Douille en cuivre jaune brasée	Id.	» 15	»	»
		16	Fer-blanc (feuille)	Id.	1 25	»	»
		17	Œillets métalliques (A)	Id.	»	»	»
		18	Oreillons… de marmite	Id.	» 20	»	»
		19	Oreillons… de petit bidon	Id.	» 10	»	»
		20	Passant… de marmite ou de nécessaire individuel de campement	Id.	» 07	»	»
		21	Passant… de bidon	Id.	» 05	»	»
		22	Objets divers. — Balais en jonc (A)	Id.	»	»	»
		23	Bois pour chapeaux de tente (A)	Id.	»	»	»
		24	Brosses en soie à cirer les parquets (A)	Id.	»	»	»
		25	Chapeau en bois tourné, peint et garni	Id.	4 50	»	»
		26	Contre-sanglon en cuir	Id.	» 30	»	»
		27	Cuir (A)… pour contre-sanglon	Id.	»	»	»
		28	Cuir (A)… pour collier de tente	Id.	»	»	»
		29	Courroie d'assemblage	Id.	» 70	»	»
		30	Enveloppe de chapeau en cuir noir	Id.	2 60	»	»
		31	Grès à affûter	Id.	2 60	»	»
		32	Jonc	Id.	» 15	»	»
		33	Manches de limes à virole	Id.	» 10	»	»
		34	Molette en marbre (A)	Id.	»	»	»
		35	Olive en bois	Id.	» 05	»	»
		36	Papier émeri et de verre (feuille)	Id.	» 10	»	»
		37	Pinceaux et plumeaux (A)	Id.	»	»	»
		38	Piton pour chapeau de tente	Id.	» 50	»	»
		39	Postillon en bois	Id.	» 10	»	»
		40	Rondelle en cuir corroyé et estampé	Id.	» 10	»	»
		41	Savonnettes pour les commissions	Id.	» 30	»	»
		42	Verres… à vitres dépoli (feuille (A))	Id.	»	»	»
		43	Verres… à vitres double ou simple (caisse)(A)	Id.	»	»	»
		44	Boutons en os à 4 trous… gros	Le mille.	7 »	»	»
		45	Boutons en os à 4 trous… petits	Id.	5 »	»	»
		46	Balais en bois (A)	Nombre.	»	»	»
		47	Aiguilles pour machines à coudre (A)	Id.	»	»	»
		48	Fil (en boîte de 48 pelotes) (A)	Id.	»	»	»
		49					
		50					
		51					
		52					
168	Matières au poids.	1	Aciers, fers et métaux divers (A). — Acier… d'Allemagne	Kilog.	»	»	»
		2	Acier… fondu anglais	Id.	»	»	»
		3	Brasure (cuivre) (A)	Id.	»	»	»
		4	Clous pour les brodequins	Id.	»	»	»

CLASSIFICATION DES MATIÈRES ET EFFETS					UNITÉ RÉGLEMENTAIRE.	PRIX MINISTÉRIELS (au classement)		
PAR UNITÉ SOMMAIRE.		PAR UNITÉ DÉTAILLÉE.						
Numéros.	DÉNOMINATION.	Numéros.		DÉNOMINATION.		bon pour le service.	en cours de durée.	[illegible]
						fr. c.	fr. c.	
		5	Aciers, fers et métaux divers (A) (Suite.)	Clous pour les sabots	Kilog.	»	»	
		6		Cuivre	Id.	»	»	
		7		Etain fin	Id.	»	»	
		8		Fers de diverses grosseurs	Id.	»	»	
		9		Fil de fer	Id.	»	»	
		10		Fil de laiton	Id.	»	»	
		11		Pitons à vis	Id.	»	»	
		12		Plomb en saumon	Id.	»	»	
		13		Pointes	Id.	»	»	
		14		Tôle étamée	Id.	»	»	
		15		Vis assorties	Id.	»	»	
		16		Zinc — en feuille	Id.	»	»	
		17		Zinc — en rognures	Id.	»	»	
		18		Clous-Caboche	Id.	»	»	
		19	Cuirs (A)	basane en mouton	Id.	»	»	
		20		de bœuf ou de vache	Id.	»	»	
		21		de buffle	Id.	»	»	
		22		de cheval	Id.	»	»	
		23		de Hongrie	Id.	»	»	
		24		de mouton ou de chèvre	Id.	»	»	
168	Matières au poids. (Suite.)	25	Ingrédients et combustibles.	Acides — azotique ou nitrique	Id.	» 60	»	
		26		Acides — chlorhydrique ou muriatique	Id.	» 15	»	
		27		Acides — phénique — liquéfié	Id.	1 80	»	
		28		Acides — phénique — non liquéfié	Id.	2 50	»	
		29		Acides — sulfurique (ou huile de vitriol)	Id.	» 80	»	
		30		Alun	Id.	» 45	»	
		31		Blanc de Meudon	Id.	» 05	»	
		32		Bleu charron	Id.	» 50	»	
		33		Bois à brûler (au quintal) (A)	Id.	»	»	
		34		Borax	Id.	1 60	»	
		35		Camphre	Id.	5 50	»	
		36		Céruse	Id.	1 [illegible]	»	
		37		Charbons (au quintal) — de bois (A)	Id.	»	»	
		38		Charbons (au quintal) — de terre (A)	Id.	»	»	
		39		Ciment de Portland	Id.	» 15	»	
		40		Cire jaune	Id.	4 »	»	
		41		Coaltar	Id.	» 80	»	
		42		Colles — de peau	Id.	» 30	»	
		43		Colles — forte	Id.	1 50	»	
		44		Dégras	Id.	2 40	»	
		45		Eau de cuivre	Id.	» 60	»	
		46		Essence de térébenthine	Id.	1 30	»	
		47		Etoupes	Id.	1 »	»	
		48		Goudron	Id.	» 50	»	
		49		Graisse Thomas	Id.	1 45	»	
		50		Huiles — de lin	Id.	1 05	»	
		51		Huiles — de pied — de bœuf	Id.	1 60	»	
		52		Huiles — de pied — de mouton	Id.	3 10	»	

CLASSIFICATION DES MATIÈRES ET EFFETS					UNITÉ RÉGLEMENTAIRE.	PRIX MINISTÉRIELS au classement		
PAR UNITÉ SOMMAIRE.		PAR UNITÉ DÉTAILLÉE.						
Numéros.	DÉNOMINATION.	Numéros.		DÉNOMINATION.		bon pour le service.	en cours de durée.	d'instruction.
						fr. c.	fr. c.	fr. c.
		53	Ingrédients et combustibles. (Suite.)	Huiles. (Suite.) d'olive	Kilog.	2 30	»	»
		54		Huiles. (Suite.) épurée	Id.	1 40	»	»
		55		Huiles. (Suite.) grasse siccative	Id.	1 55	»	»
		56		Huiles. (Suite.) lourde de houille	Id.	» 25	»	»
		57		Jaune broyé	Id.	1 30	»	»
		58		Liquide pour extincteur Zapfle	Id.	» 90	»	»
		59		Litharge	Id.	» 70	»	»
		60		Mastic de vitrier	Id.	» 55	»	»
		61		Mine de plomb	Id.	» 50	»	»
		62		Minium en poudre	Id.	» 90	»	»
		63		Naphtaline	Id.	» 40	»	»
		64		Noirs broyé	Id.	1 25	»	»
		65		Noirs de charbon	Id.	» 55	»	»
		66		Noirs de fumée	Id.	1 50	»	»
		67		Noirs d'ivoire (A)	Id.	»	»	»
		68		Noirs léger	Id.	3 20	»	»
		69		Ocre de couleurs variables	Id.	» 50	»	»
		70		Oléorésine de térébenthine	Id.	2 50	»	»
		71		Peinture préparée verte et noire	Id.	1 40	»	»
		72		Peinture préparée noire	Id.	1 20	»	»
		73		Peinture préparée jaune à l'huile	Id.	1 20	»	»
		74		Pierre ponce	Id.	» 60	»	»
		75		Plâtre	Id.	» 10	»	»
		76		Potasse d'Amérique	Id.	1 30	»	»
166	Matières au poids. (Suite.)	77		Poudre de pyrèthre	Id.	5 40	»	»
		78		Résine	Id.	» 50	»	»
		79		Rouge broyé	Id.	1 35	»	»
		80		Savons divers (A)	Id.	»	»	»
		81		Sels ammoniac	Id.	2 50	»	»
		82		Sels de soude	Id.	» 45	»	»
		83		Semence mécanique	Id.	1 20	»	»
		84		Siccatif zumatique en poudre	Id.	1 80	»	»
		85		Soudure	Id.	2 40	»	»
		86		Soufre	Id.	» 40	»	»
		87		Suif de mouton	Id.	1 25	»	»
		88		Vernis noir minéral	Id.	» 60	»	»
		89		Vert anglais	Id.	» 70	»	»
		90	Objets divers.	Cordes à muraille	Id.	1 60	»	»
		91		Cordes à piquet grosse	Id.	1 80	»	»
		92		Cordes à piquet petite	Id.	1 60	»	»
		93		Cordes d'auvent	Id.	1 80	»	»
		94		Cordes de fermeture	Id.	1 60	»	»
		95		Cordes de nervure	Id.	1 60	»	»
		96		Cordeaux de chanvre	Id.	1 60	»	»
		97		Cordeaux de coton	Id.	6 »	»	»
		98		Épingles (A)	Id.	»	»	»
		99		Éponges (A)	Id.	»	»	»
		100		Ficelles de diverses grosseurs (A)	Id.	»	»	»
		101		Fils à voile	Id.	2 50	»	»
		102		Fils de sellier	Id.	2 80	»	»
		103		Fils écru	Id.	7 50	»	»

CLASSIFICATION DES MATIÈRES ET EFFETS				UNITÉ RÉGLEMENTAIRE.	PRIX MINISTÉRIELS au classement		
PAR UNITÉ SOMMAIRE.		PAR UNITÉ DÉTAILLÉE.					
Numéros.	DÉNOMINATION.	Numéros.	DÉNOMINATION.		bon pour le service.	en cours de durée.	d'instruction.
					fr. c.	fr. c.	fr. c.
168	Matières au poids. (*Suite.*)	104	Objets divers. (*Suite.*) Fils. (*Suite.*) noir	Kilog.	7 50	»	»
		105	Objets divers. (*Suite.*) Fils. (*Suite.*) cachou	Id.	7 50	»	»
		106	Objets divers. (*Suite.*) Laine filée	Id.	10 »	»	»
		107	Objets divers. (*Suite.*) Papier goudronné	Id.	1 »	»	»
		108	Objets divers. (*Suite.*) Rivets en fer étamé	Id.	1 75	»	»
		109	Objets divers. (*Suite.*) Soies (A)	Id.	»	»	»
		110	Mine de plomb (boîte de 60 à 70 grammes)	Id.	» 10	»	»
		111	Ficelle (pelote de 0,260)	Id.	» 40	»	»
		112	Cirage (boîte de 0,030)	Id.	» 05	»	»
		113	Blanc de guêtre (bâton de 0,045)	Id.	» 05	»	»
		114	Cire noire (bâton de 0,015)	Id.	» 05	»	»
		115	Encaustique	Id.	2 30	»	»
		116	Vaseline	Id.	2 »	»	»
		117	Tripoli (boîte)	Id.	» 95	»	»
		118	Benzine	Id.	1 »	»	»
		119	Graisse pour armes	Id.	1 50	»	»
		120	Ficelle de fusil	Id.	2 60	»	»
		121	Alcali	Id.	» 50	»	»
		122	Terre à foulon (A)	Id.	»	»	»
		123	Brique anglaise (A)	Id.	»	»	»
		124	Gomme arabique	Id.	1 70	»	»
		126	Nourriture Mironde	Id.	1 35	»	»
		127					
		128					
		129					
		130					
		131					
		132					
169	Matières au mètre.	1	Bois en feuille (A) blanc	Mètre	»	»	»
		2	Bois en feuille (A) de chêne	Id.	»	»	»
		3	Bois en feuille (A) de frêne	Id.	»	»	»
		4	Bois en feuille (A) de hêtre	Id.	»	»	»
		5	Bois en feuille (A) de peuplier	Id.	»	»	»
		6	Bois en feuille (A) de sapin	Id.	»	»	»
		7	Objets divers. Ganse de laine	Id.	» 15	»	»
		8	Objets divers. Ruban de fil	Id.	» 10	»	»
		9	Objets divers. Verre à vitre strié (A)	Id.	»	»	»
		10	Sangle pour étui-musette	Id.	» 10	»	»
		11					
		12					
		13					
		14					
		15					
		16					
		17					
170	Matières au mètre cube.	1	Bois (A) blanc de Hollande	Mèt. cube	»	»	»
		2	Bois (A) de chêne	Id.	»	»	»
		3	Bois (A) de frêne	Id.	»	»	»
		4	Bois (A) de hêtre	Id.	»	»	»

CLASSIFICATION DES MATIÈRES ET EFFETS					PRIX MINISTÉRIELS au classement		
PAR UNITÉ SOMMAIRE.		PAR UNITÉ DÉTAILLÉE.		UNITÉ RÉGLEMENTAIRE.			
Numéros.	DÉNOMINATION.	Numéros.	DÉNOMINATION.		bon pour le service.	en cours de durée.	d'instruction.
					fr. c.	fr. c.	fr. c.
170	Matières au mètre cube. (*Suite.*)	5	Bois (A) (*Suite.*) de peuplier grisard	Mèt. cube	»	»	»
		6	de sapin rouge du Nord	Id.	»	»	»
		7	de peuplier en grume	Id.	»	»	»
		8					
		9					
		10					
		11					
171	Matières au litre.	1	Encres à marquer (Dagron, Marrot, Moreau, Dubouloz)	Litre.	4 »	»	»
		2	Encre blanche pour le marquage des effets de couleur foncée	Id.	6 »	»	»
		3	Ingrédients et combustibles. benzol (A)	Id.	»	»	»
		4	essence minérale (A)	Id.	»	»	»
		5	pétrole (A)	Id.	»	»	»
		6					
172	Matières à l'hectolitre.	1	Coke (A)	Hectolit.	»	»	»
		2	Sciure de bois	Id.	» 60	»	»
		3					
		4					
		5					
		6					
173							
174							
175							
176							

CHAPITRE VIII.

Effets hors de service.

Numéros.	DÉNOMINATION.	Numéros.	DÉNOMINATION.	UNITÉ RÉGLEMENTAIRE.	bon pour le service.	en cours de durée.	d'instruction.
177	Effets décomptés au mètre.	1	Matières premières. Draps, flanelles, satins et velours	Mètre			
		2	Toiles et treillis	Id.			
		3					
		4					
		5					
		6					
178	Effets et objets décomptés au poids.	1	Effets d'habillement. Blouses et bourgerons divers	kilog.			
		2	Caleçons	Id.			
		3	Capotes et collets à capuchon de toute nature	Id.			
		4	Ceintures diverses	Id.			
		5	Chaussettes et bas	Id.			
		6	Chemises	Id.			
		7	Cravates et cols	Id.			
		8	Débris d'étoffes ou d'effets de laine	Id.			

CLASSIFICATION DES MATIÈRES ET EFFETS				UNITÉ RÉGLEMENTAIRE.	PRIX MINISTÉRIELS au classement		
PAR UNITÉ SOMMAIRE.		PAR UNITÉ DÉTAILLÉE.					
Numéros.	DÉNOMINATION.	Numéros.	DÉNOMINATION.		bon pour le service.	en cours de durée.	d'instruction.
					fr. c.	fr. c.	fr. c.
178	Effets et objets décomptés au poids. (*Suite.*)		**Effets d'habillement**				
		9	Débris de toile ou d'effets en toile.	Kilog.			
		10	Dolmans	Id.			
		11	Epaulettes diverses	Id.			
		12	Gants divers	Id.			
		13	Gilets en drap, coton, flanelle et laine	Id.			
		14	Guêtres en cuir, en drap, en toile et bandes molletières	Id.			
		15	Jerseys	Id.			
		16	Képis, calottes, chéchias, bérets, toques et turbans	Id.			
		17	Manteaux et collets-manteaux divers	Id.			
		18	Matelassures de cuirasse	Id.			
		19	Mouchoirs	Id.			
		20	Paletots, vareuses et vestes en drap ou en toile	Id.			
		21	Pantalons d'ordonnance, de cheval et de travail divers	Id.			
		22	Sabots	Id.			
		23	Shakos et casquettes	Id.			
		24	Souliers, brodequins, bottes et bottines	Id.			
		25	Tabliers en toile	Id.			
		26	Tuniques	Id.			
			Accessoires d'effets d'habillement.				
		27	Boucles de pantalon	Id.			
		28	Boutons	Id.			
		29	Brassards	Id.			
		30	Bretelles de pantalon	Id.			
		31	Courroies d'effets	Id.			
		32	Fausses-bottes	Id.			
		33	Galons en or ou argent	Id.			
		34	Galons en laine ou fil	Id.			
		35	Galons divers	Id.			
		36	Insignes, ornements et attributs	Id.			
		37	Objets de passementerie	Id.			
		38	Pattes et écussons	Id.			
			Accessoires d'effets de coiffure.				
		39	Aigrettes, glands, plumets et pompons	Id.			
		40	Couvre-nuque et couvre-casquette.	Id.			
		41	Pièces et accessoires divers de casque, képi, shako et casquette	Id.			
		42	Visières	Id.			
			Accessoires d'effets de chaussure.				
		43	Chaussons	Id.			
		44	Eperons et accessoires	Id.			
		45	Sous-pieds	Id.			
			Effets d'équipement.				
		46	Banderoles diverses	Id.			
		47	Bretelles de cuir de toute nature	Id.			

CLASSIFICATION DES MATIÈRES ET EFFETS						PRIX MINISTÉRIELS au classement		
PAR UNITÉ SOMMAIRE.		PAR UNITÉ DÉTAILLÉE.						
Numéros.	DÉNOMINATION.	Numéros.	DÉNOMINATION.		UNITÉ RÉGLEMENTAIRE.	bon pour le service.	en cours de durée.	d'instruction.
						fr. c.	fr. c.	fr. c.
		48	Effets d'équipement. (*Suite.*)	Cartouchières, gibernes et poches à cartouches	Kilog.			
		49		Ceinturons divers, complets ou incomplets	Id.			
		50		Dragonnes diverses	Id.			
		51		Equipements de tambour, clairon et trompette, complets ou incomplets	Id.			
		52		Etuis divers (d'instruments de musique, de revolvers, de sifflets de signal)	Id.			
		53		Havresacs divers	Id.			
		54		Houzeaux divers	Id.			
		55		Porte-épées et porte-fourreaux divers	Id.			
		56		Sifflets de signal	Id.			
		57		Vieux cuir	Id.			
		58		Vieux cuivre	Id.			
		59		Vieux fer et débris de fer-blanc	Id.			
		60		Aluminium H. S.	Id.			
178	Effets et objets décomptés au poids. (*Suite.*)	61	Accessoires d'effets d'équipement.	Besaces, étuis, sacs, trousses et accessoires	Id.			
		62		Effets de propreté divers	Id.			
		63		Effets de pansage divers	Id.			
		64	Effets de campement.	Accessoires de tentes diverses	Id.			
		65		Accessoires d'ustensiles divers	Id.			
		66		Accessoires divers de moulins à café	Id.			
		67		Bois de tentes de toute nature	Id.			
		68		Caisses et cantines diverses	Id.			
		69		Cordeaux de toute nature	Id.			
		70		Enveloppes diverses	Id.			
		71		Etuis d'outils divers	Id.			
		72		Etuis d'ustensiles divers	Id.			
		73		Maillets	Id.			
		74		Outils en fer de toute nature	Id.			
		75		Paillassons et nattes divers	Id.			
		76		Piquets de tente diverses	Id.			
		77		Pliants	Id.			
		78		Peaux de mouton	Id.			
		79		Tables de tentes diverses	Id.			
		80		Tablettes de tentes diverses	Id.			
		81		Objets divers de campement en bois	Id.			
		82		Objets divers de campement en cuir	Id.			
		83		Objets divers de campement en étain	Id.			
		84		Objets divers de campement en fer	Id.			
		85		Objets divers de campement en laine	Id.			
		86		Objets divers de campement en plomb	Id.			
		87		Objets divers de campement en toile	Id.			

CLASSIFICATION DES MATIÈRES ET EFFETS				UNITÉ RÉGLEMENTAIRE	PRIX MINISTÉRIELS au classement		
PAR UNITÉ SOMMAIRE.		PAR UNITÉ DÉTAILLÉE.					
Numéros.	DÉNOMINATION.	Numéros.	DÉNOMINATION.		bon pour le service.	en cours de durée.	[illegible]
					fr. c.	fr. c.	
178	Effets et objets décomptés au poids. (*Suite.*)	88	Matériaux d'emballage. Caisses et tonneaux divers	Kilog.			
		89	Matériaux d'emballage. Cordes d'emballage et ficelles diverses	Id.			
		90	Matériaux d'emballage. Paniers d'emballage	Id.			
		91	Matériaux d'emballage. Résidus de bois de caisses	Id.			
		92	Matériaux d'emballage. Résidus de paille ou de paillassons	Id.			
		93	Matériaux d'emballage. Toiles d'emballage	Id.			
		94	Matériaux d'emballage. Vieux papiers	Id.			
		95	Ouvrages divers (livres, livrets, cartes, plans, etc.)	Id.			
		96					
		97					
		98					
		99					
		100					
		101					
		102					
179	Effets et objets décomptés au nombre.	1	Casques divers	Nombre.			
		2	Effets d'équipement. Caisses complètes et incomplètes	Id.			
		3	Effets d'équipement. Cannes de tambour-major et de caporal tambour	Id.			
		4	Effets d'équipement. Clairons	Id.			
		5	Effets d'équipement. Instruments de musique	Id.			
		6	Effets d'équipement. Trompettes	Id.			
		7	Effets de campement. Couvertures diverses grandes	Id.			
		8	Effets de campement. Couvertures diverses petites	Id.			
		9	Effets de campement. Manteaux d'armes divers (toile)	Id.			
		10	Effets de campement. Moulins à café divers	Id.			
		11	Effets de campement. Tentes (toile) de conseil et de tentes baraques diverses	Id.			
		12	Effets de campement. Tentes (toile) elliptiques diverses	Id.			
		13	Effets de campement. Tentes (toile) coniques diverses	Id.			
		14	Effets de campement. Tentes (toile) de marche diverses	Id.			
		15	Effets de campement. Tentes (toile) individuelles	Id.			
		16	Effets de campement. Sacs tentes-abris ou de couchage divers	Id.			
		17	Effets de campement. Ustensiles de cantine à vivres divers	Id.			
		18	Effets de campement. Ustensiles de toute nature	Id.			
		19	Objets mobiliers, appareils et outils. Objets se rattachant à l'appareil de buanderie	Id.			
		20	Objets mobiliers, appareils et outils. Objets se rattachant à l'appareil à décatir	Id.			
		21	Objets mobiliers, appareils et outils. Objets se rattachant à l'appareil d'incendie	Id.			
		22	Objets mobiliers, appareils et outils. Ustensiles pour chambrées	Id.			
		23	Objets mobiliers, appareils et outils. Balances, poids et instruments de précision	Id.			

CLASSIFICATION DES MATIÈRES ET EFFETS				UNITÉ RÉGLEMENTAIRE.	PRIX MINISTÉRIELS au classement.		
PAR UNITÉ SOMMAIRE.		PAR UNITÉ DÉTAILLÉE.					
Numéros.	DÉNOMINATION.	Numéros.	DÉNOMINATION.		bon pour le service.	en cours de durée.	d'instruction.
					fr. c.	fr. c.	fr. c.
179	Effets et objets décomptés au nombre. (*Suite.*)	24	Objets mobiliers, appareils et outils. (*Suite.*) — Objets.... en cuivre...............	Nombre.			
		25	en fonte, zinc, fer et fer-blanc...............	Id.			
		26	en bois, en osier ou en caoutchouc...........	Id.			
		27	en porcelaine, verre ou cristal...............	Id.			
		28					
		29					
		30					
		31					
180							
181							
182							
183							

CHAPITRE IX.

Échantillons et modèles types.

Numéros.	DÉNOMINATION.	Numéros.	DÉNOMINATION.	UNITÉ RÉGLEMENTAIRE.	bon pour le service.	en cours de durée.	d'instruction.
184	Objets et modèles types (1).						

(1) Y compris l'album pour échantillons des types de draps et la collection d'échantillons de cuirs.

TABLE DES MATIÈRES
PAR CHAPITRES ET PARAGRAPHES.

ANNEXES.

TROUPES COLONIALES.

ANNEXE N° I

Effets spéciaux aux troupes coloniales et effets et objets communs pour lesquels lesdites troupes passent directement leurs marchés et assurent la confection par leurs ateliers régimentaires.

NOTA. — Pour tous les effets, matières et objets qui ne figurent pas dans cette annexe, se reporter à la nomenclature générale et notamment pour les étoffes en laine, toiles et effets de grand équipement dont la cession aux troupes coloniales est assurée par le service de l'intendance (Marchés généraux de la guerre).

CLASSIFICATION DES MATIÈRES ET OBJETS				UNITÉ RÉGLEMENTAIRE.	PRIX MINISTÉRIELS au classement			OBSERVATIONS.
PAR UNITÉ SOMMAIRE.		PAR UNITÉ DÉTAILLÉE.						
Numéros.	DÉNOMINATION.	Numéros.	DÉNOMINATION.		neuf ou très bon.	en cours de durée.	d'instruction.	
					fr. c.	fr. c.	fr. c.	
			CHAPITRE Ier. **Draps et tissus pour la confection.** Ni en « cours de durée » ni « instruction ».					
1	Draps.	45	de sous-officier { bleu foncé	Mètre.	8 40	»	»	
		46	de sous-officier { écarlate	Id.	8 40	»	»	
		47	de soldat. { bleu foncé	Id.	8 20	»	»	
		48	de soldat. { gris bleuté	Id.	7 64	»	»	
		49	de soldat. { gris bleuté, *dit* cuir-laine	Id.	7 90	»	»	
2	Flanelles, molletons.	19	Molleton bleu foncé fin pour sous-officier rengagé	Id.	8 50	»	»	
		20	Molleton bleu foncé	Id.	6 »	»	»	
		21	Flanelle { bleu lisse	Id.	5 25	»	»	
		22	Flanelle { blanche	Id.	1 75	»	»	
3	Toiles et treillis.	45	Toile en cretonne coton blanche pour paletot colonial	Id.	» 45	»	»	
		46	Toile en lin ou en chanvre pour pantalons	Id.	» 80	»	»	
		47	Toile de coton croisé couleur « kaki » pour effets coloniaux	Id.	1 20	»	»	
		48	Toile rousse pour effets de bord ou de fatigue	Id.	» 75	»	»	
			CHAPITRE II. **Effets d'habillement.** § 1. — EFFETS D'HABILLEMENT DU MODÈLE GÉNÉRAL DES TROUPES COLONIALES.					
10	Bourgerons.	19	en toile, modèle général (infanterie)	Nombre.	2 90	1 74	» 58	
		20	blouse en toile (artillerie)	Id.	3 »	1 80	» 60	
		21	de travail en toile bleue pour ouvriers d'artillerie	Id.	4 40	2 64	» 88	
11	Caleçons.	15	en coton	Id.	1 80	1 08	0 36	
		16	en laine (corps d'occupation du Petchili)	Id.	4 »	2 40	0 80	
12	Capotes.	20	pour sous-officiers et soldats { Infanterie coloniale	Id.	22 35	13 41	4 47	
		21	pour sous-officiers et soldats { Artillerie coloniale (hommes non montés)	Id.	25 25	15 15	5 05	

CLASSIFICATION DES MATIÈRES ET OBJETS				UNITÉ RÉGLEMENTAIRE.	PRIX MINISTÉRIELS au classement			OBSERVATIONS.
PAR UNITÉ SOMMAIRE.		PAR UNITÉ DÉTAILLÉE.						
Numéros.	DÉNOMINATION.	Numéros.	DÉNOMINATION.		neuf ou très bon.	en cours de durée.	d'instruction.	
					fr. c.	fr. c.	fr. c.	
13	Ceintures.	18	de flanelle	Nombre.	2 »	1 20	0 40	
		19	en laine bleue	Id.	4 »	2 40	0 80	
		20	en laine rouge pour tirailleurs indigènes	Id.	2 20	1 32	» 44	
14	Chaussettes, bas et autres effets de laine.	17	Bas de laine (corps d'occupation du Petchili)	Paire.	1 70	1 02	» 34	
		18	Chaussettes de laine (corps d'occupation du Petchili	Id.	1 25	» 75	» 25	
		19	Passe-montagne (corps d'occupation du Petchili	Nombre.	1 40	» 84	» 28	
		20	de coton	Paire.	0 50	0 30	0 10	
15	Chemises.	21	de flanelle de coton à rayures	Nombre.	2 40	1 44	» 48	
		22	en coton tricoté	Id.	1 70	1 02	0 34	
16	Collets à capuchon.	15	pour tirailleurs indigènes	Id.	16 60	9 96	3 32	
17	Cravates et cols.	17	Cravate en coton (artillerie coloniale)	Id.	» 23	» 14	» 05	
		18	Cravate en satin turc (infanterie coloniale)	Id.	» 45	» 27	» 09	
		19	Cols blancs en percale	Id.	» 20	» 12	» 04	
18	Culottes en drap et toile.	26	En drap. Artillerie coloniale (sous-officiers)	Id.	14 40	8 64	2 88	
		27	En drap. Artillerie coloniale (soldats)	Id.	13 75	8 25	2 75	
		28	En drap. Infanterie coloniale (ordonnances et conducteurs)	Id.	12 10	7 26	2 42	
		29	En drap. p^r tirailleurs indigènes… Infanterie	Id.	9 55	5 73	1 91	
		30	En drap. p^r tirailleurs indigènes… Artillerie	Id.	10 60	6 36	2 12	
		31	En flanelle bleue. p^r tirailleurs indigènes… Infanterie	Id.	7 40	4 44	1 48	
		32	En flanelle bleue. p^r tirailleurs indigènes… Artillerie	Id.	8 25	4 95	1 65	
		33	En toile. blanche (infanterie et artillerie)	Id.	5 13	3 09	1 03	
		34	En toile. blanche pour tirailleurs indigènes	Id.	2 90	1 74	» 58	
		35	En toile. de coton croisé de couleur kaki (infanterie et artillerie)	Id.	4 75	2 85	» 95	
		36	En toile. de coton croisé de couleur kaki pour tirailleurs indigènes	Id.	3 85	2 31	» 77	

CLASSIFICATION DES MATIÈRES ET OBJETS				UNITÉ RÉGLEMENTAIRE.	PRIX MINISTÉRIELS au classement			OBSERVATIONS.
PAR UNITÉ SOMMAIRE.		PAR UNITÉ DÉTAILLÉE.						
Numéros.	DÉNOMINATION.	Numéros.	DÉNOMINATION.		neuf ou très bon.	en cours de durée.	d'instruction.	
					fr. c.	fr. c.	fr. c.	
20	Épaulettes	36	en laine jonquille pour tous sous-officiers et soldats (infanterie)	Paire.	2 70	1 62	0 54	
21	Gants	19	Moufles en laine tricotée	Id.	1 »	» 60	» 20	
22	Gilets	13	de flanelle	Nombre.	2 70	1 62	0 54	
23	Guêtres-jambières	20	Jambière en toile forte	Paire.	1 40	» 84	» 28	
		21	Jambière en toile blanche (modèle des tirailleurs tonkinois et annamites)	Id.	» 50	» 30	» 10	
		22	Jambière en toile bleue ou rouge (modèle des tirailleurs tonkinois et annamites)	Id.	» 50	» 30	» 10	
		23	Jambières en toile kaki pour sénégalais	Id.	0 65	0 39	0 13	
		24	Jambières en molleton kaki pour sénégalais	Id.	1 95	1 17	0 39	
24	Jersey en laine	15	pour vélocipédistes	Nombre.	4 »	2 40	» 80	
		16	pour les troupes du corps d'occupation du Petchili	Id.	5 70	3 42	1 14	
25	Manteaux	25	pour adjudant d'artillerie avec attribut du collet et galons de grade d'ancienneté, avec pèlerine	Id.	87 40	52 44	17 48	
		26	pour adjudant d'artillerie avec attribut du collet et galons de grade d'ancienneté, sans pèlerine	Id.	57 90	34 74	11 58	
		27	pour adjudant d'artillerie avec attribut du collet et galons de grade d'ancienneté, pèlerine seule	Id.	29 50	17 70	5 90	
		28	de troupe gris de fer bleuté, artillerie coloniale (hommes montés)	Id.	37 10	22 26	7 42	
		29	à capuchon pour plantons et vélocipédistes	Id.	26 60	15 96	5 32	
27	Mouchoirs de poche	17	du modèle ordinaire	Id.	» 32	» 20	» 06	
		18	dits « d'instruction »	Id.	» 50	» 30	» 10	

CLASSIFICATION DES MATIÈRES ET OBJETS				UNITÉ RÉGLEMENTAIRE.	PRIX MINISTÉRIELS au classement			OBSERVATIONS.
PAR UNITÉ SOMMAIRE.		PAR UNITÉ DÉTAILLÉE.						
Numéros.	DÉNOMINATION.	Numéros.	DÉNOMINATION.		neuf ou très bon.	en cours de durée.	d'instruction.	
					fr. c.	fr. c.	fr. c.	
28	Paletots	19	de molleton. (Inf.) sans insignes de collet...	Nombre.	12 50	7 50	2 50	
		20	de molleton. (Art.) sans insignes de collet..	Id.	11 50	6 90	2 30	
		21	de cretonne blanche (inf. et art.) sans écussons ni accessoires d'épaule..............	Id.	3 85	2 31	0 77	
		22	de toile kaki (inf. et art.) sans écussons.....	Id.	5 32	3 18	1 06	
		23	de molleton d'infanterie, modifié pour sénégalais y compris les insignes du collet....	Id.	13 15	7 89	2 63	
		24	en toile kaki pour sénégalais, sans écussons.	Id.	5 40	3 24	1 08	
		25						
		26						
		27						
		28						
		29						
29	Pantalons	48	en drap........ Infanterie. Sous-officiers et soldats..................	Id.	10 90	6 54	2 18	
		49	en drap........ Artillerie H. N. M. Sous-officiers...	Id.	13 50	8 10	2 70	
		50	en drap........ Artillerie H. N. M. Soldats.........	Id.	13 75	8 25	2 75	
		51	en toile........ blanche. Infant. et artillerie	Id.	3 25	1 95	» 65	
		52	en toile........ kaki. Infanterie et artillerie	Id.	4 25	2 55	» 85	
		53	en treillis (d'écurie et de travail). Infanterie et artillerie..............................	Id.	3 80	2 28	» 76	
		54	en treillis bleu pour ouvriers divers.........	Id.	3 35	2 01	» 67	
		55	en flanelle bleue Artillerie.................	Id.	10 15	6 09	2 03	
		56	en flanelle bleue Infanterie.................	Id.	8 20	4 92	1 64	
		57	de cheval en treillis. *dit* basané...........	Id.	5 20	3 12	1 04	
		58	en toile rousse pour pyrotechnie...........	Id.	2 65	1 59	» 53	
30	Tabliers	21	à bavette et à poche........ en toile bleue.............	Id.	1 60	» 96	» 32	
		22	à bavette et à poche........ en toile cachou...........	Id.	1 80	1 08	» 36	
		23	à bavette et à poche........ en toile crémée...........	Id.	1 50	» 90	» 30	
		24	à bavette sans poche........ en toile bleue.............	Id.	1 30	» 78	» 26	
		25	à bavette sans poche........ en toile cachou...........	Id.	1 40	» 84	» 28	
		26	à bavette sans poche........ en toile crémée...........	Id.	1 20	» 72	» 24	
31	Vestes	43	en drap d'uniforme d'artillerie coloniale............ Sous-officiers...	Id.	12 90	7 74	2 58	
		44	en drap d'uniforme d'artillerie coloniale............ Soldats.........	Id.	12 70	7 62	2 54	
		45	en drap de travail pour sous-officier d'artillerie, ouvriers et artificiers.............	Id.	13 45	8 07	2 69	
		46	en treillis bleu pour ouvriers divers (artillerie)	Id.	4 60	2 76	» 92	
		47	en treillis pour sous-officier et brigadier-fourrier (artillerie)......................	Id.	4 25	2 55	0 85	
		48	Vareuse en toile rousse....................	Id.	2 10	1 26	0 42	

CLASSIFICATION DES MATIÈRES ET OBJETS				UNITÉ RÉGLEMENTAIRE.	PRIX MINISTÉRIELS au classement			OBSERVATIONS.
PAR UNITÉ SOMMAIRE.		PAR UNITÉ DÉTAILLÉE.						
Numéros.	DÉNOMINATION.	Numéros.	DÉNOMINATION.		neuf ou très bon.	en cours de durée.	d'instruction.	
					fr. c.	fr. c.	fr. c.	
			§ 2. — Accessoires d'effets d'habillement.					
43	Boucles de pantalon	14	diverses	Nombre.	» 10	» 06	»	
44	Boutons	24	d'uniforme (en cuivre) gros... Infanterie	Id.	» 04	» 02	»	
		25	d'uniforme (en cuivre) gros... Artillerie	Id.	» 03	» 02	»	
		26	d'uniforme (en cuivre) petits... Infanterie	Id.	» 03	» 02	»	
		27	d'uniforme (en cuivre) petits... Artillerie	Id.	» 02	» 01	»	
		28	d'uniforme (en cuivre) sans ancre, demi-sphériques (pour troupes indigènes), gros	Id.	» 03	» 02	»	
		29	divers en corne ou en os	Id.	»	»	»	
45	Brassards	29	Brancardiers régimentaires (ni en « cours de durée » ni « instruction »)	Id.	» 85	»	»	
		30	Infirmiers régimentaires (ni en « cours de durée » ni « instruction »)	Id.	» 75	»	»	
		31	Vélocipédistes (ni en « cours de durée » ni « instruction »)	Id.	» 70	»	»	
		32	Conducteurs régimentaires (ni en « cours de durée » ni « instruction »)	Id.	» 75	»	»	
46	Bretelles de pantalon	17	pour hommes à cheval	Paire.	» 49	» 30	» 10	
		18	pour hommes à pied	Id.	» 35	» 21	» 07	
47	Courroies	19	de capotes	Nombre.	» 35	» 21	» 07	
		20	de manteau	Id.	» 50	» 30	» 10	
		21	de sautoir pour vélocipédiste	Id.	» 30	» 18	» 06	
49	Galons	46	d'or de $0^m,022$ façon à lézardes	Mètre	4 80	2 88	» 96	
		47	d'or de $0^m,022$ façon cul-de-dé	Id.	4 80	2 88	» 96	
		48	d'or de $0^m,012$, lézardes	Id.	2 40	1 44	» 48	
		49	d'or en trait côtelé de $0^m,006$	Id.	1 80	1 08	» 36	
		50	de laine de $0^m,022$	Id.	» 22	» 14	» 04	
		51	de laine de $0^m,012$	Id.	» 15	» 11	» 03	
		52	de laine à losanges tricolores de $0^m,022$	Id.	» 40	» 24	» 08	

CLASSIFICATION DES MATIÈRES ET OBJETS				UNITÉ RÉGLEMENTAIRE.	PRIX MINISTÉRIELS au classement			OBSERVATIONS.
PAR UNITÉ SOMMAIRE.		PAR UNITÉ DÉTAILLÉE.						
Numéros.	DÉNOMINATION.	Numéros.	DÉNOMINATION.		neuf ou très bon.	en cours de durée.	d'instruction.	
					fr. c.	fr. c.	fr. c.	
49	Galons (*Suite.*)	53	Mobiles confectionnés. — d'or de 0m,022 — Artillerie — Maréch. d. log. chef	Paire.	7 60	4 56	1 52	
		54	Maréch. des logis.	Id.	3 55	2 13	» 71	
		55	Fourrier.........	Id.	2 85	1 71	» 57	
		56	Infanterie. — Sergent-major....	Id.	4 40	2 64	» 88	
		57	Sergent.	Id.	2 30	1 38	» 46	
		58	Fourrier.........	Id.	2 35	1 71	» 57	
		59	de laine rouge de 0m,022 — Artillerie — Brigadier.........	Id.	» 55	» 33	» 11	
		60	1er canonnier.	Id.	» 37	» 23	» 07	
		61	Infanterie. — Caporal..........	Id.	» 50	» 30	» 10	
		62	Soldat de 1re clas.	Id.	» 27	» 17	» 05	
		63	à losanges tricolores de 0m,022. — Trompette d'artil.	Id.	» 45	» 27	» 09	
		64	Clairon d'infant...	Id.	» 35	» 21	» 07	
		65	d'or, de 0,022 à lézardes. — Artillerie — Maréch. d. log. chef	Id.	7 90	4 74	1 58	
		66	Maréch. des logis.	Id.	3 70	2 22	» 74	
		67	Fourrier.........	Id.	2 75	1 65	» 55	
		68	Infanterie. — Sergent-Major....	Id.	4 65	2 79	» 93	
		69	Sergent.........	Id.	2 35	1 41	» 47	
		70	Fourrier.........	Id.	2 75	1 65	» 55	
		71	d'or, de 0,022, façon cul de dé, pour sous-chef de fanfare (manches seulement)................	Id.	4 60	2 76	» 92	
		72	découpés — de laine rouge de 0,022 — Artillerie — Brigadier........	Id.	» 40	» 24	» 08	
		73	1er canonnier	Id.	» 17	» 11	» 03	
		74	Infanterie. — Caporal	Id.	» 22	» 14	» 04	
		75	Soldat de 1re clas.	Id.	» 11	» 07	» 02	
		76	à losanges tricolores de 0,022 (manches seulement)...... — Trompette d'artillerie..........	Id.	» 45	» 27	» 09	
		77	Paletot de clairon.	Id.	» 30	» 18	» 06	
		78	d'or, à lézardes de 0,012 — pour bonnet de police. — Serg.-maj. et mar. des logis chef...	Nombre.	» 95	» 57	» 19	
		79	Sergent et maréchal des logis ..	Id.	» 47	» 33	» 09	
		80	pour manteau. — Maréchal des logis chef..........	Paire.	» 50	» 30	» 10	
		81	Maréchal des logis	Id.	» 25	» 15	» 05	
		82	de laine rouge de 0,012 — pour bonnet de police. — Capor. et brigadier	Nombre.	» 06	» 04	» 01	
		83	Soldat de 1re classe.	Id.	» 03	» 02	» 01	
		84	pour manteau et bourgeron de brigadier et caporal...	Paire.	» 35	» 21	» 07	
50	Insignes, ornements et attributs	86	de tir. — Grenade — brodée en or............	Nombre.	2 »	1 20	» 40	
		87	brodée en soie et or.......	Id.	1 80	1 08	» 36	
		88	découpée en drap écarlate.	Id.	» 10	» 06	» 02	
		89	Cor de chasse — avec grenade, brodé or...	Id.	» 90	» 54	» 18	
		90	sans grenade, brodé or. ..	Id.	» 45	» 27	» 09	
		91	découpé en drap.........	Id.	» 06	» 04	» 01	
		92	brodés en or. — Fer de bras.........................	Paire.	1 30	» 78	» 26	
		93	Grenade pour manteaux.........	Id.	3 »	1 80	» 60	
		94	Lyre pour........................	Id.	2 50	1 50	» 50	
		95	Foudres (adj. secrét. d'état-major).	Id.	3 »	1 80	» 60	

CLASSIFICATION DES MATIÈRES ET OBJETS				UNITÉ RÉGLEMENTAIRE.	PRIX MINISTÉRIELS au classement			OBSERVATIONS.
PAR UNITÉ SOMMAIRE.		PAR UNITÉ DÉTAILLÉE.						
Numéros.	DÉNOMINATION.	Numéros.	DÉNOMINATION.		neuf ou très bon.	en cours de durée.	d'instruction.	
					fr. c.	fr. c.	fr. c.	
50	Insignes, ornements et attributs (*Suite*).	96	en cannetille d'or mat sans paillettes, caducée.	Nombre.	2 30	1 38	» 46	
		97	brodés en soie et or ou arg. — Etoile avec foudres et paillettes argent (sous-officier télégraphiste)..	Id.	1 30	» 78	» 26	
		98	brodés en soie et or ou arg. — Fer de bras avec clous en or......	Id.	1 25	» 75	» 25	
		99	brodés en fil. — Caducée..........................	Paire.	» 85	» 51	» 17	
		100	brodés en fil. — Foudres..........................	Id.	» 85	» 51	» 17	
		101	brodés en laine. — Etoile avec foudres (télégraphie) (nombre)....................	Id.	» 60	» 36	» 12	
		102	brodés en laine. — Caducée..........................	Id.	» 70	» 42	» 14	
		103	en drap soutaché, fer de bras. — 1er aide-maréch. ferr., en or.	Nombre.	» 45	» 27	» 09	
		104	en drap soutaché, fer de bras. — 2e aide-maréch. ferr., en or.	Id.	» 35	» 21	» 07	
		105	en drap brodé. lyre pour musiciens, en or...	Paire.	» 45	» 27	» 09	
		106	découpés en drap. — Ancre..........................	Nombre.	» 06	» 04	» 01	
		107	découpés en drap. — Grenade..........................	Id.	» 06	» 04	» 01	
		108	découpés en drap. — Etoile à 5 branches..............	Id.	» 06	» 04	» 01	
		109	découpés en drap. — Fer de bras, collier, étoile.........	Id.	» 10	» 06	» 02	
		110	découpés en drap. — Vélocipède..........................	Id.	» 20	» 12	» 04	
		111	découpés en drap. — Attribut de sapeur..................	Id.	» 25	» 15	» 05	
		112	Numéros en drap écarlate (1 chiffre)	Id.	» 02	» 01	(le cent) » 40	
		113	brodés en soie rouge.... — à 1 chiffre	Paire.	» 50	» 30	» 10	
		114	brodés en soie rouge.... — à 2 chiffres, à ancre ou étoile à 5 branches	Id.	« 90	» 54	» 18	
		115	brodés en soie rouge.... — à caducée	Id.	1 15	» 69	» 23	
		116	brodés en soie rouge.... — à foudres sans bombe	Id.	1 20	» 72	» 24	
		117	brodés en soie rouge.... — à grenade......................	Id.	1 »	» 60	» 20	
51	Passementerie.	62	Cordonnet écarlate pour képi... (Ni en « cours de durée » ni « instruction ».)	Mètre	» 05	»	»	
		63	Soutache d'ancienneté — en soie rouge de 0m,004........ (Ni en « cours de durée » ni « instruction ».)	Id.	» 25	»	»	
		64	Soutache d'ancienneté — en soie rouge et or pour sous-officiers rengagés. (Ni en « cours de durée » ni « instruction ».)	Id.	» 70	»	»	
		65	Tresse en laine, carrée, écarlate. (Ni en « cours de durée » ni « instruction ».)	100 mèt.	8 40	»	»	
		66	Soutache mobile d'ancienneté confectionnée (2e classe)................	Mètre	» 40	» 24	» 08	
52	Pattes et écussons.	27	mobiles d'épaule, en tresse écarlate, pour paletot de toile blanche d'artillerie........	Nombre.	» 96	» 58	» 19	
		28	mobiles d'épaule, pour paletot de toile blanche d'infanterie..........................	Id.	» 19	» 12	» 04	
		29	en drap découpé pour collet de vêtement de drap..... — à 1 chiffre ou étoile à 5 branches	Id.	» 08	» 04	» 01	
			en drap découpé pour collet de vêtement de drap..... — à 2 chiffres, ancre ou grenade.	Id.	» 12	» 07	» 02	
		31	mobiles confectionnés pour effets coloniaux — en drap découpé (tous insignes)...	Mètre	» 35	» 21	» 07	
		32	mobiles confectionnés pour effets coloniaux — brodés fil rouge (à caducée ou foudres sans bombe)............	Id.	1 08	» 66	» 22	
		33	mobiles confectionnés pour effets coloniaux — brod. laine bleue (à étoile av foudres)	Id.	1 43	» 87	» 29	
		34	mobiles confectionnés pour effets coloniaux — brodés en or. — à ancre ou étoile....	Id.	1 13	» 69	» 23	
		35	mobiles confectionnés pour effets coloniaux — brodés en or. — à grenade..........	Id.	1 23	» 75	» 25	
		36	mobiles confectionnés pour effets coloniaux — brodés en or. — à caducée..........	Id.	1 38	» 84	» 28	
		37	mobiles confectionnés pour effets coloniaux — brodés en or. — à foudres sans bombe.	Id.	1 43	» 87	» 29	
		38	mobiles confectionnés pour effets coloniaux — brodés soie bleue et argent. — à étoiles avec foudres.	Id.	2 83	1 71	» 57	

CLASSIFICATION DES MATIÈRES ET OBJETS				UNITÉ RÉGLEMENTAIRE.	PRIX MINISTÉRIELS au classement			OBSERVATIONS.
PAR UNITÉ SOMMAIRE.		PAR UNITÉ DÉTAILLÉE.						
Numéros.	DÉNOMINATION.	Numéros.	DÉNOMINATION.		neuf ou très bon.	en cours de durée.	d'instruction.	
					fr. c.	fr. c.	fr. c.	
53	Rubans de médaille.	23	Chine (Ni en « cours de durée » ni instruction)	Nombre.	» 85	»	»	
		24	Coloniale	Id.	» 85	»	»	
		25	Dahomey	Id.	» 90	»	»	
		26	Madagascar	Id.	1 40	»	»	
		27	Tonkin	Id.	» 85	»	»	
		28	Sauvetage	Id.	1 »	»	»	
			§ 3. — EFFETS DE COIFFURE.					
58	Bérets.	14	Du modèle général	Nombre.	2 40	1 92	» 48	
59	Bonnet de police (galons non compris).	20	Infanterie	Id.	1 30	1 04	» 26	
		21	Artillerie	Id.	1 40	1 12	» 28	
61	Casques	16	en liège avec jugulaire et attribut	Id.	3 90	3 12	» 78	
		17	en liège avec jugulaire mais sans attribut	Id.	3 80	3 04	» 76	
62	Chéchia.	9	écarlate cramoisie pour sénégalais	Id.	2 10	1 26	0 42	
63	Képis (y compris la jugulaire en métal et les boutons de jugulaire pour les sous-officiers).	60	Infanterie et artillerie, avec carcasse et basane réduite. Sous-officier	Id.	4 30	3 44	» 86	
		61	Caporaux fourriers et brigadiers fourriers	Id.	3 85	3 08	» 77	
		62	Soldats	Id.	3 47	2 08	0 69	
		63	de sous-officier (sans la jugulaire en métal ni les boutons).	Id.	3 75	3 »	» 75	
65	Toques	17	en toile crémée	Id.	» 25	» 20	» 05	
		18	en toile bleue	Id.	» 30	» 24	» 06	
		19	en toile cachou	Id.	» 30	» 24	» 06	
			§ 4. — PIÈCES ET ACCESSOIRES D'EFFETS DE COIFFURE.					
73	Gland de chéchia.	9	en soie bleu-ciel pour sénégalais	Id.	1 80	1 08	0 36	
		10	en soie bleu-ciel pour sous-officiers	Id.	2 30	1 38	0 46	
73	Couvre-	23	casque en coton croisé de couleur kaki	Id.	» 61	» 48	» 12	
		24	nuque en coton écru pour képi	Id.	» 85	» 68	» 17	

CLASSIFICATION DES MATIÈRES ET OBJETS				UNITÉ RÉGLEMENTAIRE.	PRIX MINISTÉRIELS au classement			OBSERVATIONS.
PAR UNITÉ SOMMAIRE.		PAR UNITÉ DÉTAILLÉE.						
Numéros.	DÉNOMINATION.	Numéros.	DÉNOMINATION.		neuf ou très bon.	en cours de durée.	d'instruction.	
					fr. c.	fr. c.	fr. c.	
75	Pièces et accessoires.	156	Attributs de casques en liège. Artillerie : grenade en cuivre...	Nombre.	» 10	»	»	
		157	Attributs de casques en liège. Infanterie : ancre en cuivre....	Id.	» 10	»	»	
		158	Jugulaire en cuir fauve pour casque en liège.	Id.	» 12	»	»	
		159	Fausse jugulaire de képi en galon d'or de 6mm pour sous-officier, avec petits boutons en métal..................................	Id.	» 55	»	»	
		160	Jugulaire de képi en cuir doré pour la troupe.	Id.	» 12	»	»	
79	Visières	17	du modèle général des troupes coloniales....	Id.	1 20	» 72	» 24	
			§ 5. — EFFETS DE CHAUSSURE.					
84	Brodequins.	26	Napolitains (modèle général) pour hommes à pied...	Paire.	19 45	11 67	3 89	
		27	Napolitains (modèle général) pour hommes montés..	Id.	18 95	11 37	3 79	
		28	Souliers du modèle général..................	Id.	9 93	5 95	1 98	
85	Sabots.	16	Galoches..................................	Id.	2 30	1 35	» 46	
86	Effets de chaussre spéciaux en usage aux colones.	21	Brodequins de repos (nouveau modèle).......	Id.	15 60	9 36	3 12	
		22	Sandales en cuir.........................	Id.	6 »	3 60	1 20	
			§ 6. — ACCESSOIRES D'EFFETS DE CHAUSSURE.					
92	Eperons et brides d'éperons	21	à la chevalière, du modèle général..........	Id.	2 »	1 20	» 40	
		22	Brides d'éperons à la chevalière............	Id.	» 30	» 18	» 06	

CLASSIFICATION DES MATIÈRES ET OBJETS				UNITÉ RÉGLEMENTAIRE.	PRIX MINISTÉRIELS au classement			OBSERVATIONS.
PAR UNITÉ SOMMAIRE.		PAR UNITÉ DÉTAILLÉE.						
Numéros.	DÉNOMINATION.	Numéros.	DÉNOMINATION.		neuf ou très bon.	en cours de durée.	d'instruction.	
					fr. c.	fr. c.	fr. c.	
93	Guêtres et jambières.	20	Guêtres en toile avec sous-pieds	Paire.	» 85	» 51	» 17	
		21	Jambières en cuir (troupe), modèle 1905, avec sous-pieds et brides d'éperons à la chevalière, pour homme monté	Id.	17 30	10 38	3 46	
		22	Petite jambière pour homme non monté	Id.	3 60	2 16	» 72	
94	Lacets	14	pour tous brodequins	Id.	» 07	» 04	» 01	
95	Sous-pieds	22	pour éperons à la chevalière	Id.	» 30	» 18	» 06	
		23	pour guêtres en toile	Id.	» 12	» 07	» 02	
			§ 7. — EFFETS D'HABILLEMENT SPÉCIAUX. (Ni en « cours de durée » ni « instruction ».)					
100	Effets spéciaux aux sous-officiers rengagés ou commissionnés ainsi qu'aux sous-officiers élèves officiers.	155	Epaulettes jonquille de sous-officier rengagé d'infanterie à tournantes mélangées d'or	Paire.	7 85	»	»	
		156	Pantalons. Ss-officiers rengagés.. Infanterie, infirmiers coloniaux, commis et ouvriers du service de l'intendance, secrétaires d'état-major	Nombre.	12 50	»	»	
		157	Pantalons. Ss-officiers rengagés.. Artillerie	Id.	16 60	»	»	
		158	Pantalons. Ss-officiers élèves officiers...... Infanterie	Id.	24 »	»	»	
		159	Pantalons. Ss-officiers élèves officiers...... Artillerie	Id.	25 »	»	»	
		160	Paletot de molleton bleu foncé fin (galon de grade non compris). Infanterie, infirmiers coloniaux, commis et ouvriers du service de l'intendance, secrétaires d'état-major	Id.	25 65	»	»	
		161	Tunique. Ss-officiers élèves officiers...... Infanterie et assimilés	Id.	40 »	»	»	
		162	Tunique. Ss-officiers élèves officiers...... Artillerie	Id.	30 50	»	»	
		163	Boutons avec ancre dorée au mat.. Gros	Id.	» 20	»	»	
		164	Boutons avec ancre dorée au mat.. Petits	Id.	» 15	»	»	
		165	Boutons plaqués or (artillerie).. Gros	Id.	» 16	»	»	
		166	Boutons plaqués or (artillerie).. Petits	Id.	» 08	»	»	
		167	Képis, y compris l'attribut. Ss-officiers rengagés.. Infanterie, artillerie, infirmrs coloniaux, commis et ouvriers du service de l'intendance, secrétaires d'état-major	Id.	4 60	»	»	

CLASSIFICATION DES MATIÈRES ET OBJETS				UNITÉ RÉGLEMENTAIRE.	PRIX MINISTÉRIELS au classement			OBSERVATIONS.
PAR UNITÉ SOMMAIRE.		PAR UNITÉ DÉTAILLÉE.						
Numéros.	DÉNOMINATION.	Numéros.	DÉNOMINATION.		neuf ou très bon.	en cours de durée.	d'instruction.	
					fr. c.	fr. c.	fr. c.	
100	Effets spéciaux aux sous-officiers rengagés ou commissionnés ainsi qu'aux sous-officiers élèves officiers.	168	Képis, y compris l'attribut. S^s-officiers élèves officiers...... Ecole milit. d'infanterie, Ecole d'administration.... 1re tenue.	Nombre.	10 30	»	»	
		169	Képis, y compris l'attribut. S^s-officiers élèves officiers...... Ecole milit. d'infanterie, Ecole d'administration.... 2e tenue.	Id.	17 15	»	»	
		170	Képis, y compris l'attribut. S^s-officiers élèves officiers...... Ecole militaire d'artillerie...........	Id.	18 50	»	»	
		171	Insignes, ornements et attributs. S^s-officiers élèves officiers (artillerie)...... Grenades en or (paire) par manteau...	Id.	3 »	»	»	
		172	Insignes, ornements et attributs. S^s-officiers élèves officiers (artillerie)...... Grenades en or (paire) par tunique....	Id.	3 »	»	»	
		173	Insignes, ornements et attributs. Ec^le d'administration.. Etoiles brodées en or (paire)...........	Id.	2 50	»	»	
		174	Bottines de sous-officiers rengagés..........	Paire.	22 75	»	»	
		175	Tunique de sous-officier rengagé d'artillerie coloniale..................................	Nombre.	31 70	»	»	
		176	Attribut de grande tenue d'aspirant d'artillerie.	Id.	2 60	»	»	
		177	Pèlerines de sous-officiers rengagés ou commissionnés (adjudants et adjudants-chefs exceptés)............................	Id.	34 »	»	»	
104	Effets divers spéciaux	70	de gymnase : veste........................	Nombre	4 50	»	»	
		71	de natation : caleçon de bain..............	Id.	1 25	»	»	

CHAPITRE III.

Effets d'équipement.

§ 1er. — EFFETS DE GRAND ÉQUIPEMENT DU MODÈLE SPÉCIAL AUX TROUPES COLONIALES.

Numéros.	DÉNOMINATION.	Numéros.	DÉNOMINATION.	UNITÉ	neuf	en cours	d'instruction	OBS.
114	Ceinturons	38	en galon mohair pour sergent-major et sous-officier d'infanterie avec plaque...........	Id.	6 »	4 80	1 20	
		39	pour infanterie coloniale à boucle et ardillon	Id.	3 »	1 80	» 60	
		40	Boucles pour ceinturons d'infanterie.........	Id.	» 71	» 56	» 14	
115	Dragonnes	17	d'infanterie. Sergent-major.................	Id.	» 85	» 68	» 17	

§ 2. — PIÈCES ET ACCESSOIRES D'EFFETS DE GRAND ÉQUIPEMENT.

CLASSIFICATION DES MATIÈRES ET OBJETS				UNITÉ RÉGLEMENTAIRE.	PRIX MINISTÉRIELS au classement			OBSERVATIONS.
PAR UNITÉ SOMMAIRE.		PAR UNITÉ DÉTAILLÉE.						
Numéros.	DÉNOMINATION.	Numéros.	DÉNOMINATION.		neuf ou très bon.	en cours de durée.	d'instruction.	
					fr. c.	fr. c.	fr. c.	
			§ 3. — ACCESSOIRES DIVERS D'ÉQUIPEMENT.					
130	Besaces, étuis, sacs, trousses et access. divers.	98	Besaces (petites)	Nombre.	0 65	» 39	» 13	
		99	Espadrilles simples	Paire.	1 30	» 78	» 26	
		100	Espadrilles à semelles renforcées	Id.	2 50	1 50	» 50	
		101	Gamelle individuelle en tôle (modèle général	Nombre.	» 72	» 43	» 14	
		102	Gamelle individuelle troupes à cheval	Id.	» 80	» 48	» 16	
		103	Étui-musette (N. M.)	Id.	» 87	» 53	» 17	
		104	Musette de pansage en toile cachou garnie (1)	Id.	4 16	2 50	» 83	
		105	Musette de pansage en toile cachou non garnie	Id.	» 75	» 45	0 15	
		106	Sacs à avoine	Nombre.	2 10	1 26	» 42	
		107	Sacs de petite monture garni avec trousse (2)	Id.	4 »	2 40	» 80	
		108	Sacs de petite monture non garni	Id.	» 24	» 15	» 05	
		109	Sachets à vivres	Id.	» 20	» 12	» 04	
		110	Sac à dépêches pour vélocipédiste	Id.	9 »	5 40	1 80	
		111	Quart en tôle	Id.	» 25	» 15	» 05	
		112	Trousse en basane garnie	Id.	» 68	» 41	» 14	
		113	Trousse en basane non garnie	Id.	» 24	» 14	» 05	
		114	Trousse en basane garnie, sans glace	Id.	» 63	»	» 12	
		115	Sac marin	Id.	3 15	1 89	» 63	
		116	Pochette à riz en toile kaki	Id.	1 35	» 81	» 27	
131	Effets et objets de propreté et de pansage.	40	de propreté. Boîte double à graisse et cirage	Id.	» 12	» 08	» 02	
		41	de propreté. Brosse à boutons	Id.	» 30	» 18	» 06	
		42	de propreté. Brosse à habits	Id.	» 50	» 30	» 10	
		43	de propreté. Brosse à laver	Id.	» 35	» 21	» 07	
		44	de propreté. Brosse à reluire Artillerie	Id.	» 34	» 20	» 07	
		45	de propreté. Brosse à reluire Infanterie	Id.	» 30	» 18	» 06	
		46	de propreté. Brosse double à chaussures	Id.	» 30	» 18	» 06	
		47	de propreté. Brosse pour armes	Id.	» 09	» 05	» 02	
		48	de propreté. Brosse à tête	Id.	» 20	» 12	» 04	
		49	de propreté. Brosse à dents	Id.	» 25	» 15	» 05	

(1) Objets composant la musette de pansage garnie :

Étrille	0f 38
Brosse à cheval en soie	1 03
Brosse à cheval en chiendent	» 55
Torchon-serviette	» 40
A reporter	2f 36
Report	2f 36
Éponge	» 75
Une paire de ciseaux	» 30
Musette non garnie	» 55
TOTAL	3f 96

(2) Objets de petite monture renfermés dans le sac :

Boîte à graisse	»f 08
Brosse à boutons	» 23
Brosse à reluire	» 30
Brosse pour armes	» 09
Brosse à habits	» 32
Brosse double à chaussures	» 23
Martinet	» 13
Patience	» 02
Trousse garnie	» 68
A reporter	2f 08
Report	2f 08
Sac vide	» 24
Cuiller	» 08
Fourchette	» 08
Brosse à dents	» 14
Brosse à laver	» 24
Brosse à tête	» 16
Fiole à tripoli	» 03
TOTAL	3f 05

NOTA. — Le prix du sac garni est augmenté de 0 fr. 04 pour l'artillerie.

CLASSIFICATION DES MATIÈRES ET OBJETS					UNITÉ RÉGLEMENTAIRE.	PRIX MINISTÉRIELS au classement			OBSERVATIONS.
PAR UNITÉ SOMMAIRE.		PAR UNITÉ DÉTAILLÉE.							
Numéros.	DÉNOMINATION.	Numéros.	DÉNOMINATION.			neuf ou très bon.	en cours de durée.	d'instruction.	
						fr. c.	fr. c.	fr. c.	
131	Effets et objets de propreté et de pansage. (*Suite.*)	50	de propreté.	Martinet	Nombre.	» 45	» 27	» 09	
		51		Patience	Id.	» 03	» 02	» 01 (le cent)	
		52		Serviette	Id.	» 40	» 24	» 08	
		53		Fiole à tripoli	Id.	» 03	» 02	» 01	
		54	de pansage.	Brosse à cheval, en soie	Id.	1 03	» 62	» 21	
		55		Brosse en chiendent	Id.	» 55	» 33	» 11	
		56		Ciseaux (paire de)	Id.	» 30	» 18	» 06	
		57		Corde à fourrage	Id.	» 58	» 35	» 12	
		58		Eponge	Id.	» 75	» 45	» 15	
		59		Etrilles	Id.	» 38	» 23	» 08	
		60		Torchon-serviette	Id.	» 40	» 24	» 08	
		61		Fouet	Id.	» 70	» 42	» 14	
		62	composant la trousse garnie.	Bobine garnie av. alène emmanc.	Id.	» 08	» 05	» 02	
		63		Ciseaux (paire de)	Id.	» 15	» 09	» 03	
		64		Dé à coudre	Id.	» 02	» 01	» 40 (le cent)	
		65	composant la trousse garnie (*suite*).	Fil (4 écheveaux)	Id.	» 03	» 02	» 01	
		66		Glace	Id.	» 06	» 04	» 01	
		67		Peigne	Id.	» 10	» 03	» 02	
137	Effets spéciaux aux sous-officiers rengagés ou commissionnés.								

CHAPITRE IV.

Effets de campement.

Numéros.	DÉNOMINATION.	Numéros.	DÉNOMINATION.		UNITÉ RÉGLEMENTAIRE.	neuf ou très bon.	en cours de durée.	d'instruction.	OBSERVATIONS.
147	Ustensiles, étuis d'ustensiles et accessoires.	113	Assiette creuse en fer battu	Ni « en cours de durée » ni « instruction ».	Id.	» 50	»	»	
		114	Couteau de poche		Id.	» 23	»	»	
		115	Cuiller à bouche		Id.	» 08	»	»	
		116	Fourchette en fer battu		Id.	» 08	»	»	
		117	Etui de petit bidon de 1 litre en drap neuf.		Id.	» 70	» 56	» 14	
		118	Coupe-coupe		Id.	3 25	1 95	» 65	
		119	Etui de coupe-coupe		Id.	2 85	1 71	» 57	

CLASSIFICATION DES MATIÈRES ET OBJETS				UNITÉ RÉGLEMENTAIRE.	PRIX MINISTÉRIELS au classement			OBSERVATIONS.
PAR UNITÉ SOMMAIRE :		PAR UNITÉ DÉTAILLÉE.						
Numéros.	DÉNOMINATION.	Numéros.	DÉNOMINATION.		neuf ou très bon.	en cours de durée.	d'instruction.	
					fr. c.	fr. c.	fr. c.	
			CHAPITRE V.					
			Emballage.					
154	Matériaux au nombre.	32	Futailles d'emballage en chêne de 250 litres......... Ni « en cours de durée » ni « instruction ».	Nombre.	24 »	»	»	
		33	Futailles d'emballage en chêne de 125 litres......... Ni « en cours de durée » ni « instruction ».	Id.	16 80	»	»	
		34	Futailles d'emballage en pitchpin..... Ni « en cours de durée » ni « instruction ».	Id.	6 »	»	»	
		35	Flancs pour plomber.........	Mille.	5 »	»	»	
155	Matériaux au poids.	26	Chevilles de sûreté (ni en « cours de durée » ni « instruction »).........................	Kilog.	» 10	»	»	
			CHAPITRE VI.					
			Objets mobiliers, appareils et outils.					
162	Objets mobiliers, appareils et outils.	890	Torchon de cuisine........... Ni en « cours de durée » ni « instruction ».	Nombre.	» 50	»	»	
		891	Pantalon en toile grise (de cuisine)........................ Ni en « cours de durée » ni « instruction ».	Id.	2 20	»	»	
		892	Sac à distribution............. Ni en « cours de durée » ni « instruction ».	Id.	2 10	»	»	
		893	Bourgeron de cuisine.......... Ni en « cours de durée » ni « instruction ».	Id.	2 20	»	»	
		894	Coffres individuels..............................	Id.	8 »	»	»	

TABLE ALPHABÉTIQUE DE LA NOMENCLATURE

DÉSIGNATION DES MATIÈRES ET EFFETS.	ANCIENNE NOMENCLATURE. NUMÉROS		NOUVELLE NOMENCLATURE. NUMÉROS	
	Sommaires.	Détaillés.	Sommaires.	Détaillés.
1	2	3	4	5
Abris en prélart pour troupes alpines	»	»	150	1
Acides — azotique ou nitrique	168	27	168	25
Acides — chlorhydrique ou muriatique	168	28	168	26
Acides — phénique — liquéfié	168	29	168	27
Acides — phénique — non liquéfié	168	30	168	28
Acides — sulfurique (ou huile de vitriol)	168	31	168	29
Acier — d'Allemagne	168	1	168	1
Acier — fondu anglais	168	2	168	2
Aérostat — brodé en soie	50	31	»	»
Aérostat — découpé en drap	50	44	»	»
Agitateur en verre	162	532	162	499
Agrafe — en fer verni noir	75	87	75	87
Agrafe — avec porte-agrafe	167	1	167	1
Agrafe support de carabine	»	»	127	50
Aigrettes — d'artillerie — blanche	72	1	72	1
Aigrettes — d'artillerie — écarlate	72	2	72	2
Aigrettes — d'artillerie — coquillage bleu foncé et crins écarlates	72	3	72	3
Aigrettes — train des équipages (garance)	72	4	72	4
Aiguilles — d'emballage	162	255	162	241
Aiguilles — à coudre (le paquet de 25)	167	2	167	2
Aiguilles — à repriser (le paquet de 25)	167	3	167	3
Aiguilles — de sellier (la douzaine)	167	4	167	4
Aiguilles — de voilier	167	5	167	5
Aiguilles — pour machine à coudre	»	»	167	47
Aiguillettes pour les gendarmes réservistes et territoriaux. — Aiguillette complète avec trèfles, coulant et ferrets (la paire) — Sous-officier	104	24	104	24
— Brigadier	104	25	104	25
— Gendarme	104	26	104	26
— Trompette	104	27	104	27
Aiguillette seule (la paire) — Sous-officier	104	28	104	28
— Brigadier	104	29	104	29
— Gendarme	104	30	104	30
— Trompette	104	31	104	31
Aileron de casque	75	1	75	1
Ais à mettre en presse	162	256	162	242
Alcali	»	»	168	121
Alcoomètre	162	89	162	82
Alène emmanchée	162	257	162	243
Aluminium H. S.	»	»	178	60
Alun	168	33	168	30
Anches de clarinette	»	»	119	55
Anches — de saxophone — soprano — marquées au choix, la douzaine.	»	»	119	56
Anches — de saxophone — alto — marquées au choix, la douzaine.	»	»	119	57
Anches — de saxophone — ténor — marquées au choix, la douzaine.	»	»	119	58
Anches — de saxophone — baryton — marquées au choix, la douzaine.	»	»	119	59

DÉSIGNATION DES MATIÈRES ET EFFETS.	ANCIENNE NOMENCLATURE. NUMÉROS		NOUVELLE NOMENCLATURE. NUMÉROS	
	Sommaires.	Détaillés.	Sommaires.	Détaillés.
1	2	3	4	5
Anches de hautbois garnies liège	»	»	119	60
Ancre de navigation brodée en laine écarlate	50	9	50	9
Ancre ailée .. découpée en drap	»	»	50	85^1
Ancre ailée .. brodée en soie et or	»	»	50	85
Ancre ailée .. brodée en cannetille d'or et d'argent	50	57	»	»
Ancre ailée .. en laine écarlate	50	58	»	»
Ancre brodée soie et or	»	»	50	73
Ancre en drap écarlate	»	»	50	9
Anneau de ceinturon	127	1	127	1
Anneau de hamac	»	»	144	16
Anneau étamé	167	6	167	6
Anse de couvercle pour marmite à 4 hommes	»	»	147	83
Anse de couvercle pour gamelle à 4 hommes	»	»	147	84
Appareil de bain par aspersion	162	121	162	114
Appareil à gaz pour illuminations	162	535	162	502
Appareil de mesurage : mesure de 1 décalitre	»	»	162	62
Appareil thermo-conservateur	»	»	162	784
Appels magnétiques	»	»	162	738
Approvisionnement réduit de la compagnie pour ouvriers tailleurs et cordonniers	»	»	148	36
Araignée de hamac	»	»	144	17
Arbre de couche	162	539	162	506
Ardillon de boucle de bretelles	162	35	127	34
Aréomètre	162	90	162	83
Armoire	162	122	162	115
Armoire-comptoir pour la télégraphie militaire	162	123	162	116
Arrache-clous américain	162	258	162	244
Arrosoir .... en fer-blanc	162	124	162	117
Arrosoir .... en zinc	162	125	162	118
Assiette creuse en fer battu	147	63	147	62
Assiette en faïence creuse ou plate	»	»	163	33
Attributs pour brigadiers armuriers	»	»	50	79
Attributs pour caporaux armuriers	»	»	50	78
Attributs pour képi de 1re tenue de la troupe. Infanterie (grenade)	75	64	75	63
Attributs pour képi de 1re tenue de la troupe. Chasseurs à pied (cor de chasse)	75	65	75	64
Attributs pour képi de 1re tenue de la troupe. Secrétaires d'état-major (foudres d'état-major)	75	66	75	65
Attributs pour képi de 1re tenue de la troupe. Commis et ouvriers d'administration, infirmiers militaires, Ecole d'administration (cadre) (étoile à cinq branches)	75	67	75	66
Attributs de sapeur. Ouvrier d'art.... Cavalerie	50	51	50	51
Attributs de sapeur. Ouvrier d'art.... Infanterie	50	52	50	52
Attributs de sapeur. Porteur d'outils (chasseurs à pied)	50	53	50	53
Attributs de képi pour les sous-officiers rengagés et les sous-officiers élèves officiers. de grande tenue. Sous-officiers élèves officiers Ecole militaire d'infanterie	100	101	100	102
Attributs de képi pour les sous-officiers rengagés et les sous-officiers élèves officiers. de grande tenue. Sous-officiers élèves officiers Ecole militaire d'artillerie et du génie. Artillerie	100	102	100	103
Attributs de képi pour les sous-officiers rengagés et les sous-officiers élèves officiers. de grande tenue. Sous-officiers élèves officiers Ecole militaire d'artillerie et du génie. Génie	100	103	100	104
Attributs de képi pour les sous-officiers rengagés et les sous-officiers élèves officiers. de grande tenue. Sous-officiers élèves officiers Ecole militaire d'artillerie et du génie. Train des équipages	100	104	100	105
Attributs de képi pour les sous-officiers rengagés et les sous-officiers élèves officiers. de grande tenue. Sous-officiers élèves officiers Ecole d'administration	100	105	100	106

DÉSIGNATION DES MATIÈRES ET EFFETS.	ANCIENNE NOMENCLATURE. NUMÉROS		NOUVELLE NOMENCLATURE. NUMÉROS	
	Sommaires.	Détaillés.	Sommaires.	Détaillés.
1	2	3	4	5
Attributs de képi pour les sous-officiers rengagés et les sous-officiers élèves officiers. (*Suite.*) — De petite tenue. — Sous-officiers élèves officiers — Ecole militaire d'infanterie	100	106	100	107
Ecole militaire d'artillerie et du génie — Artillerie et génie	100	107	100	108
Ecole militaire d'artillerie et du génie — Train des équipages	100	108	100	109
Ecole d'application de cavalerie	100	109	100	110
Ecole d'application d'administration	100	110	100	111
Sous-officiers rengagés. — Attributs du génie (avec cocarde)	100	111	100	112
Caducée (avec cocarde)	100	112	100	113
Canons croisés (avec cocarde)	100	113	100	114
Cor de chasse (avec cocarde)	100	114	100	115
Etoile (avec cocarde)	100	115	100	116
Foudre (avec cocarde)	100	116	100	117
Grenade (avec cocarde) — dorée	100	117	100	118
Grenade (avec cocarde) — argentée	100	118	100	119
Numéro brodé en soie (drap compris) pour sous-officiers de cavaliers de remonte	100	119	100	120
Attribut de béret pour sous-officier rengagé	100	120	100	121
Auvents	162	540	162	507
Bac avec accessoires pour l'imperméabilisation des toiles	162	541	162	508
Bâche	162	542	162	509
Baguettes de tambour	119	129	119	134
Baguettes avec douilles d'aluminium	122	36	122	7
Baguettes en bois à pointes de fer	»	»	162	778
Bains — à décaper	162	259	162	245
Bains — à étamer	162	260	162	246
Bains — de sable	162	543	162	510
Balai en jonc	»	»	167	22
Balai-brosse	162	708	162	667
Balais en bois	»	»	167	46
Balances — en bois — grande	162	69	162	63
Balances — en bois — moyenne	162	70	162	64
Balances — en cuivre — grande	162	71	162	65
Balances — en cuivre — moyenne	162	72	162	66
Balances — en cuivre — petite	162	73	162	67
Balances — en fer — grande	162	74	162	68
Balances — en fer — moyenne	162	75	162	69
Balances — en fer — petite	162	76	162	70
Balances — de précision	162	91	162	84
Balance en fonte à bras égaux	»	»	162	676
Balance romaine	»	»	162	678
Balle d'emballage	»	»	154	18
Balle servant à mettre le noir sur les marques	162	262	162	247
Ballons	162	545	162	512
Banc — ordinaire	162	126	162	119
Banc — de taillage	162	263	162	248
Banc — de tonnelier	162	264	162	249

DÉSIGNATION DES MATIÈRES ET EFFETS.	ANCIENNE NOMENCLATURE. NUMÉROS		NOUVELLE NOMENCLATURE. NUMÉROS	
	Sommaires.	Détaillés.	Sommaires.	Détaillés.
1	2	3	4	5
Bande de casque, entre-deux de couvre-nuque	75	2	75	2
Bande de casque, de cimier en fer-blanc	75	3	75	3
Bande de casque, de recouvrement de rosace	75	4	75	4
Bandes molletières, N. M. pour chasseurs alpins	»	»	23	5
Bandes molletières, pour chasseurs alpins	23	4	23	4
Bandeau, en cuivre pour casque	75	5	75	5
Bandeau, en drap pour shako et casquette	75	88	75	88
Banderole de cuir, de saxophone alto, ténor, baryton	»	»	119	61
Banderole de cuir, de contrebasse *mi* bémol	»	»	119	62
Banderole de cuir, de contrebasse *si* bémol	»	»	119	63
Banderoles, porte-giberne de cavalerie	110	1	110	1
Banderoles, d'étui de revolver, en cuir noir	110	2	110	2
Banderoles, d'étui de revolver, en cuir fauve	110	3	110	3
Banderoles de giberne porte-musique, Infanterie et génie	119	1	119	1
Banderoles de giberne porte-musique, Cavalerie et artillerie	119	2	119	1
Banderole porte-giberne pour les gendarmes réservistes	139	1	139	1
Banderole de cartouchière du train des équipages	»	»	110	4
Banderole de giberne porte-musique	»	»	119	1
Baquet, en bois	162	127	162	120
Baquet, de chambrée	162	709	162	668
Baquet, en tôle galvanisée	»	»	163	1
Barème pour le mesurage et le pesage des étoffes	162	644	162	606
Barils à incendie	162	50	162	45
Barre d'appui pour arrimage de matériel	162	544	162	511
Barrettes à écrous pour feuillets de punition	162	546	162	513
Bas de laine	14	4	14	3
Basane de casque, de couvre-nuque	75	6	75	6
Basane de casque, de jugulaire	75	7	75	7
Basane de casque, de visière	75	8	75	8
Basane de képi, entière	75	68	75	67
Basane de képi, réduite	75	69	75	68
Basane en mouton (cuir)	168	20	168	19
Bascule	162	77	162	71
Bassin en cuivre en cul-de-poule de 100 litres	162	265	162	250
Bassin	162	547	162	514
Bassine en fer battu	»	»	162	748
Bateau-lavoir	162	8	162	7
Bâti en chêne pour balance	»	»	162	765
Bâton, ferré pour troupes alpines	130	1	130	1
Bâton, pour plier les étoffes	162	266	162	251
Battoir	162	267	162	252
Baudrier porte-cartouchière des compagnies sahariennes	»	»	114	14
Bec de Bunsen	162	548	162	515
Bec Auer	»	»	162	753
Bec nu, en ébène pour clarinette *si* bémol ou *mi* bémol	»	»	119	64
Bec nu, en ébonite id.	»	»	119	65
Bec nu, en ébène pour saxophone, soprano	»	»	119	66
Bec nu, en ébène pour saxophone, alto	»	»	119	67
Bec nu, en ébène pour saxophone, ténor	»	»	119	68
Bec nu, en ébène pour saxophone, baryton	»	»	119	69
Bêche, avec manche	146	48	146	45
Bêche, sans manche	146	49	146	46

DÉSIGNATION DES MATIÈRES ET EFFETS.	ANCIENNE NOMENCLATURE. NUMÉROS		NOUVELLE NOMENCLATURE. NUMÉROS	
	Sommaires.	Détaillés.	Sommaires.	Détaillés.
1	2	3	4	5
Bédanes	162	268	162	253
Benzine	»	»	168	118
Benzol	»	»	171	3
Bérets pour les troupes alpines	58	»	58	1
Béret pour sous-officier rengagé	100	100	100	101
Béret pour les hommes libérés des bataillons d'infanterie légère d'Afrique	»	»	107	6
Besaces (petites)	130	2	130	2
Bibliothèque	162	128	162	121
Bidons de campement, grand, à 8 hommes	147	1	147	1
Bidons de campement, grand, à 4 hommes	147	2	147	2
Bidons de campement, grand, divers	»	»	»	»
Bidons de campement, petit, en cuir	147	4	147	3
Bidons de campement, petit, de 1 litre, en tôle	147	5	147	4
Bidons de campement, petit, de 1 litre, en aluminium	147	6	147	5
Bidons de campement, petit, de 2 litres, en tôle	147	7	147	6
Bidons de campement, petit, de 2 litres, en aluminium	147	8	147	7
Bidons de campement, petit, de cavalerie avec quart	147	9	147	8
Bidons carré (ustensile de cantine à vivres)	147	64	147	63
Bidons à incendie	162	53	162	48
Bidons de 20 litres	162	269	162	254
Bidon à pétrole	»	»	162	754
Bidon en aluminium	»	»	147	96
Bigornes diverses	162	270	162	255
Billot	162	271	162	256
Binettes	162	272	162	257
Bistortier grand pour pommades	162	273	162	258
Blaireau	»	»	164	8
Blanc de Meudon	168	34	168	31
Blanc de guêtre (bâton de 0,045)	»	»	168	113
Bleu charron	168	35	168	32
Blocs et caractères en bronze pour le marquage des draps	162	274	162	259
Blouse de travail en molleton bleu	103	5	103	5
Blouse de travail en toile bleue	103	6	103	6
Blouse ou sarrau	162	549	162	516
Bobine garnie	131	19	131	18
Bocaux divers	162	550	162	517
Bois pour chapeaux de tente	167	25	167	23
Bois à brûler	168	36	168	33
Bois en feuille, blanc	169	1	169	1
Bois en feuille, de chêne	169	2	169	2
Bois en feuille, de frêne	169	3	169	3
Bois en feuille, de hêtre	169	4	169	4
Bois en feuille, de peuplier	169	5	169	5
Bois en feuille, de sapin	169	6	169	6
Bois blanc de Hollande	170	1	170	1
Bois de chêne	170	2	170	2
Bois de frêne	170	3	170	3
Bois de hêtre	170	4	170	4
Bois de peuplier grisard	170	5	170	5
Bois de sapin rouge du Nord	170	6	170	6
Bois de peuplier en grume	170	10	170	7
Bois de tente, 1/2 support brisé en 2 morceaux	»	»	146	100

DÉSIGNATION DES MATIÈRES ET EFFETS.	ANCIENNE NOMENCLATURE. NUMÉROS Sommaires.	ANCIENNE NOMENCLATURE. NUMÉROS Détaillés.	NOUVELLE NOMENCLATURE. NUMÉROS Sommaires.	NOUVELLE NOMENCLATURE. NUMÉROS Détaillés.
1	2	3	4	5
Boîtes en bois pour chapeau — Ecole polytechnique	138	80	138	80
Boîtes en bois pour chapeau — Ecole du serv. de santé militaire	138	81	138	81
Boîtes en bois pour képi (personnel de la télégraphie milit).	139	15	139	15
Boîtes en carton pour képi (Ecole polytechnique)	138	82	138	82
Boîtes à sel et à épices, en bois	»	»	163	2
Boîtes double à graisse et à cirage	131	1	131	1
Boîtes à imprimés et à cartes	148	1	148	1
Boîtes à livrets matricules	148	2	148	2
Boîtes à plaques d'identité	148	3	148	3
Boîtes demi-boîtes à livrets matricules	148	4	148	4
Boîtes carrée pour cantine à vivres	147	65	147	64
Boîtes d'emballage — grandes	154	1	154	1
Boîtes d'emballage — petites	154	2	154	2
Boîtes à composteurs ou caoutchouc — complète	162	551	162	517
Boîtes à composteurs ou caoutchouc — vide	162	552	162	518
Boîtes à ordres	162	553	162	519
Boîtes à marques — avec ou sans lettre de compagnie	162	554	162	520
Boîtes à marques — avec ou sans timbre du corps	162	555	162	521
Boîtes à marques — de commission de vérificateurs civils — grandes (6 timb).	162	556	162	522
Boîtes à marques — de commission de vérificateurs civils — petites (3 timb).	162	557	162	523
Boîtes à réactifs — complète	162	558	162	524
Boîtes à réactifs — vide	162	559	162	525
Boîtes à résine	162	560	162	526
Boîtes avec tampon	162	561	162	527
Boîtes de contrôleur de ronde — en fonte	162	20	162	18
Boîtes de contrôleur de ronde — de 40 cadrans	162	21	162	19
Boîtes à décaper	162	275	162	260
Boîtes à ferrer	162	276	162	261
Boîtes pour étamer	162	277	162	262
Boîtes à munitions	»	»	162	528
Boîtes (pet.) pour le transp. de la graisse Thomas aux manœuvres, contenant — 0 kgr. 500	»	»	131	30
Boîtes (pet.) pour le transp. de la graisse Thomas aux manœuvres, contenant — 1 kgr.	»	»	131	31
Boîtes (pet.) pour le transp. de la graisse Thomas aux manœuvres, contenant — 2 kgr.	»	»	131	32
Boîtes pour fiches de mobilisation	»	»	162	719
Boîtes pour piles de forteresse Leclanché — 6 éléments n° 2	»	»	162	734
Boîtes pour piles de forteresse Leclanché — 3 éléments n° 2	»	»	162	739
Boîtes pour commission de réception	»	»	162	713
Boîtes pour outils de perruquier	»	»	164	1
Bol à barbe	»	»	164	9
Bombe de casque	75	9	75	9
Bonbonnes diverses	162	563	162	529
Bonnet de police (galons non compris). — Infanterie	59	1	59	1
Bonnet de police (galons non compris). — Cuirassiers et dragons	59	2	59	2
Bonnet de police (galons non compris). — Chasseurs et hussards	59	3	59	3
Bonnet de police (galons non compris). — Artillerie et génie	59	4	59	4
Bonnet de police (galons non compris). — Train des équipages	59	5	59	5
Bonnet de police (galons non compris). — Compagnies de discipline	»	»	59	6
Borax	168	37	168	34

DÉSIGNATION DES MATIÈRES ET EFFETS.	ANCIENNE NOMENCLATURE. NUMÉROS		NOUVELLE NOMENCLATURE. NUMÉROS	
	Sommaires.	Détaillés.	Sommaires.	Détaillés.
1	2	3	4	5
Bordoirs	162	278	162	263
Bottes — du modèle général — avec éperons	84	1	84	1
Bottes — du modèle général — sans éperons	84	2	84	2
Bottes — pour les pompiers réservistes	104	45	104	45
Bottes — françaises à l'écuyère pour spahis	86	1	86	1
Bottes — à l'écuyère pour tenue de manège	104	47	104	47
Botte de lance avec lanière	130	3	130	3
Bottines — avec éperons	84	4	84	3
Bottines — sans éperons	84	5	84	4
Bottines — en cuir ciré pour sous-officiers rengagés	»	»	100	144
Bouchons — en liège ou en bois, pour ustensiles de campement	147	42	147	43
Bouchons — en caoutchouc	162	564	162	530
Bouchons — en liège	162	565	162	531
Bouchons — en liège pour petits bidons d'un litre en aluminium	»	»	147	89
Boucles — en cuivre pour casque	75	10	75	10
Boucles — de mentonnière en fer verni, pour shako	75	89	75	89
Boucles — de ceinturon	127	2	127	2
Boucles — de garniture de banderole de giberne	127	14	127	14
Boucles — de gousset porte-épée-baïonnette	127	3	127	3
Boucles — de gousset porte-sabre-baïonnette	127	4	127	4
Boucles — de banderole d'étui de revolver	127	36	127	35
Boucles — de bretelle de fusil	127	37	127	36
Boucles — de ceinture d'étui de revolver	127	38	127	37
Boucles — de pantalon	43	»	43	»
Boucles — en cuivre	167	7	167	7
Boucles — étamées diverses — grandes	167	8	167	8
Boucles — étamées diverses — petites	167	9	167	9
Boucles — noires	167	10	167	10
Boucles — en fer étamé	»	»	167	»
Bougeoir pour cantine à vivres	147	66	147	65
Bouillottes — pour cantine à vivres	147	67	147	66
Bouillottes — ordinaire	162	129	162	122
Boulet	162	566	162	532
Boulin en sapin	162	567	162	533
Bourdalou en cuir verni pour shako et casquette — en un morceau	75	90	75	90
Bourdalou en cuir verni pour shako et casquette — en deux morceaux — le devant	75	91	75	91
Bourdalou en cuir verni pour shako et casquette — en deux morceaux — le derrière	75	92	75	92
Bourgerons — en toile (avec col)	10	1	10	1
Bourgerons — blouse en toile	10	2	10	2
Bourgerons — veste en toile	10	3	10	3
Bourgerons — en toile (sans col)	»	»	10	4
Bourgerons — de toile pour spahis	33	14	33	13
Bouteilles	162	568	162	534
Bouterolles	162	279	162	264
Boutons — en cuivre — demi-bombés — gros	44	1	44	1
Boutons — en cuivre — demi-bombés — petits	44	2	44	2
Boutons — en cuivre — demi-sphériques — gros	44	3	44	3
Boutons — en cuivre — demi-sphériques — petits	44	4	44	4
Boutons — en étain, demi-bombés — gros	44	5	44	5
Boutons — en étain, demi-bombés — petits	44	6	44	6

DÉSIGNATION DES MATIÈRES ET EFFETS.	ANCIENNE NOMENCLATURE. NUMÉROS sommaires.	ANCIENNE NOMENCLATURE. NUMÉROS détaillés.	NOUVELLE NOMENCLATURE. NUMÉROS sommaires.	NOUVELLE NOMENCLATURE. NUMÉROS détaillés.
1	2	3	4	5
Boutons (*Suite.*) en étain, demi-sphériques, gros	44	7	44	7
Boutons (*Suite.*) en étain, demi-sphériques, petits	44	8	44	8
Boutons (*Suite.*) pour casque, à tige	75	11	75	11
Boutons (*Suite.*) pour casque, à vis	75	12	75	12
Boutons (*Suite.*) demi-sphériques, pour képi, en plaqué d'or	75	70	75	69
Boutons (*Suite.*) demi-sphériques, pour képi, en métal d'argent	75	71	75	70
Boutons (*Suite.*) de garniture de banderole de giberne	127	15	127	15
Boutons (*Suite.*) à deux têtes, pour bretelle de fusil	127	39	127	38
Boutons (*Suite.*) à deux têtes, pour porte-giberne	127	40	127	39
Boutons (*Suite.*) en fer à barrette, gros	»	»	44	9
Boutons (*Suite.*) en fer à barrette, petits	»	»	44	10
Boutons (*Suite.*) d'uniforme (télégraphie militaire) moyens, demi-sphériques	»	»	103	23
Boutons (*Suite.*) de piston assortis, en maillechort (la douzaine)	»	»	119	70
Boutons (*Suite.*) de piston assortis, en cuivre (la douzaine)	»	»	119	71
Boutons (*Suite.*) à gorge, grands	127	41	127	40
Boutons (*Suite.*) à gorge, petits	127	42	127	41
Boutons (*Suite.*) de cartouchière et de giberne	127	43	127	42
Boutons (*Suite.*) en cuivre	167	12	167	12
Boutons (*Suite.*) en zinc	167	13	167	13
Boutons pour les sous-officiers élèves officiers. dorés au mat, École militaire d'artillerie et du génie (élèves officiers du génie), gros	100	60	100	61
Boutons pour les sous-officiers élèves officiers. dorés au mat, École militaire d'artillerie et du génie (élèves officiers du génie), petits	100	61	100	62
Boutons pour les sous-officiers élèves officiers. plaqués or, École militaire d'artillerie et du génie (élèves officiers d'artillerie), gros	100	62	100	63
Boutons pour les sous-officiers élèves officiers. plaqués or, École militaire d'artillerie et du génie (élèves officiers d'artillerie), petits	100	63	100	64
Boutons pour les sous-officiers élèves officiers. plaqués or, École militaire d'infanterie, gros	100	64	100	65
Boutons pour les sous-officiers élèves officiers. plaqués or, École militaire d'infanterie, petits	100	65	100	66
Boutons pour les sous-officiers élèves officiers. argentés, École d'application de cavalerie, Cuirassiers, gros	100	66	100	67
Boutons pour les sous-officiers élèves officiers. argentés, École d'application de cavalerie, Cuirassiers, petits	100	67	100	68
Boutons pour les sous-officiers élèves officiers. argentés, École d'application de cavalerie, Autres subdivisions de l'arme, gros	100	68	100	69
Boutons pour les sous-officiers élèves officiers. argentés, École d'application de cavalerie, Autres subdivisions de l'arme, petits	100	69	100	70
Boutons pour les sous-officiers élèves officiers. argentés, École militaire d'artillerie et du génie (élèves officiers du train), gros	100	70	100	71
Boutons pour les sous-officiers élèves officiers. argentés, École militaire d'artillerie et du génie (élèves officiers du train), petits	100	71	100	72
Boutons pour les sous-officiers élèves officiers. dorés au mat, Sous-officiers élèves officiers d'administration, gros	100	72	100	73
Boutons pour les sous-officiers élèves officiers. dorés au mat, Sous-officiers élèves officiers d'administration, petits	100	73	100	74
Boutons pour les écoles. École spéciale militaire, gros, École spéciale militaire	101	151	101	152
Boutons pour les écoles. École spéciale militaire, gros, Sous-officier rengagé	101	152	101	153
Boutons pour les écoles. École spéciale militaire, gros, Artillerie	101	153	101	154
Boutons pour les écoles. École spéciale militaire, gros, Infirmiers militaires	101	154	101	155
Boutons pour les écoles. École spéciale militaire, gros, Cavaliers de manège	101	155	101	156
Boutons pour les écoles. École spéciale militaire, petits, École spéciale militaire	101	156	101	157
Boutons pour les écoles. École spéciale militaire, petits, Sous-officier rengagé	101	157	101	158
Boutons pour les écoles. École spéciale militaire, petits, Artillerie	101	158	101	159
Boutons pour les écoles. École spéciale militaire, petits, Infirmiers militaires	101	159	101	160
Boutons pour les écoles. École spéciale militaire, petits, Cavaliers de manège	101	160	101	161

DÉSIGNATION DES MATIÈRES ET EFFETS.	ANCIENNE NOMENCLATURE. NUMÉROS		NOUVELLE NOMENCLATURE. NUMÉROS	
	Sommaires.	Détaillés.	Sommaires.	Détaillés.
1	2	3	4	5
Boutons pour les écoles. (*Suite.*) — Prytanée militaire — dorés, pour sous-officiers rengagés — gros	101	161	101	162
Boutons pour les écoles. — Prytanée militaire — dorés, pour sous-officiers rengagés — petits	101	162	101	163
Boutons pour les écoles. — Prytanée militaire — en cuivre — gros	101	163	101	164
Boutons pour les écoles. — Prytanée militaire — en cuivre — petits	101	164	101	165
Boutons pour les écoles. — Prytanée militaire — en étain — gros	101	165	101	166
Boutons pour les écoles. — Prytanée militaire — en étain — petits	101	166	101	167
Boutons pour les écoles. — Ecoles militaires préparatoires — en cuivre — gros	101	167	101	168
Boutons pour les écoles. — Ecoles militaires préparatoires — en cuivre — petits	101	168	101	169
Boutons pour les écoles. — Ecoles militaires préparatoires — en zinc	101	169	101	170
Boutons d'uniforme pour le personnel de la télégraphie militaire — gros	103	8	103	8
Boutons d'uniforme pour le personnel de la télégraphie militaire — petits	103	9	103	9
Boutons de maillechort argenté pour tuniques de sous-officiers rengagés (cuirassiers) — gros	»	»	100	133
Boutons de maillechort argenté pour tuniques de sous-officiers rengagés (cuirassiers) — petits	»	»	100	134
Boutons pour sous-officiers rengagés, plaqués or — gros	»	»	100	137
Boutons pour sous-officiers rengagés, plaqués or — petits	»	»	100	138
Boutons argentés pour sous-officiers d'infanterie légère d'Afrique — gros	»	»	100	139
Boutons argentés pour sous-officiers d'infanterie légère d'Afrique — petits	»	»	100	140
Bouton double de ceinturon de cavalerie, nouveau modèle	»	»	127	46
Boutons à deux têtes pour courroies de petit bidon	»	»	147	86
Bouvets	162	280	162	265
Brancard	162	130	162	123
Branche de tente de conseil conique	146	18	146	18
Brasero en fer avec poignées	»	»	162	760
Bras-manchon pour appareil à gaz	162	533	162	500
Brassards — Brancardiers régimentaires	45	1	45	1
Brassards — Conducteurs régimentaires	45	2	45	2
Brassards — Estafettes du service de la trésorerie et des postes — Sous-officier	45	3	45	3
Brassards — Estafettes du service de la trésorerie et des postes — Brigadier et soldat	45	4	45	4
Brassards — Service des réquisitions et de l'alimentation militaires — Sous-officier	45	5	45	5
Brassards — Service des réquisitions et de l'alimentation militaires — Brigadier ou caporal	45	6	45	6
Brassards — Service des réquisitions et de l'alimentation militaires — Soldat	45	7	45	7
Brassards — Pour hommes affectés au service de garde des voies de communication	45	8	45	8
Brassards — Pour hommes des services auxiliaires mis à la disposition des corps de troupe à la mobilisation	45	9	45	9
Brassards — Pour télégraphistes — Sous-officier	45	10	45	10
Brassards — Pour télégraphistes — Soldat	45	11	45	11
Brassards — Pour vélocipédistes	45	12	45	12
Brassards — Pour estafettes d'arbitre	45	13	45	13
Brassards — Pour arbitres officiers	»	»	45	14
Brassards — Pour vélocipédistes sous-officiers	»	»	45	15
Brasure (cuivre)	168	3	168	3
Bretelles — de pantalon — pour homme à cheval	46	1	46	1
Bretelles — de pantalon — pour homme à pied	46	2	46	2
Bretelles — de fusil, de carabine, de mousqueton — en cuir noir	111	1	111	1
Bretelles — de fusil, de carabine, de mousqueton — en cuir fauve	111	2	111	2
Bretelles — de suspension, pour cartouchières — avec crochet	»	»	111	5
Bretelles — de suspension, pour cartouchières — sans crochet	111	3	111	3
Bretelles — de suspension, pour cartouchières — en toile cachou, pour zouaves et tirailleurs	111	4	111	4

DÉSIGNATION DES MATIÈRES ET EFFETS.	ANCIENNE NOMENCLATURE.		NOUVELLE NOMENCLATURE.	
	NUMÉROS		NUMÉROS	
	Sommaires.	Détaillés.	Sommaires.	Détaillés.
1	2	3	4	5
Bretelles..... (*Suite.*) pour spahis de carabine	132	1	132	1
Bretelles pour spahis de suspension de cartouchières	132	2	132	2
Bretelles de carabine pour gendarmes réservistes	139	2	139	2
Bretelles de fusil. École polytechnique	138	1	138	1
Bretelles de fusil. École spéciale militaire	138	2	138	2
Bretelles de fusil. École du service de santé militaire	138	3	138	3
Bretelles de fusil. Prytanée militaire	138	4	138	4
Bretelles de fusil scolaire (Prytanée militaire)	138	5	138	5
Bretelles de caisse. nouveau modèle	122	32	122	3
Bretelles de caisse. double, ancien modèle	119	130	119	135
Bretelles de caisse. simple, ancien modèle	119	131	119	136
Bretelles de havresac	127	25	127	24
Bretelles de bidon ou de marmite à 8 hommes	147	43	147	44
Bretelles de caisse double nouveau modèle	»	»	122	3
Bride intérieure porte-coiffe de shako ou de casquette	75	93	75	93
Bride d'éperons à la chevalière, modèle 1900	92	6	92	5
Bride d'éperons à la chevalière, modèle 1905	»	»	92	6
Brique anglaise	»	»	168	123
Broc en fer-blanc	»	»	162	744
Broc sans couvercle émaillé	»	»	162	711
Broche pour amorcer les clous à la chaussure	»	»	162	780
Broche avec manche	162	281	162	266
Brodequins.. pour tirailleurs méharistes	84	7	84	5
Brodequins napolitains	84	8	84	6
Brodequins pour troupes à cheval, sans éperons	84	10	84	7
Brodequins pour troupes à cheval (la paire)	86	8	»	»
Brodequins de montagne	»	11	84	8
Brodequins napolitains, pour les écoles militaires préparatoires	101	255	101	256
Brosses...... à boutons	131	2	131	2
Brosses à habits	131	3	131	3
Brosses à laver	131	4	131	4
Brosses à reluire	131	5	131	5
Brosses à cheval en chiendent et piazzava	»	»	131	26
Brosses double à chaussures	131	7	131	6
Brosses pour armes	131	8	131	7
Brosses de pansage à cheval, en soie	131	12	131	12
Brosses de pansage en chiendent	131	13	131	11
Brosses tube en fer-blanc	162	282	162	267
Brosses pour les écoles militaires préparatoires à dents	138	88	138	83
Brosses pour les écoles militaires préparatoires à tête	138	84	138	84
Brosses en soie à cirer les parquets	»	»	167	24
Brosses à peigne	»	»	164	10
Brosses à tête en soie	»	»	164	11
Bicyclettes... tricycle	162	9	162	8
Bicyclettes ordinaires	162	131	162	124
Brûloir pour les ustensiles	162	283	162	268
Bulletin des lois (volume)	162	645	162	607
Bulletin officiel du ministère de la guerre	162	646	162	608
Bureau portatif	162	132	162	125
Burette à huile de graissage	162	284	162	269
Burin	162	285	162	270

DÉSIGNATION DES MATIÈRES ET EFFETS.	ANCIENNE NOMENCLATURE — NUMÉROS Sommaires.	ANCIENNE NOMENCLATURE — NUMÉROS Détaillés.	NOUVELLE NOMENCLATURE — NUMÉROS Sommaires.	NOUVELLE NOMENCLATURE — NUMÉROS Détaillés.
1	2	3	4	5
Burnous pour spahis..... en drap	33	1	33	1
Burnous pour spahis..... en laine blanche	33	2	33	2
Burnous pour spahis..... couleur marron	33	15	33	14
Câbles pour monte-charges	162	569	162	535
Cache-éperons	92	5	92	4
Cachets...... à cire pour vaguemestre des dépôts	»	»	162	780
Cachets...... à la cire de conseil d'administration	»	»	162	706
Cachets...... en métal	162	572	162	537
Cacolet pour le transport des caisses	148	5	148	5
Cadenas...... ordinaires	162	133	162	126
Cadenas...... accessoires d'équip. pour les gendarmes réservistes	139	10	139	10
Cadre........ en fer, d'appareil à décatir	162	2	162	2
Cadre........ pour l'arrimage du matériel	162	571	162	536
Caducées.... en cannetille d'or mat, sans paillettes — pour tunique, capote ou dolman	50	22	50	22
Caducées.... en cannetille d'or mat, sans paillettes — pour manteau	50	23	50	23
Caducées.... brodés en fil (sections d'infirmiers)	50	32	50	32
Caducées.... brodés en laine (École de médecine du Val-de-Grâce) — pour collet	50	35	50	35
Caducées.... brodés en laine (École de médecine du Val-de-Grâce) — pour képi	50	36	50	36
Caducées.... École du service de santé militaire — en cannetille d'or	101	190	101	191
Caducées.... École du service de santé militaire — en laine écarlate — pour collet	101	191	101	192
Caducées.... École du service de santé militaire — en laine écarlate — pour képi	101	192	101	193
Caducées.... École spéciale militaire, brodés en fil	101	173	101	173
Cafetière-filtre (ustensile de cantine à vivres)	»	»	147	69
Cahier de visite médicale	»	»	162	708
Caisse (grosse)	119	43	119	49
Caisse claire	119	44	119	50
Caisse complète sans équipement — ancien modèle	122	1	122	24
Caisse complète sans équipement — nouveau modèle	122	17	122	25
Caisse complète avec équipement complet — ancien modèle	»	»	122	1
Caisse complète avec équipement complet — nouveau modèle	»	»	122	2
Caisses de campement. à archives, pour états-majors et services administratifs — à compartiments	148	6	148	6
Caisses de campement. à archives, pour états-majors et services administratifs — sans compartiments	148	7	148	7
Caisses de campement. à bagages — du modèle ordinaire	148	8	148	8
Caisses de campement. à bagages — nouveau modèle	148	9	148	9
Caisses de campement. de fonds et de comptabilité — pour compagnie	148	10	148	10
Caisses de campement. de fonds et de comptabilité — pour conseil d'administration éventuel (petit modèle)	148	11	148	11
Caisses de campement. de fonds et de comptabilité — pour corps de troupe (grand modèle)	148	12	148	12
Caisses de campement. pour approvisionnements de réserve — des corps de troupe — n° 1	148	13	148	13
Caisses de campement. pour approvisionnements de réserve — des corps de troupe — n° 2	148	15	148	15
Caisses de campement. pour approvisionnements de réserve — des corps de troupe — pour chefs ouvriers	148	17	148	17
Caisses de campement. pour approvisionnements de réserve — des quartiers généraux	148	18	148	18
Caisses de campement. pour lanternes de quartiers généraux	148	19	148	19
Caisses...... pour ouvriers tailleurs	148	14	148	32
Caisses...... pour ouvriers cordonniers ou bottiers	148	16	148	33
Caisses...... pour ouvriers des corps de troupe (tailleurs, cordonniers et bottiers)	148	»	148	34
Caisses d'emballage à claire-voie — grande	154	4	154	3
Caisses d'emballage à claire-voie — moyenne	154	5	154	4
Caisses d'emballage à claire-voie — petite	154	6	154	5

DÉSIGNATION DES MATIÈRES ET EFFETS.			ANCIENNE NOMENCLATURE — NUMÉROS		NOUVELLE NOMENCLATURE — NUMÉROS	
			Sommaires.	Détaillés.	Sommaires.	Détaillés.
1			2	3	4	5
Caisses d'emballage à plein..	grande		154	7	154	6
	moyenne		154	8	154	7
	petite		154	9	154	8
Caisse étanche (matériel d'incendie)			162	51	162	46
Caisses	en tôle, à charbon		162	573	162	538
	mixte n° 2 pour ouvriers tailleurs et cordonniers		»	»	148	35
	réservoir à eau		162	574	162	539
	à bagages avec supports de brancards de couchettes des officiers d'Algérie		»	»	148	27
	dite de mobilisation		»	»	148	28
	pour pièces d'armes		»	»	148	30
	pour approvisionnement de réserve des corps de troupe (n° 1) (ancien modèle)		»	»	148	31
Caissette métallique pour officier payeur			148	21	148	20
Caleçons	en cretonne de coton		11	»	11	1
	de bain		104	54	104	54
Calibres à coulisse			162	92	162	85
Calorifère			152	93	162	127
Calot	en carton de papier végétal		75	94	75	94
	en cuir verni noir		75	95	75	95
Calottes	de travail en drap		60	1	60	1
	de coton		60	2	60	2
	d'écurie ou de travail, en drap, pour les écoles	École spéciale militaire	101	195	101	196
		Prytanée militaire	101	196	101	197
	de gymnase (École de gymnastique)		104	53	104	53
	de campagne pour les exclus de l'armée		104	15	104	15
Camphre			168	38	168	35
Cannes	de tambour-major		112	1	112	1
	de caporal tambour		112	2	112	2
Canons croisés de giberne			127	16	127	16
Canot			162	576	162	540
Caoutchouc pour essuyer les rasoirs			»	»	164	2
Cantines	à vivres	complète	148	22	148	21
		vide	148	23	148	22
	de comptabilité, du modèle des subsistances	simple	148	24	148	23
		à compartiments	148	25	148	24
	du modèle 1853-1877		148	26	148	25
	à vivres, complètes (ancien modèle)		»	»	148	29
Capot	Condamnés des prisons militaires		104	1	104	1
	Détenus des pénitenciers militaires		104	4	104	4
	Condamnés des ateliers de travaux publics		104	8	»	»
	Exclus de l'armée		104	12	104	12
Capotes pour sous-officier et soldat.	ancien modèle	Artillerie	12	1	12	1
		Génie	12	2	12	2
		Train des équipages	12	3	12	3
	modèle réglementaire	Artillerie	12	4	12	4
		Compagnies de discipline	12	6	12	5
		Toutes autres armes	12	7	12	6

DÉSIGNATION DES MATIÈRES ET EFFETS.	ANCIENNE NOMENCLATURE. NUMÉROS Sommaires.	ANCIENNE NOMENCLATURE. NUMÉROS Détaillés.	NOUVELLE NOMENCLATURE. NUMÉROS Sommaires.	NOUVELLE NOMENCLATURE. NUMÉROS Détaillés.
1	2	3	4	5
Capote de sous-officier rengagé	100	59	100	60
Capotes pour sous-officiers et soldats du cadre des écoles. — École polytechnique. — Génie. — Sous-officier	101	1	101	1
Capotes pour sous-officiers et soldats du cadre des écoles. — École polytechnique. — Génie. — Soldat	101	2	101	2
Capotes pour sous-officiers et soldats du cadre des écoles. — École spéciale militaire. — Artillerie. Sous-officier et soldat	101	3	101	3
Capotes pour sous-officiers et soldats du cadre des écoles. — École spéciale militaire. — Infanterie. Sous-officier et soldat	101	4	101	4
Capotes pour sous-officiers et soldats du cadre des écoles. — École spéciale militaire. — Infirmiers. Sous-officier et soldat	101	5	101	5
Capotes pour sous-officiers et soldats du cadre des écoles. — École spéciale militaire. — Tambour-major	101	6	101	6
Capotes pour sous-officiers et soldats du cadre des écoles. — École de santé militaire. Sous-officier et soldat	101	7	101	7
Capotes pour sous-officiers et soldats du cadre des écoles. — Prytanée militaire. Sous-officier et soldat	101	8	101	8
Capote-manteau pour élèves des écoles — École polytechnique	101	9	101	9
Capote-manteau pour élèves des écoles — École spéciale militaire	101	10	101	10
Capote (personnel de la télégraphie militaire)	103	1	103	1
Capote-manteau pour les gendarmes réservistes et territoriaux — Maréchal des logis	104	16	104	16
Capote-manteau pour les gendarmes réservistes et territoriaux — Brigadier	104	17	104	17
Capote-manteau pour les gendarmes réservistes et territoriaux — Gendarme	104	18	104	18
Capsule — de platine	162	577	162	541
Capsule — en porcelaine	162	578	162	542
Carcasse pour shako ou casquette — en carton de papier végétal	75	96	75	96
Carcasse pour shako ou casquette — en cuir, entoilée et laquée	75	97	75	97
Carnet de mobilisation	»	»	162	764
Carreaux — en fer pr estampiller les plombs	162	286	162	271
Carreaux — pour tailleurs	162	287	162	272
Carré simple grand	162	288	162	273
Carton de bureau	162	138	162	130
Cartouchières — du train modèle 1912	»	»	113	20
Cartouchières — pour troupes à pied (modèles antérieurs à 1888)	»	»	113	19
Cartouchières — pour troupes à pied (modèle 1888)	113	1	113	1
Cartouchières — postérieure pour zouaves et tirailleurs	113	2	113	2
Cartouchières — pour le train des équipages	113	3	113	3
Cartouchières — pour les corps de l'artillerie. — avec alvéoles	113	4	113	4
Cartouchières — pour les corps de l'artillerie. — avec cloison de séparation	113	5	113	5
Cartouchières — pour la cavalerie. — ancien modèle	113	6	113	6
Cartouchières — pour la cavalerie. — nouveau modèle	113	7	113	7
Cartouchières — École polytechnique (modèle 1888)	138	6	138	6
Cartouchières — École spéciale militaire. — modèle 1888	138	7	138	7
Cartouchières — École spéciale militaire. — de cavalerie (élève)	138	8	138	8
Cartouchières — École du service de santé militaire	138	9	138	9
Cartouchières — Prytanée militaire	138	10	138	10
Cartouchières d'infirmerie	»	»	113	13
Cartouchières du train des équipages (modèle 1901) — avec bouton de pression et faux-fond	»	»	113	14
Cartouchières du train des équipages (modèle 1901) — sans bouton de pression et faux-fond	»	»	113	15
Cartouchières d'infanterie modèle 1905 — Sous-officier	»	»	113	16
Cartouchières d'infanterie modèle 1905 — Soldat	»	»	113	17
Casiers — à pain	»	»	162	689
Casiers — de bureau	162	135	162	128
Casiers — de hangars	162	136	162	129
Casiers — à serviettes	»	»	162	690
Casiers à chaussures — grands	»	»	162	686
Casiers à chaussures — moyens	»	»	162	687
Casiers à chaussures — petits	»	»	162	688

DÉSIGNATION DES MATIÈRES ET EFFETS.	ANCIENNE NOMENCLATURE. NUMÉROS		NOUVELLE NOMENCLATURE. NUMÉROS	
	Sommaires.	Détaillés.	Sommaires.	Détaillés.
1	2	3	4	5
Casques de cavalerie légère	»	»	61	3
Casques de gendarmes réservistes et territoriaux avec crinière	»	»	104	59
Casques de gendarmes réservistes et territoriaux sans crinière	»	»	104	60
Casques de pompiers réservistes N. M	»	»	104	58
Casques du modèle général	61	1	61	1
Casques en liège à l'usage des troupes coloniales	61	2	61	2
Casque pour les pompiers réservistes	104	43	104	43
Casquettes Chasseurs d'Afrique	64	14	64	14
Casquettes Cavaliers de remonte	64	15	64	15
Casquettes de cavalier de remonte commiss. comme garde-étalons en Afrique	»	»	64	16
Casquette en drap pour les agents secondaires des écoles. Agent de casernement, agent préposé aux vivres et chef garçon	101	197	101	198
Casquette en drap pour les agents secondaires des écoles. Garçon de télégraphe	101	198	101	199
Casquette en drap pour les agents secondaires des écoles. Agent secondaire	101	199	101	200
Casquette en toile	162	579	162	543
Casquette pour les hommes libérés des bat. d'inf. légère d'Afrique	»	»	107	7
Casserole en fer battu étamé avec couvercle de 10 litres	»	»	163	3
Casserole en fer battu étamé avec couvercle de 5 litres	»	»	163	4
Casserole en fer battu étamé avec couvercle de 3 litres	»	»	163	5
Ceintures de laine Modèle général pour groupes alpins et troupes d'Afrique	13	1	13	1
Ceintures de laine Tirailleurs algériens	13	2	13	2
Ceintures de laine Chasseurs d'Afrique	13	3	13	3
Ceintures de flanelle	13	4	13	4
Ceinture pour les spahis en cuir	33	3	33	3
Ceinture pour les spahis en laine	33	4	33	4
Ceinture de feu pour les pompiers réservistes	104	40	104	40
Ceintures de gymnase pour les élèves des écoles. Ecole polytechnique	101	11	101	11
Ceintures de gymnase pour les élèves des écoles. Ecole spéciale militaire	101	12	101	12
Ceintures de gymnase pour les élèves des écoles. Prytanée militaire	101	13	101	13
Ceintures de gymnase pour les élèves des écoles. Ecoles militaires préparatoires	101	14	101	14
Ceintures de gymnase pour la troupe	104	50	104	50
Ceinture d'ouvrier (personnel de la télégraphie militaire)	103	2	103	2
Ceintures de natation	104	55	104	55
Ceintures pour la voltige	104	56	104	56
Ceinturons sans plaque pour la troupe modèle général pour troupes à pied	114	1	114	1
Ceinturons sans plaque pour la troupe à boucles et à ardillons	114	2	114	2
Ceinturons sans plaque pour la troupe Artillerie et train des équip. (hommes non montés)	114	3	114	3
Ceinturons sans plaque pour la troupe en cuir noir ciré. à plaque	114	4	114	4
Ceinturons sans plaque pour la troupe en cuir noir ciré. à boucle	114	5	114	5
Ceinturons sans plaque pour la troupe en cuir fauve avec courroie de carabine	114	6	114	6
Ceinturons sans plaque pour la troupe en cuir fauve sans courroie de carabine	114	7	114	7
Ceinturons sans plaque pour la troupe Sapeur-conducteur du génie	114	8	114	8
Ceinturons sans plaque pour la troupe en cuir verni Sergent-major. Infanterie et corps assimilés, y compris le génie.	114	9	114	9
Ceinturons sans plaque pour la troupe en cuir verni Sergent-major. Génie (A. M.)	114	10	114	10
Ceinturons sans plaque pour la troupe en cuir verni Maréchal des logis chef. Toutes troupes à cheval (sapeurs-conducteurs du génie exceptés)	114	11	114	11
Ceinturons sans plaque pour la troupe en cuir verni Maréchal des logis chef. Sapr-conductr du génie	114	12	114	12
Ceinturons sans plaque pour la troupe en cuir verni Adjudant commis-greffier	114	13	114	13
Ceinturon pour les spahis	132	3	132	3

DÉSIGNATION DES MATIÈRES ET EFFETS.	ANCIENNE NOMENCLATURE. NUMÉROS		NOUVELLE NOMENCLATURE. NUMÉROS	
	Sommaires.	Détaillés.	Sommaires.	Détaillés.
1	2	3	4	5
Ceinturons complets pour les sous-officiers rengagés et les sous-officiers élèves officiers.				
Sous-officier rengagé. — Infanterie et corps assimilés (sauf les chasseurs à pied, les zouaves et les tirailleurs)	137	1	137	1
Sous-officier rengagé. — Chasseurs à pied	137	2	137	2
Sous-officier rengagé. — Zouaves et tirailleurs	137	3	137	3
Sous-officier rengagé. — Cavalerie	137	4	137	4
Sous-officier rengagé. — Artillerie et train des équipages	137	5	137	5
Sous-officier rengagé. — Génie — Sapeurs-mineurs	137	6	137	6
Sous-officier rengagé. — Génie — Sapeurs-conducteurs	137	7	137	7
Sous-officier rengagé. — Spahis	137	8	137	8
Sous-officier élève officier. — Ecole militaire d'infanterie	137	9	137	9
Sous-officier élève officier. — Ecole d'application de cavalerie	137	10	137	10
Sous-officier élève officier. — Ecole militaire d'artillerie et du génie — Artillerie et train	137	11	137	11
Sous-officier élève officier. — Ecole militaire d'artillerie et du génie — Génie	137	12	137	12
Sous-officier élève officier. — d'administration	137	13	137	13
Ceinturons pour les gendarmes réservistes.				
complet (plaque, accessoire et porte-épée-baïonnette)	139	3	139	3
seul	139	4	139	4
Ceinturons pour les écoles.				
Ecole polytechnique. — d'épée en cuir verni avec agrafes-plateaux — Elève	138	11	138	11
Ecole polytechnique. — d'épée en cuir verni avec agrafes-plateaux — Sous-officier	138	12	138	12
Ecole polytechnique. — du modèle général, sans plaque, pour troupes à pied	138	13	138	13
Ecole spéciale militaire. — en cuir verni — Elève et cadre. — Sergent-major	138	14	138	14
Ecole spéciale militaire. — en cuir verni — Elève et cadre. — Maréchal des logis d'artillerie	138	15	138	15
Ecole spéciale militaire. — en cuir verni — Maréchal des logis chef d'artillerie	138	16	138	16
Ecole spéciale militaire. — d'artillerie. — Hommes montés	138	17	138	17
Ecole spéciale militaire. — d'artillerie. — Hommes non montés	138	18	138	18
Ecole spéciale militaire. — en cuir verni — pour épée (cadre)	138	19	138	19
Ecole spéciale militaire. — en cuir verni — pour élève et cadre — Infanterie	138	20	138	20
Ecole spéciale militaire. — en cuir verni — pour élève et cadre — Cavalerie	138	21	138	21
Ecole spéciale militaire. — en cuir verni — pour sous-officiers rengagés. — Infanterie	138	22	138	22
Ecole spéciale militaire. — en cuir verni — pour sous-officiers rengagés. — Cavalerie	138	23	138	23
Ecole spéciale militaire. — en cuir verni — pour sous-officiers rengagés. — Artillerie	138	24	138	24
Ecole spéciale militaire. — en cuir ciré pour élève et homme de cadre — Infanterie	138	25	138	25
Ecole spéciale militaire. — en cuir ciré pour élève et homme de cadre — Cavalerie	138	26	138	26
Ecole du service de santé militaire. — en cuir verni — avec médaillons dorés au mercure pour élève	138	27	138	27
Ecole du service de santé militaire. — en cuir verni — pour vareuse	138	28	138	28
Ecole du service de santé militaire. — en cuir verni — pour sous-officiers rengagés	138	29	138	29
Ecole du service de santé militaire. — du modèle général — pour troupes à pied (sans plaque)	138	30	138	30
Ecole du service de santé militaire. — du modèle général — pour troupes à cheval	138	31	138	31

DÉSIGNATION DES MATIÈRES ET EFFETS.				ANCIENNE NOMENCLATURE. NUMÉROS		NOUVELLE NOMENCLATURE. NUMÉROS	
				Sommaires.	Détaillés.	Sommaires.	Détaillés.
1				2	3	4	5
Ceinturons pour les écoles. (*Suite.*)	Prytanée militaire	de sous-officier rengagé (complet)		138	32	138	32
		de bataillon scolaire		138	33	138	33
		d'infanterie		138	34	138	34
		de sergent-major d'infanterie et du génie		138	35	138	35
		du train des équipages		138	36	138	36
	Écoles militaires préparatoires.	de cavalerie (sans martingale).	École d'Autun	138	37	138	37
			École de Billom	138	38	138	38
Ceinturon porte-cartouches des compagnies sahariennes				»	»	114	14
Cendrier				162	139	162	131
Céruse				168	39	168	36
Cercle pour casque	de couvre-nuque			75	16	75	16
	de visière			75	17	75	17
Cercle pour shako et casquette	en cuivre poli			75	98	75	98
	en tôle d'acier			75	99	75	99
Cercle de caisse en frêne peint (batterie)				119	132	119	165
Cercle de caisse en frêne peint (timbre)				119	162	119	166
Cercle en fer pour tentes				146	89	146	81
Chaîne en fer pour chien de garde				162	140	162	132
Chaînette en cuivre pour shako				75	100	75	100
Chaînette du nécessaire Bouthéon				147	44	147	45
Chaînette (accessoire d'équipement pour les gendarmes réservistes)				139	11	139	11
Chaînette d'embouchure de clairon avec mousqueton				»	»	122	17
Chaînette avec agrafe pour gamelle individuelle				»	»	147	90
Chaise				162	141	162	133
Chalumeau en cuivre				162	580	162	544
Chandeliers				162	142	162	134
Chantier				162	581	162	545
Chape mobile en cuivre pour ceinturon				127	5	127	5
Chape mobile pour ceinturon de gendarme réserviste				139	8	139	8
Chapeaux assortis pour pistons (la douzaine)				»	»	119	72
Chapeau	de tente conique à muraille			146	90	146	82
	en bois tourné, peint et garni			167	27	167	25
	École polytechnique	d'élève (avec boîte)		101	200	101	201
		de sous-officier		101	201	101	202
	École du service de santé militaire	d'élève (avec boîte)		101	202	101	203
		d'élève (sans boîte)		101	203	101	204
	pour les hommes libérés des bataillons d'infanterie légère d'Afrique			»	»	107	8
Charbons	de bois			168	40	168	37
	de terre			168	41	168	38
Chariots	à poulies en fer			162	582	162	546
	d'intérieur			162	583	162	547
Charrette à bras				162	143	162	135
Chasse-	agrafes			162	289	162	274
	à main			162	290	162	275
	rivets			162	291	162	276

DÉSIGNATION DES MATIÈRES ET EFFETS.	ANCIENNE NOMENCLATURE. NUMÉROS		NOUVELLE NOMENCLATURE. NUMÉROS	
	Sommaires.	Détaillés.	Sommaires.	Détaillés.
1	2	3	4	5
Châssis à baguette	162	584	162	548
Châssis en fer grillagé	162	144	162	136
Chaudière d'appareil à décatir	162	10	162	1
Chaudière de buanderie	162	1	162	9
Chaudière ordinaire	162	292	162	277
Chaudron ordinaire	162	145	162	137
Chaussettes en coton	14	1	14	1
Chaussettes en laine	14	2	14	2
Chaussettes Écoles militaires préparatoires	101	15	101	15
Chaussettes Orphelinat Hériot	101	16	101	16
Chaussons en basane	91	1	91	1
Chaussons en drap	91	2	91	2
Chaussons en laine	91	3	91	3
Chaussons en lisière	91	4	91	4
Chéchias avec basane Chasseurs d'Afrique et cavaliers de remonte d'Algérie	»	»	62	3
Chéchias avec basane Zouaves et tirailleurs	»	»	62	4
Chéchias avec basane Spahis (chéchia sans gland)	»	»	62	5
Chéchias Chasseurs d'Afrique et caval. de remonte d'Algérie	62	1	62	1
Chéchias Zouaves et tirailleurs	62	2	62	2
Chéchias sans gland pour les spahis	67	1	67	1
Chèche pour spahis blanc	67	9	67	9
Chèche pour spahis en toile bleue	67	10	67	10
Chemises de coton à col	15	1	15	1
Chemises de coton sans col	15	2	15	2
Chemises de flanelle de coton à carreaux à col	15	3	15	3
Chemises de flanelle de coton à carreaux sans col	15	4	15	4
Chemises de flanelle de coton à rayures à col	15	5	15	5
Chemises de flanelle de coton à rayures sans col	15	6	15	6
Chenets	162	146	162	138
Chevalet porte-selles	162	147	162	139
Chevalet de sciage	162	293	162	278
Chevalet pour menuisier	162	294	162	279
Chevalet pour métrer les couvertures	162	295	162	280
Cheville de sûreté	»	»	155	26
Chèvre sans crochet	»	»	162	696
Chèvre avec crochet en fer	162	585	162	549
Chevrette	162	586	162	550
Chevron en cuir verni noir pour shako	75	101	75	101
Chevron de galon d'or (prix d'aérostation)	50	59	»	»
Chevron en sapin du Nord	162	587	162	551
Chiffres pour effets d'habillement divers	50	56	50	56
Chiffres montés sur manches. Série (9 chiffres, 0 à 8) 15mm de hauteur	162	588	162	552
Chiffres montés sur manches. Série (9 chiffres, 0 à 8) 10mm de hauteur	162	589	162	553
Chiffres montés sur manches. isolé	162	590	162	554
Chiffres montés sur manches. romain pour le marquage des collections d'effets	162	591	162	555
Chiffres en cuivre. Série	162	592	162	556
Chiffres en cuivre. Isolé	162	593	162	557
Chiffres en cuivre. Jeu pour la télégraphie militaire	162	594	162	558
Chiffres en fer, série	162	595	162	559

DÉSIGNATION DES MATIÈRES ET EFFETS.	ANCIENNE NOMENCLATURE.		NOUVELLE NOMENCLATURE.	
	NUMÉROS		NUMÉROS	
	Sommaires.	Détaillés.	Sommaires.	Détaillés.
1	2	3	4	5
Chronomètre de contrôleur de ronde	162	22	162	20
Ciment de Portland	168	43	168	39
Cimier de casque	75	18	75	18
Cirage (boîte de 0,030)	»	»	168	112
Cire jaune	168	44	168	40
Cire noire (bâton de 0,015)	»	»	168	114
Cisailles à table en bois	162	297	162	281
Ciseaux — ordinaires	131	19	131	27
Ciseaux — à lampe	162	148	162	140
Ciseaux — à bois	162	299	162	282
Ciseaux — à froid	162	300	162	283
Ciseaux — de pansage	»	»	131	13
Ciseaux — de relieur	162	301	162	284
Ciseaux — de tailleur — de coupe	162	302	162	285
Ciseaux — de tailleur — petits	162	303	162	286
Ciseaux — pour coiffeur	»	»	164	15
Claie en bois pour les étoffes	162	597	162	560
Clairon — d'ordonnance	122	20	122	10
Clairon — chasseur Millereau	122	21	122	11
Clarinettes — petite	119	23	119	27
Clarinettes — grande	119	24	119	28
Clavette en fer pour gaine de shako	75	102	75	102
Clef anglaise d'appareil à décatir	162	3	162	3
Clef pour robinet de colonne montante	162	57	162	52
Clefs — anglaise	162	305	162	287
Clefs — à plomber	162	306	162	288
Clef à molette	162	598	162	561
Cloche avec sa monture	162	149	162	141
Clochette	162	150	162	142
Cloisons de diverses dimensions	162	151	162	143
Clous — pour casque	75	19	75	19
Clous — et pointes pour l'emballage	155	1	155	1
Clous — pour ferrer les sabots	»	»	168	5
Coaltar	168	45	168	41
Cocardes — pour shakos	75	103	75	103
Cocardes — sans boutons	»	»	75	81
Cocardes — pour képi du Prytanée militaire	101	245	101	246
Coffin pour pierre à aiguiser	162	308	162	289
Coffre-fort — première grandeur	162	152	162	144
Coffre-fort — deuxième grandeur	162	153	162	145
Coiffe intérieure — de casque	75	20	75	20
Coiffe intérieure — de képi	75	72	75	71
Coiffe intérieure — de shako	75	104	75	104
Coiffe intérieure — de casquette	75	105	75	105
Coins en fer pour plomber les colis	162	309	162	290
Coke	172	1	172	1
Cols — blancs	17	2	17	2
Cols — blancs en percale, rabattus	»	»	17	19
Col blanc pour élèves — de l'Ecole polytechnique	101	17	101	17
Col blanc pour élèves — de l'Ecole spéciale militaire	101	18	101	18
Col blanc pour élèves — de l'Ecole du service de santé militaire	101	19	101	19
Collection d'échantillons de cuir	»	»	184	»

DÉSIGNATION DES MATIÈRES ET EFFETS.		ANCIENNE NOMENCLATURE. NUMÉROS		NOUVELLE NOMENCLATURE. NUMÉROS	
		Sommaires.	Détaillés.	Sommaires.	Détaillés.
1		2	3	4	5
Colles	de peau	168	46	168	42
	forte	168	47	168	43
Collets à capuchon en drap	(zouaves et tirailleurs algériens)	16	1	16	1
Collet-manteau, pour élèves	Prytanée militaire	101	20	101	20
	Écoles militaires préparatoires	101	21	101	21
	Orphelinat Hériot	101	22	101	22
Collet-manteau pour cycliste		»	»	106	1
Collier	découpé en drap	50	43	50	43
	découpé en drap (École spéciale militre)	101	174	101	175
	de caisse N. M	122	33	122	4
	de caisse A. M	119	136	119	140
	en cuir pour chien de garde	162	154	162	146
Colombe de tonnelier		162	311	162	291
Commode		162	155	162	147
Commutateur à manette à deux directions		»	»	162	730
Compas	à pièces	162	312	162	292
	d'épaisseur	162	313	162	293
	ordinaire de relieur	162	314	162	294
Composteur	complet	162	315	162	295
	en caoutchouc	162	599	162	562
Compte-fils		162	316	162	296
Compteur	à eau	162	600	162	563
	à gaz	162	534	162	501
Compte-gouttes		»	»	162	685
Conscience		162	317	162	297
Contre-noix de gamelle-moulin à café		147	54	147	54
Contre-plaque à clef de casque		75	22	75	22
Contre-sanglon	de caisse N. M	122	34	122	5
	de caisse A. M	119	137	119	141
	de havresac	127	26	127	25
	de jugulaire	75	21	75	21
	de chapeau de tente	146	91	146	83
	en cuir	167	28	167	27
	de tambour	»	»	122	5
Cor de chasse (insigne de tir)	avec grenade — brodé en or	50	4	50	4
	avec grenade — brodé en argent	50	5	50	5
	sans grenade — brodé en or	50	6	50	6
	sans grenade — brodé en argent	50	7	50	7
	découpé en drap	50	8	50	8
Cor de chasse	brodé en argent avec liséré ou cordonnet de soie (attribut de béret)	75	141	75	140
	en cuivre, pour shako	75	106	75	106
Cor de chasse (insigne de tir pour l'École spéciale militaire)	brodé en or	101	187	101	188
	découpé en drap	101	188	101	189
Cordage de caisse		122	7	122	7
Corde	à fourrage	131	15	131	14
	de petit piquet de muraille	146	92	146	84
	de grand piquet de muraille	146	93	146	85
	de support d'auvent — avec postillon	146	94	146	86
	de support d'auvent — sans postillon	146	95	146	87
	de suspension pour tablette ronde	146	96	146	88

DÉSIGNATION DES MATIÈRES ET EFFETS.	ANCIENNE NOMENCLATURE. NUMÉROS		NOUVELLE NOMENCLATURE. NUMÉROS	
	Sommaires.	Détaillés.	Sommaires.	Détaillés.
1	2	3	4	5
Corde (*Suite.*) de brêlage	148	28	148	26
d'emballage	155	2	155	2
à muraille	168	100	168	90
à piquet grosse	168	101	168	91
à piquet petite	168	102	168	92
d'auvent	168	103	168	93
de fermeture	168	104	168	94
de nervure	168	105	168	95
Cordes en poil de chameau, pour spahis	67	2	67	2
Cordeaux de sac tente-abri de piquet	146	35	146	34
Cordeaux de sac tente-abri de tirage	146	36	146	35
Cordeaux de tente de piquet	146	37	146	36
Cordeaux de tente de tirage	146	38	146	37
Cordeaux de tente individuelle mod^le 1877 de piquet	146	39	146	38
Cordeaux de tente individuelle mod^le 1877 de tirage	146	40	146	39
Cordeau en coton avec olive	146	97	146	89
sans olive	146	98	146	90
attache double	146	99	146	91
Cordeaux de chanvre	168	107	168	96
de coton	168	108	168	97
Cordon de canne de caporal tambour	112	3	112	3
de clairon	122	22	122	12
de plaque d'identité	130	4	130	4
de sifflet de signal	121	1	121	1
de trompette	122	23	122	13
de trompette pour spahis	132	4	132	4
Cordon de trompette grande tenue (modèle de la gendarm^rie).	»	»	122	21
petite tenue (modèle de la gendarmerie).	»	»	122	22
Cordonnet pour képi blanc	51	1	51	1
bleu de ciel	51	2	51	2
bleu foncé	51	3	51	3
écarlate	51	4	51	4
jonquille	51	5	51	5
Cordonnet rond en fil noir	51	6	51	6
en laine noire	51	7	51	7
Cornette à découper	162	318	162	298
Cornet à piston	119	30	119	2
Coton rouge à marquer (en pelotes)	131	25	131	24
Coudes centré	162	319	162	299
équerre	162	320	162	300
Coulant en maillechort pour gendarmes réservistes	104	32	104	32
Coulant de ceinturon en cuivre	127	6	127	6
de garniture de banderole de giberne	127	17	127	17
Coulant de ceinturon du modèle général, pour les écoles École polytechnique	138	71	138	71
Ecole spéciale militaire	138	72	138	72
Ecole du service de santé militaire	138	73	138	73
Prytanée militaire	138	74	138	74
Coulette ferrée	162	321	162	301
Couperet (grand)	163	6	163	6
Courroie de soutien de musette pour troupes munies de la bretelle de suspension	»	»	130	94

DÉSIGNATION DES MATIÈRES ET EFFETS.	ANCIENNE NOMENCLATURE. NUMÉROS Sommaires.	Détaillés.	NOUVELLE NOMENCLATURE. NUMÉROS Sommaires.	Détaillés.
1	2	3	4	5
Courroies... de petits bidons de 1 à 2 litres pour troupes munies de la bretelle de suspension. courroie de soutien	»	»	147	101
— grande bande	»	»	147	102
— petite bande	»	»	147	103
— complète	»	»	147	104
Courroies... de manteau	47	1	47	1
Courroies... de sautoir ou de capote (modèle général)	47	2	47	2
Courroies... de sautoir pour les chasseurs alpins	47	3	47	3
Courroies... de ceinture de revolver	116	1	116	1
Courroies... de ceinture de revolver en cuir fauve	116	1	116	2
Courroies... de clairon ou de trompette	122	24	122	14
Courroies... de trompette, pour spahis	132	5	132	5
Courroies... d'éperons	92	8	92	7
Courroies... d'éperons pour les écoles militaires préparatoires	101	258	101	259
Courroies... de havresac de capote	127	27	127	26
Courroies... de havresac de charge	127	28	127	27
Courroies... de havresac petite	127	29	127	28
Courroies... de bidon... de 1 litre. Cuirassiers	147	45	147	46
Courroies... de bidon... de 1 litre. Tous autres corps	147	46	147	47
Courroies... de bidon... de 2 litres	147	47	147	48
Courroies... de bidon... de cavalerie	147	48	147	49
Courroies... de gamelle à 8 hommes	147	49	147	50
Courroies... d'ustensiles à 4 hommes	147	50	147	51
Courroies... de peau de bouc	147	51	147	52
Courroies... à porteur pour brancard	162	156	162	148
Courroies... de transmission	162	601	162	564
Courroies... d'assemblage	167	31	167	29
Courroies... de troussequin pour la confection des sacs des hommes montés de l'artill.	»	»	47	4
Courroies... de carabine	»	»	116	9
Courroies... de ceintre de cartouchre du tr. des équip.	»	»	127	45
Courroies... de ceinture pour vélocipédiste	»	»	130	79
Courroies... supplémentaire de cavalerie	»	»	47	5
Cousoir	162	322	162	302
Coussin ouaté	75	23	75	23
Couteaux... de détenu	130	5	130	5
Couteaux... de cuisine (accesre de marmte de peloton)	147	39	147	40
Couteaux... de cuisine (accesre de cantine à vivres)	147	68	147	68
Couteaux... de table (access. de cantine à vivres)	147	69	147	67
Couteaux... à flétrir les étoffes	162	323	162	303
Couteaux... à main	162	324	162	304
Couteaux... à parer	162	325	162	305
Couteaux... à pied	162	326	162	306
Couteaux... à reboucher	162	327	162	307
Couteaux... à rogner	162	328	162	308
Couteaux... pour épreuves dynamométriques	162	329	162	309
Couteaux... de sellier	162	330	162	310
Couteaux... à éplucher les légumes	»	»	163	9
Couteaux... à découper	»	»	147	88
Couteaux... à ouvrir les boîtes de conserve	»	»	163	10
Couteaux... de vitrier	»	»	162	311
Couteaux... de cuisine. grand	»	»	163	7
Couteaux... de cuisine. moyen	»	»	163	8

DÉSIGNATION DES MATIÈRES ET EFFETS.	ANCIENNE NOMENCLATURE. Numéros		NOUVELLE NOMENCLATURE. Numéros	
	Sommaires.	Détaillés.	Sommaires.	Détaillés.
1	2	3	4	5
Couvercles de cruche Mignucci	»	»	147	97
Couvercles de marmites	147	53	147	53
Couvercles de gamelle-moulin à café	147	55	147	55
Couvercles pour la presse autographique	»	»	162	720
Couvert à salade en buis	»	»	163	34
Couvertures grandes	144	1	144	1
Couvertures petites	144	2	144	2
Couvertures gris-beige pour hamac	»	»	144	15
Couvre-bec en cuivre nickelé pour clarinette *si* bémol ou *mi* bémol	»	»	119	73
Couvre-bec en cuivre nickelé pour saxophone soprano	»	»	119	74
Couvre-bec en cuivre nickelé pour saxophone alto	»	»	119	75
Couvre-bec en cuivre nickelé pour saxophone ténor	»	»	119	76
Couvre-bec en cuivre nickelé pour saxophone baryton	»	»	119	77
Couvre-casque en calicot teint au cachou	75	25	75	25
Couvre-nuque complet de cavalerie légère	»	»	75	113
Couvre-nuque en coton	73	1	73	1
Couvre-nuque en coton écru	73	2	73	2
Couvre-nuque en toile caoutchoutée	73	3	73	3
Couvre-nuque de casque complet	75	13	75	13
Couvre-nuque de casque sans clous, cercle, ni basane	75	14	75	14
Couvre-nuque de casque seul, sans bande entre-deux	75	15	75	15
Couvre-casquette	73	4	73	4
Couvre-casquette en deux morceaux, gris bleuté imperméabilisé complet	»	»	73	5
Couvre-casquette en deux morceaux, gris bleuté imperméabilisé coiffe seule	»	»	73	6
Couvre-casquette en deux morceaux, gris bleuté imperméabilisé partie flottante	»	»	73	7
Couvre-casquette carrés de calicot blanc pour béret	»	»	73	8
Couvre-casquette carrés de calicot blanc pour chéchia	»	»	73	9
Crachoir	162	157	162	149
Crampons d'écaille pour casque (le cent)	75	24	75	24
Cravaches pour les écoles militaires préparatoires	138	85	138	85
Cravaches pour les élèves de l'Ecole d'application de cavalerie, etc.	139	17	139	17
Cravates en coton	17	1	17	1
Crayon de menuisier	162	332	162	312
Crêpe pour cérémonies funèbres	122	25	122	15
Creusets	162	602	162	565
Crible à scories	»	»	162	742
Crinière de casque Sous-officier et soldat	75	26	75	26
Crinière de casque Trompette	75	27	75	27
Cristallisoir en verre	162	603	162	566
Crochets de suspension	»	»	162	692
Crochets en fer pour arrêt de chaînette de shako	75	107	75	107
Crochets de sabre en S	127	7	127	7
Crochets de sabre pour sergent-major	127	8	127	8
Crochets de sabre pour élève-cavalier (Ecole spéciale militaire)	138	75	138	75
Crochets pour contre-sanglon de havresac et bretelle de suspension	127	30	127	29
Crochets à porteur	162	333	162	313
Crochets de cordonnier	162	334	162	314
Crochets pour les colis	162	335	162	315

DÉSIGNATION DES MATIÈRES ET EFFETS.	ANCIENNE NOMENCLATURE. NUMÉROS		NOUVELLE NOMENCLATURE. NUMÉROS	
	Sommaires.	Détaillés.	Sommaires.	Détaillés.
1	2	3	4	5
Crochets. (*Suite*) pour plier les étoffes	162	336	162	316
Crochets. (*Suite*) de boucherie à mailles	»	»	163	11
Croissant découpé en drap	50	49	50	49
Croissants pour gardes étalons en Afrique en argent	»	»	50	85^{18}
Croissants pour gardes étalons en Afrique en drap	»	»	50	85^{19}
Cruches de laboratoire	162	604	162	567
Cruches pour chambrée	»	»	162	697
Cuiller	130	6	130	6
Cuiller pour marmite de peloton	147	40	147	41
Cuiller (ustensile de cantine à vivres) à bouche	147	70	147	70
Cuiller (ustensile de cantine à vivres) à pot	147	71	147	71
Cuiller à fondre le plomb	162	338	162	317
Cuiller à moutarde en buis	»	»	163	36
Cuiller à soupe ou pochon	»	»	163	35
Cuiller à bouillon en fer étamé de 2 litres	»	»	163	12
Cuiller à bouillon en fer battu étamé de 50 centilitres	»	»	163	13
Cuiller en bois de hêtre	»	»	163	14
Cuirasse et casque brodés en or, avec liséré ou cordonnet de soie (attributs de béret)	75	142	75	141
Cuirs de vache à l'eau passée pour casque	75	28	75	28
Cuirs pour contre-sanglon	167	29	167	27
Cuirs pour collier de tente	167	30	167	28
Cuirs basane en mouton	168	20	168	19
Cuirs de bœuf ou de vache	168	21	168	20
Cuirs de buffle	168	22	168	21
Cuirs de cheval	168	23	168	22
Cuirs de Hongrie	168	24	168	23
Cuirs de mouton ou de chèvre	168	25	168	24
Cuirs de chainette pour shako	»	»	75	138
Cuirs à rasoir	»	»	164	3
Cuissière de caisse (N. M.)	122	35	122	6
Cuissière de caisse (A. M.)	119	141	119	145
Culot de rosace pour casque	75	29	75	29
Cuivre	168	5	168	6
Culottes à fond doublé des unités cyclistes de chasseurs à pied	»	»	18	13
Culottes à fond doublé des détachements de sapeurs cyclistes	»	»	18	14
Culottes modèle 1901. Cavalerie et train des équipages. Sous-officier	18	1	18	1
Culottes modèle 1901. Cavalerie et train des équipages. Soldat	18	2	18	2
Culottes modèle 1901. Artillerie et génie. Sous-officier	18	3	18	3
Culottes modèle 1901. Artillerie et génie. Soldat	18	4	18	4
Culottes pour tirailleur méhariste	»	»	18	12
Culottes pr conduct. de caissons (bat. de chas. à pied) (A. M)	»	»	18	5
Culottes de cheval E. M. I	»	»	18	6
Culottes modèle 1905. Cavalerie et train des équipages. Sous-officier	»	»	18	7
Culottes modèle 1905. Cavalerie et train des équipages. Soldat	»	»	18	8
Culottes modèle 1905. Artillerie et génie. Sous-officier	»	»	18	9
Culottes modèle 1905. Artillerie et génie. Soldat	»	»	18	10
Culottes modèle 1905. de cond. de caissons de chas. à pied	»	»	18	11
Culottes de cheval pr les écoles Ecole polytechnique (élève)	101	79	101	79
Culottes de cheval pr les écoles Elève	101	80	101	80

DÉSIGNATION DES MATIÈRES ET EFFETS.	ANCIENNE NOMENCLATURE.		NOUVELLE NOMENCLATURE.	
	NUMÉROS		NUMÉROS	
	Sommaires.	Détaillés.	Sommaires.	Détaillés.
1	2	3	4	5
Culottes (Suite.) — basanées — cavalerie et train — Sous-officier	»	»	18	13
Culottes (Suite.) — basanées — cavalerie et train — Soldat	»	»	18	14
Culottes (Suite.) — basanées — artillerie et génie — Sous officier	»	»	18	15
Culottes (Suite.) — basanées — artillerie et génie — Soldat	»	»	18	16
Culottes (Suite.) — basanées — conducteurs de caissons, chas. à pied	»	»	18	17
Culottes (Suite.) — basanées — cavaliers de manège — Sous-officier	»	»	101	260
Culottes (Suite.) — basanées — cavaliers de manège — Soldat	»	»	101	261
Culottes (Suite.) — de cheval pour les écoles (Suite.) — Cadre — Sous-officier	101	83	101	83
Culottes (Suite.) — de cheval pour les écoles (Suite.) — Cadre — Soldat	101	84	101	84
Culottes (Suite.) — de cheval pour les écoles (Suite.) — École du serv. de santé milit. — Élève	101	85	101	85
Culottes (Suite.) — de cheval pour les écoles (Suite.) — École du serv. de santé milit. — Train des équipages	101	86	101	86
Culottes (Suite.) — de cheval pour les écoles (Suite.) — Prytanée milit. (caval. ordonnances)	101	87	101	87
Culottes (Suite.) — de cheval pour les écoles (Suite.) — Écoles militaires préparat[res] (élève)	101	88	101	88
Culottes (Suite.) — de tenue de manège (sous-officier et soldat)	104	46	104	46
Cuve à eau en zinc	162	605	162	568
Cuves de décapages	162	539	162	318
Cuveau cerclé en fer	162	158	162	150
Cuvette en tôle émaillée	»	»	162	712
Cuviers pour buanderie	162	13	162	12
Cymbales	119	38	119	42
Dame en fonte	»	»	162	729
Dé d'agrafe de bélière	»	»	127	44
Dé d'agrafe de plaque de ceinturon — Cavalerie	127	9	127	9
Dé d'agrafe de plaque de ceinturon — Infanterie	127	10	127	10
Dé d'agrafe de plaque de ceinturon — pour les gendarmes réservistes	139	9	139	9
Dé de giberne	127	18	127	18
Dé de jugulaire de casque	75	30	75	30
Dé de mentonnière en fer verni pour shako	75	108	75	108
Dé à coudre	131	21	131	20
Dégorgeoir	162	340	162	319
Dégras	168	49	168	44
Demi-décalitre	»	»	162	677
Densimètre	»	»	162	681
Dessicateur avec cloche et plaque	162	606	162	569
Dessous de porte-fourreau de sabre baïonnette	»	»	127	48
Dessous d'estampe	»	»	162	767
Dessous de patelette	»	»	127	47
Dessus de porte-fourreau	»	»	127	49
Dessus de calot en drap	75	109	75	109
Diables ou traîneaux	162	159	162	151
Diamant	162	341	162	320
Diapason	119	45	119	51
Dispositif pour le port de l'arme à la bretelle	»	»	127	51
Distinctives des escadrons pour spahis	67	3	67	3
Dolmans pour la troupe — Dragons — Sous-officier	19	1	19	1
Dolmans pour la troupe — Dragons — Soldat	19	2	19	2
Dolmans pour la troupe — Chasseurs à cheval — Sous-officier	19	3	19	3
Dolmans pour la troupe — Chasseurs à cheval — Soldat	19	4	19	4
Dolmans pour la troupe — Hussards — Sous-officier	19	5	19	5
Dolmans pour la troupe — Hussards — Soldat	19	6	19	6
Dolmans pour la troupe — Chasseurs d'Afrique — Sous-officier	19	7	19	7
Dolmans pour la troupe — Chasseurs d'Afrique — Soldat	19	8	19	8

DÉSIGNATION DES MATIÈRES ET EFFETS.	ANCIENNE NOMENCLATURE.		NOUVELLE NOMENCLATURE.	
	NUMÉROS		NUMÉROS	
	Sommaires.	Détaillés.	Sommaires.	Détaillés.
1	2	3	4	5
Dolmans pour la troupe. (*Suite*.). — Artillerie — Sous-officier..	19	9	19	9
Dolmans pour la troupe. (*Suite*.). — Artillerie — Soldat........	19	10	19	10
Dolmans pour la troupe. (*Suite*.). — Train des équipages — Sous-officier..	19	11	19	11
Dolmans pour la troupe. (*Suite*.). — Train des équipages — Soldat.......	19	12	19	12
Dolmans pour la troupe. (*Suite*.). — Cavaliers de remonte — Sous-officier.	19	13	19	13
Dolmans pour la troupe. (*Suite*.). — Cavaliers de remonte — Soldat........	19	14	19	14
Dolmans pour la troupe. (*Suite*.). — Ecole d'application de cavalerie et Ecole militaire préparatoire de cavalerie (cadre)........ — Sous-officier.	19	15	19	15
Dolmans pour la troupe. (*Suite*.). — Ecole d'application de cavalerie et Ecole militaire préparatoire de cavalerie (cadre)........ — Soldat.......	19	16	19	16
Dolmans pour sous-officiers rengagés, sous-officiers élèves officiers, sous-officiers et soldats du cadre des écoles militaires. — Sous-officiers rengagés........ — Artillerie.....	100	1	100	1
Dolmans pour sous-officiers rengagés, sous-officiers élèves officiers, sous-officiers et soldats du cadre des écoles militaires. — Sous-officiers rengagés........ — Train des équipages......	100	2	100	2
Dolmans pour sous-officiers rengagés, sous-officiers élèves officiers, sous-officiers et soldats du cadre des écoles militaires. — Ecole militaire de l'artillerie, sous-officiers élèves officiers........ — Artillerie.....	100	3	100	3
Dolmans pour sous-officiers rengagés, sous-officiers élèves officiers, sous-officiers et soldats du cadre des écoles militaires. — Ecole militaire de l'artillerie, sous-officiers élèves officiers........ — Train des équipages......	100	4	100	4
Dolmans pour sous-officiers rengagés, sous-officiers élèves officiers, sous-officiers et soldats du cadre des écoles militaires. — Elève d'administration stagiaire..............	100	5	100	5
Dolmans pour sous-officiers rengagés, sous-officiers élèves officiers, sous-officiers et soldats du cadre des écoles militaires. — Ecole spéciale militaire. — Artillerie......... — Sous-officier rengagé....	101	23	101	23
Dolmans pour sous-officiers rengagés, sous-officiers élèves officiers, sous-officiers et soldats du cadre des écoles militaires. — Ecole spéciale militaire. — Artillerie......... — Sous-officier..	101	24	101	24
Dolmans pour sous-officiers rengagés, sous-officiers élèves officiers, sous-officiers et soldats du cadre des écoles militaires. — Ecole spéciale militaire. — Artillerie......... — Soldat.......	101	25	101	25
Dolmans pour sous-officiers rengagés, sous-officiers élèves officiers, sous-officiers et soldats du cadre des écoles militaires. — Ecole du service de santé militaire........... — Train, soldat.	101	26	101	26
Dolmans pour sous-officiers rengagés, sous-officiers élèves officiers, sous-officiers et soldats du cadre des écoles militaires. — Prytanée militaire. Cavalier ordonnance.......	101	27	101	27
Dolman-vareuse pour élèves des écoles militaires....... — Ecoles milit. préparatoires et Orphelinat Hériot...... — en drap......	101	28	101	28
Dolman-vareuse pour élèves des écoles militaires....... — Ecoles milit. préparatoires et Orphelinat Hériot...... — en toile......	101	29	101	29
Dolman pour le personnel de la télégraphie militaire............	103	3	103	3
Double décalitre..	162	59	162	53
Double décimètre.......... — en métal.....................	162	60	162	54
Double décimètre.......... — en bois......................	162	61	162	55
Double mètre étalonné......................................	»	»	162	714
Doublure de mur en planche.................................	162	160	162	152
Douille.......... — de houppette de casque...................	75	31	75	31
Douille.......... — en cuivre jaune, brasée..................	167	15	167	15
Dragonne pour sous-officier rengagé et sous-officier élève officier .... — Troupes à cheval............	137	14	137	14
Dragonne pour sous-officier rengagé et sous-officier élève officier .... — Troupes à pied...............	137	15	137	15
Dragonne pour sous-officier rengagé et sous-officier élève officier .... — Spahis.........................	137	16	137	16
Dragonne........ — Ecole spéciale militaire. — de sabre pour sergent-major et maréchal des logis chef.........	138	39	138	39
Dragonne........ — Ecole spéciale militaire. — de sabre ou d'épée pour sous-officier rengagé. — Infanterie....	138	40	138	40
Dragonne........ — Ecole spéciale militaire. — de sabre ou d'épée pour sous-officier rengagé. — Cavalerie et artillerie...	138	41	138	41
Dragonne........ — Ecole spéciale militaire. — de sabre pour élève de cavalerie et homme de cadre................	138	42	138	42
Dragonne........ — Ecole du service de santé militaire. — d'épée pour sous-officier rengagé..	138	43	138	43
Dragonne........ — Ecole du service de santé militaire. — de sabre................................	138	44	138	44
Dragonne........ — Prytanée militaire. — de sous-officier rengagé........... — Infanterie....	138	45	138	45
Dragonne........ — Prytanée militaire. — de sous-officier rengagé........... — Cavalerie.....	138	46	138	46
Dragonne........ — Prytanée militaire. — de sergent-major......	138	47	138	47
Dragonne........ — Prytanée militaire. — de sabre de cavalerie..............	138	48	138	48

DÉSIGNATION DES MATIÈRES ET EFFETS.	ANCIENNE NOMENCLATURE. NUMÉROS		NOUVELLE NOMENCLATURE. NUMÉROS	
	Sommaires.	Détaillés.	Sommaires.	Détaillés.
1	2	3	4	5
Dragonnes … blanche (prix de concours) … Sous-officier	»	»	115	4
Dragonnes … blanche (prix de concours) … Soldat	»	»	115	5
Dragonnes … de cavalerie	115	1	115	1
Dragonnes … d'infanterie (sergent-major)	115	2	115	2
Dragonnes … de sabre pour spahis	132	6	132	6
Dragonnes … en cuir ciré	»	»	115	3
Draps … de sous-officier rengagé … blanc blanchi	1	1	1	1
Draps … de sous-officier rengagé … bleu de ciel	1	2	1	2
Draps … de sous-officier rengagé … bleu foncé	1	3	1	3
Draps … de sous-officier rengagé … rouge ton garance	1	4	1	4
Draps … de sous-officier rengagé … gris de fer foncé	1	5	1	5
Draps … de sous-officier rengagé … jonquille	1	6	1	6
Draps … de sous-officier rengagé … écarlate	1	7	1	7
Draps … de sous-officier rengagé … gris de fer bleuté fin	»	»	1	8
Draps … spéciaux pour l'École militaire de l'artillerie et du génie … bleu foncé … pour dolman et tunique	»	8	1	12
Draps … spéciaux pour l'École militaire de l'artillerie et du génie … bleu foncé … pour pèlerine, pantalon et képi	»	9	1	13
Draps … spéciaux pour l'École militaire de l'artillerie et du génie … écarlate, dit « casimir »	»	10	1	14
Draps … de sous-officier … blanc blanchi	1	13	1	19
Draps … de sous-officier … bleu de ciel	1	14	1	20
Draps … de sous-officier … bleu foncé	1	15	1	21
Draps … de sous-officier … rouge ton garance	1	16	1	22
Draps … de sous-officier … gris de fer foncé	1	17	1	23
Draps … de sous-officier … jonquille	1	18	1	24
Draps … de sous-officier … écarlate	1	19	1	25
Draps … de soldat … bleu de ciel	1	25	1	30
Draps … de soldat … bleu foncé	1	26	1	31
Draps … de soldat … rouge ton garance	1	27	1	32
Draps … de soldat … gris beige	1	28	1	33
Draps … de soldat … gris bleuté	1	29	1	34
Draps … de soldat … gris de fer foncé	1	20	1	35
Draps … de soldat … marron foncé	1	31	1	36
Draps … de soldat … beige bleu	1	32	1	37
Draps … de soldat … bleuté cuir-laine	1	33	1	38
Drapeau	»	»	162	74
Dynamomètres … modèle Chèvefy	162	94	162	8[illegible]
Dynamomètres … de divers modèles	162	95	162	8[illegible]
Eau de cuivre	168	50	168	4[illegible]
Ebranchoir de cordonnier	162	342	162	32[illegible]
Ecaille de jugulaire (les 14) pour casque	75	32	75	3[illegible]
Echafaudage roulant	162	161	162	15[illegible]
Echelles … d'incendie	162	52	162	4[illegible]
Echelles … double	162	162	162	15[illegible]
Echelles … simple	162	163	162	15[illegible]
Ecouvillon … en laine pour … petite flûte	»	»	119	7[illegible]
Ecouvillon … en laine pour … clarinette	»	»	119	7[illegible]
Ecouvillon … en soie pour … petite flûte	»	»	119	8[illegible]
Ecouvillon … en soie pour … grande flûte	»	»	119	8[illegible]
Ecouvillon … avec tournevis pour grande flûte	»	»	119	8[illegible]
Ecumoire en fer battu étamé (grande)	»	»	163	1

DÉSIGNATION DES MATIÈRES ET EFFETS.	ANCIENNE NOMENCLATURE. NUMÉROS		NOUVELLE NOMENCLATURE. NUMÉROS	
	Sommaires.	Détaillés.	Sommaires.	Détaillés.
1	2	3	4	5
Ecumoire pour cantine à vivres	147	72	147	72
Ecussons pour képis — à 1 chiffre ou attribut	52	9	52	8
Ecussons pour képis — à 2 chiffres ou à 1 chiffre avec lettre	52	10	52	9
Ecussons pour képis — à 3 chiffres ou à 2 chiffres avec lettre	52	11	52	10
Ecussons pour képis — à grenade ou étoile	52	12	52	11
Ecusson brodé (Ecole polytechnique) — en or	101	171	101	172
Ecusson brodé (Ecole polytechnique) — en laine	101	172	101	173
Ecussons — porte-baguettes (seul)	119	142	119	146
Ecussons — brodé pour interprète stagiaire	»	»	50	60
Ecussons — pour képi d'interprète stagiaire	»	»	52	12
Ecussons — en cuivre pour brassards	»	»	52	13
Ecussons — mobiles en tresse carrée écarlate (artillerie)	»	»	52	27
Ecussons — brodés en soie pour képis de sous-officiers rengagés	»	»	100	136
Ecussons — en aluminium pour tambour	122	37	122	8
Ecussons — de drapeau	»	»	162	752
Eléments complets de pile de forteresse Leclanché n° 2	»	»	162	731
Elkeit pour spahis	67	11	67	11
Embouchure — de piston, 1er choix	»	»	119	83
Embouchure — de bugle, 1er choix	»	»	119	84
Embouchure — d'alto et de trompette d'harmonie, 1er choix	»	»	119	85
Embouchure — de baryton, 1er choix	»	»	119	86
Embouchure — de basse, 1er choix	»	»	119	87
Embouchure — de trombone à piston ou à coulisse, 1er choix	»	»	119	88
Embouchure — de contrebasse, *mi* bémol, 1er choix	»	»	119	89
Embouchure — de contrebasse, *si* bémol, 1er choix	»	»	119	90
Embouchure — pour clairon ou trompette	»	»	122	18
Embouchure — recourbée pour clairon ou trompette	»	»	122	19
Empiloir à couvertures	162	607	162	570
Emporte-pièce pour découpage de pattes et d'écussons	162	343	162	322
Encaustique	»	»	168	115
Enchapure — en cuivre de dé ou boucle de casque	75	33	75	33
Enchapure — de boucle de mentonnière de shako	75	110	75	110
Enchapure — de dé de mentonnière de shako	75	111	75	111
Enchapure — avec agrafe pour gamelle individuelle	»	»	147	91
Enclume	162	344	162	323
Enclume et mèche emporte-pièce pour machine à placer les œillets	»	»	162	751
Enclumette pour battre les faulx	162	345	162	324
Encre — à marquer les colis	157	1	157	1
Encre — à marquer (Dagron, Marrot, Moreau)	»	»	171	1
Encre — blanche pour le marquage des effets de couleur foncée	»	»	171	2
Encriers	162	164	162	156
Engrenage	162	608	162	571
Enseignes	162	165	162	157
Entonnoirs	162	609	162	572

DÉSIGNATION DES MATIÈRES ET EFFETS.	ANCIENNE NOMENCLATURE. NUMÉROS		NOUVELLE NOMENCLATURE NUMÉROS	
	Sommaires.	Détaillés.	Sommaires.	Détaillés.
1	2	3	4	5
Entourage protecteur — cylindrique	»	»	162	761
Entourage protecteur — rectangulaire	»	»	162	762
Entre-deux avec anneaux et crochet (accessoire de ceinturon)	127	11	127	11
Entréomètre	162	96	162	89
Enveloppe de jonc en basane pour shako	75	112	75	111
Enveloppes — de paillasse	144	4	144	3
Enveloppes — de traversin	144	5	144	4
Enveloppes — diverses pour étoffes ou couvertures (A)	162	610	162	573
Enveloppe de chapeau en cuir noir	167	32	167	30
Enveloppe imperméable pour le transport de la comptabilité de compagnie en campagne	»	»	162	745
Enveloppes pour le transport de la comptabilité des compagnies.	»	»	148	37
Epaulettes pour la troupe (sans garniture) — Cuirassiers	20	1	20	1
Epaulettes pour la troupe (sans garniture) — Infanterie de ligne et génie	20	2	20	2
Epaulettes pour la troupe (sans garniture) — Chasseurs à pied	20	3	20	3
Epaulettes pour la troupe (sans garniture) — Infanterie légère d'Afrique	20	4	20	4
Epaulettes pour la troupe (sans garniture) — Régiments étrangers	20	5	20	5
Epaulettes pour la troupe (sans garniture) — Compagnie de discipline (cadre)	20	6	20	6
Epaulettes pour la troupe (sans garniture) — Secrétaires d'état-major et de recrutement	20	7	20	7
Epaulettes pour la troupe (sans garniture) — Trompettes de cuirassiers	20	8	20	8
Epaulettes pour la troupe (sans garniture) — Commis et ouvriers militaires d'administration	20	9	20	9
Epaulettes pour la troupe (sans garniture) — Infirmiers militaires	20	10	20	10
Épaulettes pour les tambours-majors, sous-officiers rengagés et élèves officiers (sans garniture) — Tambour-major sous-officier, élève officier, sous-officier rengagé à tournantes — mélangées d'or	100	6	100	6
Épaulettes pour les tambours-majors, sous-officiers rengagés et élèves officiers (sans garniture) — Tambour-major sous-officier, élève officier, sous-officier rengagé à tournantes — mélangées d'argent	100	7	100	7
Épaulettes pour les tambours-majors, sous-officiers rengagés et élèves officiers (sans garniture) — Sous-officier rengagé de cuirassiers	100	8	100	8
Epaulettes pour les écoles militaires (sans garniture) — Ecole polytechnique — Portier-consigne	101	30	101	30
Epaulettes pour les écoles militaires (sans garniture) — Ecole spéciale militaire — Tambour-major	101	31	101	31
Epaulettes pour les écoles militaires (sans garniture) — Ecole spéciale militaire — Elèves	101	32	101	32
Epaulettes pour les écoles militaires (sans garniture) — Ecole du service de santé militaire — pour sous-officiers rengagés	101	33	101	33
Epaulettes pour les écoles militaires (sans garniture) — Ecole du service de santé militaire — pour sous-officiers et soldats	101	34	101	34
Epaulettes pour les écoles militaires (sans garniture) — Prytanée militaire — Elèves	101	35	101	35
Epaulettes pour les écoles militaires (sans garniture) — Prytanée militaire — Sous-officiers rengagés	101	36	101	36
Épaulettes (avec garniture). — Cuirassiers	20	1	20	11
Épaulettes (avec garniture). — Infanterie de ligne et génie	20	2	20	12
Épaulettes (avec garniture). — Chasseurs à pied	20	3	20	13
Épaulettes (avec garniture). — Infanterie légère d'Afrique	20	4	20	14
Épaulettes (avec garniture). — Régiments étrangers	20	5	20	15
Épaulettes (avec garniture). — Compagnies de discipline (cadre)	20	6	20	16
Épaulettes (avec garniture). — Secrétaires d'état-major et du recrutement	20	7	20	17
Épaulettes (avec garniture). — Trompettes de cuirassiers	20	8	20	18
Épaulettes (avec garniture). — Commis et ouvriers militaires d'administration	20	9	20	19
Épaulettes (avec garniture). — Infirmiers militaires	20	10	20	20
Eperons pour les spahis — à la chevalière, avec courroies et sous-pieds	86	2	86	2
Eperons pour les spahis — Eperons seuls	86	3	86	3

DÉSIGNATION DES MATIÈRES ET EFFETS.	ANCIENNE NOMENCLATURE. Numéros		NOUVELLE NOMENCLATURE. Numéros	
	Sommaires.	Détaillés.	Sommaires.	Détaillés.
1	2	3	4	5
Eperons — du modèle général	92	1	92	1
Eperons — à la chevalière	92	2	92	2
Eperons — à la chevalière pr les écoles milit. préparatoires	101	257	101	258
Eperons — de tenue de manège	104	48	104	48
Epingles	168	110	168	98
Eponge emmanchée	162	166	162	158
Eponge de pansage	131	16	131	15
Eponges	168	111	168	99
Eprouvettes	162	611	162	574
Equerres — en bois	162	346	162	325
Equerres — en fer	162	347	162	326
Espadrilles — pour les écoles	101	256	101	257
Espadrilles — simples	»	»	84	11
Espadrilles — à semelles renforcées	»	»	130	100
Essence — minérale	168	125	171	4
Essence — de térébenthine	168	51	168	46
Essoreuse de buanderie	162	14	162	13
Estampilles — en bois	162	348	162	327
Estampilles — en fer pour plomber les colis	162	349	162	328
Etablis — de ferblantier	162	350	162	329
Etablis — de menuisier	162	351	162	330
Etagère	162	167	162	159
Etain fin	168	6	168	7
Etats de casernement	»	»	162	776
Etaux — à agrafes	162	353	162	331
Etaux — à main	162	354	162	332
Etiquettes — de portes de chambre	»	»	162	698
Etiquettes — d'armes	162	612	162	575
Etiquettes — de lit	162	613	162	576
Etiquettes — parcheminées	162	614	162	577
Etiquettes — passe-partout	162	615	162	578
Etiquettes — pour ballots collectifs	»	»	162	579
Etoile ailée — avec no du groupe, brodée en laine	»	»	50	856
Etoile ailée — avec no du groupe, brodée en or et soie	»	»	50	857
Etoile ailée — sans no du groupe, brodée en or et soie	»	»	50	858
Etoile — avec foudres, brodée en soie d'or ou d'argent	50	25	50	25
Etoile — avec foudres, brodée en laine	50	34	50	34
Etoile — découpée en drap	50	43	50	48
Etoile — en cuivre pour képi de 1re tenue	75	67	75	66
Etoile — brodée en or pour sous-of. élève officier d'administ.	100	78	100	79
Etoile pour képi du Prytanée militaire — Sous-officier rengagé (cuivre doré)	101	246	101	247
Etoile pour képi du Prytanée militaire — Cadre (cuivre)	101	247	101	248
Etoiles entourées de foudres pour le personnel de la télégraphie militaire — brodées en or et soie bleu de ciel — de collet	103	10	103	10
Etoiles entourées de foudres pour le personnel de la télégraphie militaire — brodées en or et soie bleu de ciel — de képi	103	11	103	11
Etoiles entourées de foudres pour le personnel de la télégraphie militaire — en laine bleu de ciel — de collet	103	12	103	12
Etoiles entourées de foudres pour le personnel de la télégraphie militaire — en laine bleu de ciel — de képi	103	13	103	13
Etouffoir en tôle	»	»	162	777
Etoupes	168	52	168	47
Etrilles	131	17	131	16
Etui d'aigrette	72	5	72	5

DÉSIGNATION DES MATIÈRES ET EFFETS.	ANCIENNE NOMENCLATURE. NUMÉROS		NOUVELLE NOMENCLATURE. NUMÉROS	
	Sommaires.	Détaillés.	Sommaires.	Détaillés.
1	2	3	4	5
Etui-musette pour troupes munies de la bretelle de suspension	»	»	130	93
Etuis en basane pour instruments de musique, de saxophone, soprano	119	3	119	14
— — alto	119	4	119	15
— — ténor	119	5	119	16
— — baryton	119	6	119	17
— de cornet à pistons	119	7	119	2
— de petit saxhorn soprano	119	8	119	8
— Etui d'anche de clarinette ou de hautbois	»	»	119	91
— — saxophone	»	»	119	92
Etuis en basane pour instruments de musique. (*Suite.*), de saxhorn, contre-alto	119	9	119	4
— — baryton	119	10	119	6
— — basse	119	11	119	7
— — contre-basse mi *b*	119	12	119	8
— — contre-basse *si b*	119	13	119	9
— de trompette à pistons	119	14	119	11
— de trombone à pistons	119	15	119	12
— de saxo-tromba-alto	119	16	119	5
— de cymbales	119	17	119	18
Etui-musette, modèle ordinaire	130	7	130	7
— nouveau modèle	130	8	130	8
Etuis d'outils de campement, faucille	146	42	146	40
— hache	146	43	146	41
— pelle	146	44	146	42
— pioche	146	45	146	43
— serpe	146	46	146	44
Etui de plumet	77	7	77	6
Etui de revolver, en cuir noir, s^s cour^{oie} de ceint^{re} ni banderole	116	2	116	3
— — complet	116	3	116	4
— en cuir fauve, sans lanière de revolver ni courroie de ceinture ni banderole	116	4	116	5
— — complet	116	5	116	6
— avec banderole, pour spahis	132	7	132	7
— en cuir fauve, Ecole spéciale militaire	138	49	138	49
— — Ecole du service de santé milit.	138	50	138	50
— en cuir verni noir sans lanière pour gendarme	139	5	139	5
Etui de sifflet de signal	121	2	121	2
Etuis d'ustensiles de campement, de gamelle-moulin à café	147	29	147	27
— de bidons, à 8 hommes	147	30	147	28
— — à 4 hommes	147	30	147	29
— de marmites, à 8 hommes	147	30	147	30
— — à 4 hommes	147	30	147	31
— de gamelles, à 8 hommes	147	50	147	32
— — à 4 hommes	147	30	147	33
— de gamelles individuelles	147	31	147	34
— de petits bidons, de 1 litre, en tôle	147	32	147	35
— — — en aluminium	147	33	147	36
— — de 2 litres, en tôle	147	34	147	37
— — — en aluminium	147	35	147	38
— — de cavalerie, avec quart adhérent	147	36	147	39
Etuis d'ustensiles en treillis N. M., marmite à 4 hommes	»	»	147	98
— gamelle à 4 hommes	»	»	147	99
— gamelle individuelle	»	»	147	100
Etuve de buanderie	162	15	162	14

DÉSIGNATION DES MATIÈRES ET EFFETS.	ANCIENNE NOMENCLATURE. NUMÉROS		NOUVELLE NOMENCLATURE. NUMÉROS	
	Sommaires.	Détaillés.	Sommaires.	Détaillés.
1	2	3	4	5
Etuves — de Coulier	162	617	162	580
Etuves — Wiessney	162	618	162	581
Extincteurs avec accessoires — modèle de Mauclerc	162	26	162	23
Extincteurs avec accessoires — modèle Monnet	162	27	162	24
Extincteurs avec accessoires — modèle de Roëlands	162	28	162	25
Extincteurs avec accessoires — modèle Tabouët en fer — de 15 litres	162	29	162	26
Extincteurs avec accessoires — modèle Tabouët en fer — de 25 litres	162	30	162	27
Extincteurs avec accessoires — modèle Tabouët en fer — de 40 litres	162	31	162	28
Extincteurs avec accessoires. (*Suite.*) — modèle Tabouët en cuivre — de 15 litres	162	32	162	29
Extincteurs avec accessoires. (*Suite.*) — modèle Tabouët en cuivre — de 25 litres	162	33	162	30
Extincteurs avec accessoires. (*Suite.*) — modèle Tabouët en cuivre — de 40 litres	162	34	162	31
Extincteurs avec accessoires. (*Suite.*) — modèle Zapfle	162	35	162	32
Falot de ronde	162	619	162	582
Fanion flamme seule) — d'alignement	130	9	130	9
Fanion flamme seule) — pour arbitres	130	10	130	10
Fanion flamme seule) — pour quartiers généraux — pour général commandant en chef un groupe d'armées	130	11	130	11
Fanion flamme seule) — pour quartiers généraux — pour major général d'un groupe d'armées	130	12	130	12
Fanion flamme seule) — pour quartiers généraux — pour général commandant en chef une armée	130	13	130	13
Fanion flamme seule) — pour quartiers généraux — pour général commandant un corps d'armée	130	14	130	14
Fanion flamme seule) — pour quartiers généraux — pour général commandant l'artillerie ou le génie d'une armée	130	15	130	15
Fanion flamme seule) — pour quartiers généraux — pour général commandant la 1re division d'infanterie d'un corps d'armée	130	16	130	16
Fanion flamme seule) — pour quartiers généraux — pour général commandant la 2e division d'infanterie d'un corps d'armée	130	17	130	17
Fanion flamme seule) — pour quartiers généraux — pour général commandant la 3e division d'infanterie d'un corps d'armée	130	18	130	18
Fanion flamme seule) — pour quartiers généraux — pour général commandant une division d'infanterie non comprise dans un corps d'armée	130	19	130	19
Fanion flamme seule) — pour quartiers généraux — pour général commandant un groupe de divisions de cavalerie	130	20	130	20
Fanion flamme seule) — pour quartiers généraux — pour général commandant la brigade d'artillerie d'un corps d'armée	130	21	130	21
Fanion flamme seule) — pour quartiers généraux — pour général commandant la brigade de cavalerie d'un corps d'armée	130	22	130	22
Fanion flamme seule) — pour quartiers généraux — pour général commandant une division de cavalerie	130	23	130	23
Fanion flamme seule) — pour quartiers généraux — pour général commandant directeur des manœuvres de cavalerie	130	24	130	24
Fanion flamme seule) — pour sections de munitions d'infanterie	130	25	130	25
Fanion flamme seule) — pour 1re, 2e et 3e sections du parc d'artil.	130	26	130	26
Fanion flamme seule) — pour caissons de bataillon	130	27	130	27
Fanion flamme seule) — pour sections de munitions d'artillerie	130	28	130	28
Fanion flamme seule) — pour 4e section du parc d'artillerie	130	29	130	29
Fanion flamme seule) — pour Ambulances et hôpitaux de campagne	130	30	130	30
Fanion flamme seule) — pour Postes télégraphiques	130	31	130	31
Faubert en fils goudronnés	»	»	162	721

DÉSIGNATION DES MATIÈRES ET EFFETS.	ANCIENNE NOMENCLATURE. NUMÉROS		NOUVELLE NOMENCLATURE. NUMÉROS	
	Sommaires.	Détaillés.	Sommaires.	Détaillés.
1	2	3	4	5
Faucille	146	50	146	47
Fausses bottes, pour pantalon de cheval, ancien modèle	48	1	48	1
Fausses bottes, pour pantalon de cheval, rétrécies	48	2	48	2
Fausses cartouches en bois	»	»	162	716
Fausse jugulaire, avec les petits boutons, en galon d'or de 0m006, trait, côtelé	75	73	75	72
Fausse jugulaire, avec les petits boutons, en galon d'argent de 0m006, trait côtelé	75	74	75	73
Fausse jugulaire en or, pour képi d'élève du Prytanée militaire	101	248	101	249
Fauteuil	162	168	162	169
Fausses manches avec plastron pour le bureau	104	57	104	57
Faux emmanchée	162	355	162	333
Faux éperons	92	4	92	3
Fer de bras, brodé en or	50	10	50	10
Fer de bras, brodé en argent	50	11	50	11
Fer de bras, brodés en soie et or ou argent, avec clous en argent	50	27	50	27
Fer de bras, brodés en soie et or ou argent, avec clous en or	50	26	50	26
Fer de bras, en drap soutaché, 1er aide-maréchal ferrant, en or	50	37	50	37
Fer de bras, en drap soutaché, 1er aide-maréchal ferrant, en argent	50	38	50	38
Fer de bras, en drap soutaché, 2e aide-maréchal ferrant, en or	50	39	50	39
Fer de bras, en drap soutaché, 2e aide-maréchal ferrant, en argent	50	40	50	40
Fer de bras, découpé en drap	50	43	50	43
Fer de bras (École spéciale militaire), brodé en or (1er maître maréchal ferrant)	101	175	101	177
Fer de bras (École spéciale militaire), brodé en filé d'or (maître-maréchal)	101	176	101	178
Fer de bras (École spéciale militaire), pour 1er aide-maréchal	101	177	101	179
Fer de bras (École spéciale militaire), pour 2e aide maréchal	101	178	101	180
Fer de bras (École spéciale militaire), découpé en drap, pour élève-maréchal	101	179	101	181
Ferrets pour gendarmes réservistes	104	33	104	33
Fer de lance	146	100	146	92
Fer feuillard	155	3	155	3
Fers à égoutter	162	356	162	334
Fers à griller les poils des draps	162	357	162	335
Fers à réchaud	162	358	162	336
Fers à repasser	162	359	162	337
Fers à souder	162	360	162	338
Fers de chapelier	162	361	162	339
Fers d'outils de menuisier	162	362	162	340
Fers de diverses grosseurs	168	7	168	8
Fer-blanc (feuille)	167	16	167	16
Feuille de platine	162	577	162	541
Feuille de boucher	»	»	163	16
celles	168	112	168	100
Ficelle d'emballage	155	4	155	4
Ficelle (pelote de 0m260)	»	»	168	111
Ficelle de fusil	»	»	168	120
Fil (collection réglementaire de quatre écheveaux)	131	22	131	21
F. là plomb	162	97	162	90
Fil de platine	162	577	162	541
Fil de fer galvanisé	162	620	162	583
Fil de fer ordinaire	168	8	168	9
Fil de laiton	168	9	168	10

DÉSIGNATION DES MATIÈRES ET EFFETS.	ANCIENNE NOMENCLATURE. Numéros Sommaires.	ANCIENNE NOMENCLATURE. Numéros Détaillés.	NOUVELLE NOMENCLATURE. Numéros Sommaires.	NOUVELLE NOMENCLATURE. Numéros Détaillés.
1	2	3	4	5
Fils à voile	168	113	168	101
Fils de sellier	168	114	168	102
Fils écru	168	115	168	103
Fils noir	168	116	168	104
Fils cachou	168	117	168	105
Filières	162	364	162	341
Filtre à huile	162	365	162	342
Flacons	162	621	162	584
Flamme de lance	130	33	130	32
Flans pour plomber	»	»	154	35
Flanelles lisses blanche (en 1m040)	2	1	2	1
Flanelles lisses bleu indigo	2	2	2	3
Flanelles lisses blanche (en 2m080)	2	»	2	2
Flûte petite	119	21	119	19
Flûte grande	119	22	119	20
Foin pour l'emballage	155	5	155	5
Fontaine lavabo en métal	162	169	162	161
Fontaine en pierre	162	170	162	162
Forets	162	366	162	343
Forge mobile	162	367	162	344
Formes	162	368	162	345
Forme ferrée pour cordonnier	162	369	162	346
Foudres en cuivre (attribut de képi de 1re tenue)	75	66	75	65
Foudres brodés en fil	50	33	50	33
Fouet	130	34	130	33
Foulard en soie pour spahis	67	4	67	4
Foulon à maillet suspendu	162	16	162	15
Four à rôtir	»	»	162	759
Fourche en bois	146	51	146	48
Fourche en fer	146	52	146	49
Fourche en fer, américaine	162	370	162	347
Fourchette pour marmite de peloton	147	41	147	42
Fourchette (ustensile de cantine à vivres)	147	73	147	73
Fourchettes individuelles	130	35	130	34
Fourchette à découper	»	»	163	18
Fourchette en fer étamé (grande)	»	»	163	17
Fourneaux à gaz	162	171	162	163
Fourneaux ordinaire	162	172	162	164
Fourneau à colle forte, avec bain-marie	162	371	162	348
Fourneau à moufle, à incinération	162	622	162	585
Fraises	162	372	162	349
Fromage en grès	162	623	162	586
Fusil de boucher	»	»	163	19
Futailles d'emballage en chêne de 250 litres	»	»	154	32
Futailles d'emballage en chêne de 225 litres	»	»	154	33
Futailles d'emballage en pitchpin	»	»	154	34
Fût en aluminium pour grosse caisse	119	145	119	149
Fût de caisse en cuivre	119	144	119	148
Fût de caisse en aluminium	119	143	119	147
Gabarits pour mesurer le tour de tête	162	98	162	91
Gabarits d'étui de revolver	»	»	162	702

DÉSIGNATION DES MATIÈRES ET EFFETS.	ANCIENNE NOMENCLATURE. NUMÉROS		NOUVELLE NOMENCLATURE. NUMÉROS	
	Sommaires.	Détaillés.	Sommaires.	Détaillés.
1	2	3	4	5
Gabarits de cartouche de revolver	»	»	162	703
Câche avec agrafe pour gamelle individuelle	»	»	147	92
Gaine pour fourreau de sabre — de cavalerie — droit	»	»	130	97^2
Gaine pour fourreau de sabre — de cavalerie — courbe	»	»	130	97^3
Gaine pour fourreau de sabre — d'adjudant d'infanterie modèle 1845	»	»	130	97^4
Gaine en cuivre, pour attache de tête de lion	75	113	75	112
Galet à sertir	162	373	162	350
Galons — d'or — de 0m022 — façon à lézardes — A. M.	49	1	49	1
Galons — d'or — de 0m022 — façon à lézardes — N. M.	49	2	49	2
Galons — d'or — de 0m022 — façon cul-de-dé	49	3	49	3
Galons — d'or — de 0m015	49	4	49	4
Galons — d'or — de 0m012 — A. M.	49	5	49	5
Galons — d'or — de 0m012 — N. M.	49	6	49	6
Galons — d'or — de 0m011	49	7	49	7
Galons — d'or — de 0m006	49	8	49	8
Galons — d'or — en trait côtelé, de 0m006, pour adjudants et médecins auxiliaires	49	9	49	9
Galons — d'argent — de 0m022 — façon à lézardes	49	10	49	10
Galons — d'argent — de 0m022 — façon cul-de-dé	49	11	49	11
Galons — d'argent — de 0m015	49	12	49	12
Galons — d'argent — de 0m012	49	13	49	13
Galons — d'argent — de 0m011	49	14	49	14
Galons — d'argent — de 0m010	49	15	49	15
Galons — d'argent — de m006	49	16	49	16
Galons — d'argent — en trait côtelé de 0m006, pour adjudants, etc.	49	17	49	17
Galons — pour brides d'épaule — or et soie	49	18	49	18
Galons — pour brides d'épaule — argent et soie	49	19	49	19
Galons — de laine — garance — de 0m022	49	20	49	20
Galons — de laine — garance — de 0m012	49	21	49	21
Galons — de laine — écarlate — de 0m022	49	22	49	22
Galons — de laine — écarlate — de 0m012	49	23	49	23
Galons — de laine — jonquille — de 0m022	49	24	49	24
Galons — de laine — jonquille — de 0m012	49	25	49	25
Galons — de laine — bleu de ciel, de 0m022, pour spahis	49	26	49	26
Galons — de laine — à losanges tricolores, de 0m022	49	27	49	27
Galons — en poil de chèvre	49	28	49	28
Galons — en fil blanc	49	29	49	29
Galons — pour fausses jugulaires en métal — en or	49	30	49	30
Galons — pour fausses jugulaires en métal — en argent	49	31	49	31
Galon de laine pour shako — de pourtour — 0m020 — blanc	76	1	76	1
Galon de laine pour shako — de pourtour — 0m020 — écarlate	76	2	76	2
Galon de laine pour shako — de pourtour — 0m020 — garance	76	3	76	3
Galon de laine pour shako — de pourtour — 0m020 — jonquille	76	4	76	4
Galon de laine pour shako — de pourtour — 0m028 — blanc	76	5	76	5
Galon de laine pour shako — de pourtour — 0m028 — noir	76	6	76	6
Galon de laine pour shako — de chevron, 0m022 écarlate rayé de noir	76	7	76	7
Galons pour les écoles — École polytechnique — en or 0m022	102	1	102	1
Galons pour les écoles — École polytechnique — en laine — à losanges	102	2	102	2
Galons pour les écoles — École polytechnique — en laine — en 0m022	102	3	102	3
Galons pour les écoles — École spéc. mil. — en or (de grade) — en 0m022	102	4	102	4
Galons pour les écoles — École spéc. mil. — en or (de grade) — en 0m012	102	5	102	5

DÉSIGNATION DES MATIÈRES ET EFFETS.	ANCIENNE NOMENCLATURE. NUMÉROS		NOUVELLE NOMENCLATURE. NUMÉROS	
	Sommaires.	Détaillés.	Sommaires.	Détaillés.
1	2	3	4	5
Galons pour les écoles. (*Suite.*) — Ecole spéciale militaire. (*Suite.*) — à losanges, en 0m,022	102	6	102	6
Galons pour les écoles. (*Suite.*) — Ecole spéciale militaire. (*Suite.*) — écarlate... en 0m,022	102	7	102	7
Galons pour les écoles. (*Suite.*) — Ecole spéciale militaire. (*Suite.*) — écarlate... en 0m,012	102	8	102	8
Galons pour les écoles. (*Suite.*) — Ecole spéciale militaire. (*Suite.*) — orange.... en 0m,022	102	9	102	9
Galons pour les écoles. (*Suite.*) — Ecole spéciale militaire. (*Suite.*) — orange.... en 0m,012	102	10	102	10
Galons pour les écoles. (*Suite.*) — Ecole du service de santé mil. — en or, façon à lézardes (0m,022)	102	11	102	11
Galons pour les écoles. (*Suite.*) — Ecole du service de santé mil. — en laine... à losanges	102	12	102	12
Galons pour les écoles. (*Suite.*) — Ecole du service de santé mil. — en laine... écarlate (0m,022)	102	13	102	13
Galons pour les écoles. (*Suite.*) — Prytanée militaire. — En or (0m,022)	102	14	102	14
Galons pour les écoles. (*Suite.*) — Prytanée militaire. — De bride d'épaule pour sous-officiers rengagés	102	15	102	15
Galons pour les écoles. (*Suite.*) — Prytanée militaire. — à losanges	102	16	102	16
Galons pour les écoles. (*Suite.*) — Prytanée militaire. — écarlate (0m,022)	102	17	102	17
Galons pour les écoles. (*Suite.*) — Prytanée militaire. — orange (0m,022)	102	18	102	18
Galons pour interprètes stagiaires	»	»	51	44
Gamelle individuelle. — Infanterie. — en tôle	130	36	130	35
Gamelle individuelle. — Infanterie. — en aluminium	130	37	130	36
Gamelle individuelle. — Cavalerie. — en tôle	130	38	130	37
Gamelle individuelle. — Cavalerie. — en aluminium	130	39	130	38
Gamelle...... — à 8 hommes	147	11	147	9
Gamelle...... — à 4 hommes — en tôle	147	12	147	10
Gamelle...... — à 4 hommes — en aluminium	147	13	147	11
Gamelle...... — Moulin à café	147	14	147	12
Gamelle...... — Nécessaire Bouthéon	147	15	147	13
Gamelle moulin à café	147	56	147	56
Gandoura	15	7	15	7
Ganse carrée grosse...... — en mohair noir	51	8	51	8
Ganse carrée grosse...... — blanche	51	9	51	9
Ganse carrée grosse...... — écarlate	51	10	51	10
Ganse carrée grosse...... — garance	51	11	51	11
Ganse carrée grosse...... — noire	51	12	51	12
Ganse........ — carrée petite.......... — garance	51	13	51	13
Ganse........ — carrée petite.......... — jonquille	51	14	51	14
Ganse........ — carrée petite.......... — noire	51	15	51	15
Ganse........ — ronde..... — en fil noir	51	16	51	16
Ganse........ — ronde..... — en coton noir (lacets de pantalons de zouaves et tirailleurs)	51	17	51	17
Ganse en laine... — pour cocarde	76	8	76	8
Ganse en laine... — pour réparations	169	8	169	7
Gants........ — en coton	21	1	»	»
Gants........ — en laine	21	2	»	»
Gants........ — en peau... — pour troupes à cheval	21	3	»	»
Gants........ — en peau... — pour sous-officiers de troupes à pied	21	4	»	»
Gants........ — en peau... — couleur chamois	21	5	»	»
Gants........ — pour gendarmes réservistes et territoriaux	104	19	104	19
Gants........ — pour membres des commissions de réception	162	624	162	587
Gants........ — moufles en laine	»	»	21	1
Gants........ — de tenue de ville de sous-officiers rengagés	»	»	100	147
Garde-feu	»	»	162	749
Garniture d'éperons (tenue de manège)	104	49	104	49
Gibernes..... — d'infanterie et corps assimilés	113	8	113	8
Gibernes..... — de cavalerie	113	9	113	9

DÉSIGNATION DES MATIÈRES ET EFFETS.	ANCIENNE NOMENCLATURE. NUMÉROS		NOUVELLE NOMENCLATURE. NUMÉROS	
	Sommaires.	Détaillés.	Sommaires.	Détaillés.
1	2	3	4	5
Gibernes (*Suite.*) — ancien modèle, génie (sapeurs-conducteurs)	113	10	113	10
Gibernes (*Suite.*) — avec porte-giberne pour spahis	132	8	132	8
Giberne porte-musique — d'infanterie	119	19	119	23
Giberne porte-musique — d'artillerie	119	20	119	24
Giberne pour les gendarmes réservistes et territoriaux	139	6	139	6
Gilets — Zouaves — Sous-officier	22	1	22	1
Gilets — Zouaves — Soldat	22	2	22	2
Gilets — Tirailleurs algériens — Sous-officier	22	3	22	3
Gilets — Tirailleurs algériens — Soldat	22	4	22	4
Gilets — de coton	22	5	22	5
Gilets — de flanelle — ordinaire	22	6	22	6
Gilets — de flanelle — en usage dans les troupes coloniales	22	7	22	7
Gilets — de laine	22	8	22	8
Gilet matelassure de cuirasse	26	1	26	1
Gilet pour les spahis — Sous-officier	33	5	33	5
Gilet pour les spahis — Soldat	33	6	33	6
Gilet de sous-officier rengagé — Zouaves	100	9	100	9
Gilet de sous-officier rengagé — Tirailleurs	100	10	100	10
Gilet de sous-officier rengagé — Spahis	100	11	100	11
Gilets pour les écoles — en drap — Elève de l'École polytechnique	101	37	101	37
Gilets pour les écoles — en drap — Agents secondaires des diverses écoles	101	38	101	38
Gilets pour les écoles — en coton — Elèves des écoles milit. préparatoires	101	39	101	39
Gilets pour les écoles — en coton — Elèves de l'Orphelinat Hériot	101	40	101	40
Gilet pour les hommes libérés des bataillons d'infanterie légère d'Afrique	»	»	107	1
Glace	131	22	131	28
Glace avec cadre	162	173	162	165
Glands pour chéchias — Zouaves et tirailleurs — Sous-officier	74	1	74	1
Glands pour chéchias — Zouaves et tirailleurs — Soldat	74	2	74	2
Glands pour chéchias — Chasseurs d'Afrique et cavaliers de remonte (Algérie) — Sous-officier	74	3	74	3
Glands pour chéchias — Chasseurs d'Afrique et cavaliers de remonte (Algérie) — Soldat	74	4	74	4
Glands pour chéchias — Spahis — Sous-officier	67	5	67	5
Glands pour chéchias — Spahis — Soldat	67	6	67	6
Glands pr chéchias pr sous-officiers reng. — Zouaves	100	126	100	127
Glands pr chéchias pr sous-officiers reng. — Tirailleurs	100	127	100	12[illegible]
Glands pr chéchias pr sous-officiers reng. — Spahis	100	128	100	12[illegible]
Gland de cordon de clairon ou trompette	»	»	122	20
Glissières en toile	»	»	162	78[illegible]
Gobelet en verre pour laboratoire	162	625	162	58[illegible]
Gomme arabique	»	»	168	12[illegible]
Goudron	168	53	168	48
Gouges	162	374	162	351
Goujon de tente	146	101	146	93
Goupille de gamelle-moulin à café	147	57	147	57
Goupille ordinaire	162	375	162	35[illegible]
Gousset porte-pompon, de képi	75	75	75	74
Gousset porte-pompon — pour shako	75	114	75	11[illegible]
Gousset porte-pompon — pour casquette	75	115	75	11[illegible]

DÉSIGNATION DES MATIÈRES ET EFFETS.	ANCIENNE NOMENCLATURE. NUMÉROS		NOUVELLE NOMENCLATURE. NUMÉROS	
	Sommaires.	Détaillés.	Sommaires.	Détaillés.
1	2	3	4	5
Grain d'orge	»	»	162	353
Graisse d'armes	»	»	168	119
Graisse Thomas	168	54	168	49
Grattoir	162	377	162	354
Grecque simple pour relieur	162	378	162	355
Grenade d'insigne de tir — brodée en or ou en argent	50	1	50	1
Grenade d'insigne de tir — brodée en soie et or	50	2	50	2
Grenade d'insigne de tir — découpée en drap	50	3	50	3
Grenade — brodée en or	50	12	50	12
Grenade — brodée en argent	50	13	50	13
Grenade (aéronautique) — brodée en or et soie — pour collet	»	»	50	85^{16}
Grenade (aéronautique) — brodée en or et soie — pour képis	»	»	50	85^{17}
Grenade ailée — avec n° du groupe, brodée — en laine	»	»	50	85^{13}
Grenade ailée — avec n° du groupe, brodée — en or et soie	»	»	50	85^{14}
Grenade ailée — sans n° du groupe, brod. en or et soie	»	»	50	85^{15}
Grenade découpée en drap	50	45	50	45
Grenade brod. en or avec liséré ou cordonnet de soie (attrib. de béret)	75	140	75	139
Grenade en fil d'or pour chef armurier	»	»	50	63
Grenade de mineur 1re classe, sous-officier	»	»	50	64
Grenades en or ou en argent pour sous-officiers élèves officiers — pour manteau — en or	100	74	100	76
Grenades en or ou en argent pour sous-officiers élèves officiers — pour manteau — en argent	100	75	100	77
Grenades en or ou en argent pour sous-officiers élèves officiers — pour dolman, tunique ou veste — en or	100	76	100	78
Grenades en or ou en argent pour sous-officiers élèves officiers — pour dolman, tunique ou veste — en argent	100	77	100	79
Grenade (École spéciale militaire) — pour élève — brodée en or	101	181	101	181
Grenade (École spéciale militaire) — pour élève — en soie jaune	101	181	101	182
Grenade (École spéciale militaire) — pour cadre — brod. en soie rouge ou noire	101	182	101	183
Grenade (École spéciale militaire) — pour cadre — découpée en drap	101	183	101	184
Grenade (École spéciale militaire) — d'insigne de tir — brodée en or	101	184	101	185
Grenade (École spéciale militaire) — d'insigne de tir — brodée filé or	101	185	101	186
Grenade (École spéciale militaire) — d'insigne de tir — découpée en drap	101	186	101	187
Grenade (Prytanée militaire) — en soie rouge	101	193	101	194
Grenade (Prytanée militaire) — en laine rouge brodée	101	194	101	195
Grenade (Prytanée militaire) — pour képi — sous-officier rengagé	101	249	101	250
Grenade (Prytanée militaire) — pour képi — cadre	101	250	101	251
Grenade de giberne — d'artillerie	127	19	127	19
Grenade de giberne — du génie	127	20	127	20
Grenades extinctrices	162	41	162	37
Grès à affûter	167	33	167	31
Griffe en fer	162	379	162	356
Gril en fer pour cantine à vivres	147	74	147	74
Grille en fer	162	174	162	166
Guêtres — de cuir	93	1	93	1
Guêtres — de toile — avec sous-pieds	93	2	93	2
Guêtres — de toile — sans sous-pieds	93	3	93	3
Guêtres-jambières — en drap neuf	23	1	23	1
Guêtres-jambières — en drap hors de service	23	2	23	2
Guêtres-jambières — en toile	23	3	23	3
Guêtres-jambières — en drap pour sous-of. reng. de zouaves et de tirail.	100	12	100	12
Guêtres-jambières en toile et bandes-molletières	»	»	23	»
Guillaume d'établi	162	380	162	357
Hache brodée en soie et or ou argent	50	28	50	28
Hache — avec manche	146	53	146	50
Hache — sans manche	146	54	146	51

DÉSIGNATION DES MATIÈRES ET EFFETS.	ANCIENNE NOMENCLATURE. NUMÉROS		NOUVELLE NOMENCLATURE. NUMÉROS	
	Sommaires.	Détaillés.	Sommaires.	Détaillés.
1	2	3	4	5
Hache d'incendie	162	54	162	49
Hachette — avec manche	146	55	146	52
Hachette — sans manche	146	56	146	53
Hachette d'appareil à décatir	162	4	162	4
Hachoir à viande	»	»	163	20
Haïks	67	7	67	7
Hamac complet	»	»	144	12
Harmonium diapason normal	»	»	119	48
Harnais pour voiture à deux roues	162	626	162	589
Hautbois	119	25	119	29
Havresacs — modèles antérieurs à 1875 — avec passants de grande courroie	117	1	117	1
Havresacs — modèles antérieurs à 1875 — sans passants de grande courroie	117	2	117	2
Havresacs — modèle 1875 transformé (dont le rivet de bretelle sur le sac a été maintenu) — pour l'infanterie — avec contre-sanglons	117	3	117	3
Havresacs — modèle 1875 transformé (dont le rivet de bretelle sur le sac a été maintenu) — pour l'infanterie — sans contre-sanglons	117	4	117	4
Havresacs — modèle 1875 transformé (dont le rivet de bretelle sur le sac a été maintenu) — sans cont.-sangl. (zouaves et tirail.)	117	5	117	5
Havresacs — modèle 1875 transformé (dont le rivet de bretelle sur le sac a été maintenu) — avec cour. d'out. p^r le génie à p. — avec contre-sanglons	117	6	117	6
Havresacs — modèle 1875 transformé (dont le rivet de bretelle sur le sac a été maintenu) — avec cour. d'out. p^r le génie à p. — sans contre-sanglons	117	7	117	7
Havresacs — modèle 1875 transformé (dont le rivet de bretelle sur le sac a été maintenu) — sans cont.-sangl. ni cour. de côté (art. à p.)	»	»	117	28
Havresacs — modèle 1875 transformé (dont le rivet de bretelle a été remplacé par des boucles sur le sac et modèle 1876 transformé) — pour l'infanterie — avec contre-sanglons	117	8	117	8
Havresacs — modèle 1875 transformé (dont le rivet de bretelle a été remplacé par des boucles sur le sac et modèle 1876 transformé) — pour l'infanterie — sans contre-sanglons	117	9	117	9
Havresacs — modèle 1875 transformé (dont le rivet de bretelle a été remplacé par des boucles sur le sac et modèle 1876 transformé) — sans cont.-sangl. (zouaves et tirailleurs)	117	10	117	10
Havresacs — modèle 1875 transformé (dont le rivet de bretelle a été remplacé par des boucles sur le sac et modèle 1876 transformé) — avec cour. d'out. p^r le génie à p. — avec contre-sanglons	117	11	117	11
Havresacs — modèle 1875 transformé (dont le rivet de bretelle a été remplacé par des boucles sur le sac et modèle 1876 transformé) — avec cour. d'out. p^r le génie à p. — sans contre-sanglons	117	12	117	12
Havresacs — modèle 1875 transformé (dont le rivet de bretelle a été remplacé par des boucles sur le sac et modèle 1876 transformé) — sans cont.-sangl. ni cour. de côté (art. à p.)	»	»	117	29
Havresacs — modèle 1882 — Infanterie et corps assimilés — avec contre-sanglons de sup. et croch en cuivre	117	13	117	13
Havresacs — modèle 1882 — Infanterie et corps assimilés — sans contre-sanglons de supports ni crochets en cuivre	117	14	117	14
Havresacs — modèle 1883 — Artillerie à pied	117	15	117	15
Havresacs — modèle 1883 — Génie à pied — avec contre-sanglons et crochets en cuivre	117	16	117	16
Havresacs — modèle 1883 — Génie à pied — sans contre-sanglons ni crochets en cuivre	117	17	117	17
Havresacs — modèle 1893 — Infanterie — avec contre-sang. de supp. et crochets en cuivre	117	18	117	18
Havresacs — modèle 1893 — Infanterie — sans contre-sang. de supp. ni crochets en cuivre	117	18	117	19
Havresacs — modèle 1893 — Génie	117	19	117	20
Havresacs — modèle 1893 — Troupes d'Afrique	117	20	117	21
Havresac en toile pour les écoles — École polytechnique	138	51	138	51
Havresac en toile pour les écoles — École spéciale militaire	138	52	138	52
Havresac en toile pour les écoles — École du service de santé	138	53	138	53
Havresac en toile pour les écoles — Prytanée militaire	138	54	138	54
Havresac d'artillerie (hommes montés)	»	»	117	22
Havresac mod. 1883 des hommes à pied de l'artillerie en Afrique	»	»	117	24
Havresac d'infirmerie	»	»	117	23

DÉSIGNATION DES MATIÈRES ET EFFETS.	ANCIENNE NOMENCLATURE. NUMÉROS Sommaires.	ANCIENNE NOMENCLATURE. NUMÉROS Détaillés.	NOUVELLE NOMENCLATURE. NUMÉROS Sommaires.	NOUVELLE NOMENCLATURE. NUMÉROS Détaillés.
1	2	3	4	5
Hav. mod. 1882 pr tr. d'Af., avec courr. de ch. de 2 m. et courr. de cap. de 0m,92. — avec cont.-sangl. de sup. et croch. en cuiv.	»	»	117	26
— sans contre-sangl. de supp. ni crochets	»	»	117	27
Hélice ailée — en cuivre (zouaves et tiraill. algér.)	»	»	50	83
— découpée en drap	»	»	50	84
— brodée en soie et or	162	175	162	167
Horloge — avec poids	162	40	162	36
— de ronde	75	34	75	34
Houppette de casque — complète	75	35	75	35
— incomplète (crin seul)	162	627	162	590
Housses	118	1	118	1
Houzeaux en cuir pour conducteur de voiture	168	55	168	50
Huiles — de lin	168	56	168	51
— de pied — de bœuf	168	57	168	52
— de pied — de mouton	168	58	168	53
— d'olive	168	59	168	54
— épurée	168	60	168	55
— grasse siccative	168	61	168	56
— lourde de houille	»	»	162	679
Hygromètre	»	»	50	72
Insigne de chef d'équipe photo-électrique	101	189	101	190
Insigne des garçons de télégraphe (École spéciale militaire)	»	»	50	85[20]
Insignes d'escrime, brodé — en or	»	»	50	85[21]
— en argent	»	»	50	85[22]
— en soie	»	»	50	80
Insignes pour chef de poste radio-télégraphique — à 3 chevrons	»	»	50	81
— à 2 chevrons	»	»	50	82
— à 1 chevron				
Insignes pour section de mitrailleuses — en or, pour sous officier	»	»	50	74
— en argent, pour sous-officier	»	»	50	75
— en soie, pour caporal ou brigadier	»	»	50	76
— en soie avec grenade p. tireur-pointeur	»	»	50	77
Instructions (volume)	162	652	162	614
Jambe en bois (outil de cordonnier)	162	383	162	360
Jambières (petites) en cuir pour troupes à pied	»	»	93	6
Jambières vernies pour l'École spéciale militaire	101	81	101	81
Jambières en cuir (troupes à cheval) — modèle 1900, avec sous-pieds	93	5	93	4
— modèle 1905 (la paire)	»	»	86	9
— modèle 1905, sans sous-pieds	»	»	93	5
Jaune broyé	168	63	168	57
Jauges — à fil de fer	162	100	162	92
— en fer	162	101	162	93
— Palmer	162	102	162	94
— à cadran système Bossière	162	103	162	95
Jauge en acier	»	»	162	683
Jersey — avec col	24	1	24	1
— sans col	24	1	24	2
Jeux — d'olives (de 8 pièces)	»	»	162	779
— de dames	162	628	162	591
— d'échecs	162	629	162	592
— de jacquet	162	630	162	593
— de loto	162	631	162	594
Jeux de marques pour plaques d'identité — majeur	»	»	130	82
— mineur	»	»	130	82

DÉSIGNATION DES MATIÈRES ET EFFETS.	ANCIENNE NOMENCLATURE. NUMÉROS		NOUVELLE NOMENCLATURE. NUMÉROS	
	Sommaires.	Détaillés.	Sommaires.	Détaillés.
1	2	3	4	5
Jeux de dominos	»	»	162	595
Jonc de shako de calot avec tube	75	116	75	115
Jonc de shako avec enveloppe	75	117	75	116
Jonc de shako sans enveloppe	75	118	75	117
Jonc pour réparations	167	34	167	32
Journal militaire officiel (volume)	162	647	162	609
Jugulaires nouveau modèle pour casque	75	36	75	36
Jugulaire de képi bordée d'une soutache de 2^{mm}, soie rouge et argent	75	76	75	75
Jugulaire de képi ordinaire, pour la troupe	75	77	75	76
Jugulaire pour casquette	75	122	75	121
Jugulaire-mentonnière en cuir en deux pièces	75	119	75	118
Jugulaire-mentonnière en cuir en une seule pièce	75	120	75	119
Jugulaire-mentonnière avec chaînette	75	121	75	120
Jug. en or avec boutons, pour képi de sous-of. à l'Ecole spéc. mil.	101	251	101	251
Jug. en cuir verni noir bordé d'une soutache 3/4 métal et 1/4 soie.	»	»	75	82
Jugulaire en cuir verni noir soutaché	»	»	100	145
Képis, sans la jugulaire en métal et les boutons de jugulaire, pour sous-officiers. Infanterie de ligne, régiments étrangers, avec carcasse et basane, entière, Sous-officier	63	1	63	1
Soldat	63	2	63	2
réduite, Sous-officier	63	3	63	3
Soldat	63	4	63	4
sans carcasse avec basane, entière, Sous-officier	63	5	63	5
Soldat	63	6	63	6
réduite, Sous-officier	63	7	63	7
Soldat	63	8	63	8
Chasseurs à pied, avec carcasse et basane, entière, Sous-officier	63	1	63	9
Soldat	63	2	63	10
réduite, Sous-officier	63	3	63	11
Soldat	63	4	63	12
sans carcasse avec basane, entière, Sous-officier	63	5	63	13
Soldat	63	6	63	14
réduite, Sous-officier	63	7	63	15
Soldat	63	8	63	16
Infanterie légère d'Afrique, compagnies de discipline (cadre), avec carcasse et basane, entière, Sous-officier	63	1	63	17
Soldat	63	2	63	18
réduite, Sous-officier	63	3	63	19
Soldat	63	4	63	20
sans carcasse avec basane, entière, Sous-officier	63	5	63	21
Soldat	63	6	63	22
réduite, Sous-officier	63	7	63	23
Soldat	63	8	63	24
Secrétaires d'état-major, commis et ouvriers militaires d'administration, cadres de l'Ecole d'administration, infirmiers militaires, avec carcasse et basane, entière, Sous-officier	63	1	63	25
Soldat	63	2	63	26
réduite, Sous-officier	63	3	63	27
Soldat	63	4	63	28
sans carcasse avec basane, entière, Sous-officier	63	5	63	29
Soldat	63	6	63	30
réduite, Sous-officier	63	7	63	31
Soldat	63	8	63	32

DÉSIGNATION DES MATIÈRES ET EFFETS.				ANCIENNE NOMENCLATURE. NUMÉROS		NOUVELLE NOMENCLATURE. NUMÉROS	
				Sommaires.	Détaillés.	Sommaires.	Détaillés.
1				2	3	4	5
Képis, sans la jugulaire en métal et les boutons de jugulaire, pour sous-officiers. (*Suite.*)	Cavaliers de remonte...	avec carcasse et basane entière.	Sous-officier..	63	11	63	33
			Soldat.......	63	12	63	34
		sans carcasse avec basane entière.	Sous-officier..	63	13	63	35
			Soldat.......	63	14	63	36
	Cuirassiers, dragons....	sans carcasse avec basane entière	Sous-officier..	63	15	63	37
			Soldat.......	63	16	63	38
	chasseurs, hussards, Ecole d'application de cavalerie et cadre de l'Ecole militaire préparatre de cavrie.	sans carcasse avec basane entière.	Sous-officier..	»	»	63	48
			Soldat.......	»	»	63	49
	Artillerie, génie	avec carcasse et basane entière........	Sous-officier..	63	17	63	39
			Soldat.......	63	18	63	40
		sans carcasse avec basane entière........	Sous-officier..	63	19	63	41
			Soldat.......	63	20	63	42
	Train des équipages	avec carcasse et basane entière........	Sous-officier..	63	17	63	43
			Soldat.......	63	18	63	44
		sans carcasse avec basane entière........	Sous-officier..	63	19	63	45
			Soldat.......	63	20	63	46
	Compagnies de discipline	sans carcasse avec basane entière.....		63	10	63	47
	Képi de sous-officier rengagé de cavalerie............			»	»	100	146
Képis sans attributs pour les tambours-majors et les sous-officiers rengagés.	Tambour-major.	1re tenue..............................		100	79	100	80
		2e tenue..............................		100	80	100	81
	Sous-officiers rengagés.	Infanterie de ligne et régim. étrangers		100	81	100	82
		Infanterie légère d'Afrique et compagnies de discipline................		100	82	100	83
		Infirmiers militaires..................		100	83	100	84
		Chasseurs à pied.......................		100	84	100	85
		Commis et ouvriers d'administration..		100	85	100	86
		Secrétaires d'état-major...............		100	86	100	87
		Cavaliers de manège....................		100	87	100	88
		Cavaliers de remonte...................		100	88	100	89
		Artillerie.............................		100	89	100	90
		Génie..................................		100	90	100	91
		Train des équipages....................		100	91	100	92
		Cavalerie..............................		»	»	100	46
Képis sans attributs pour les sous-officiers élèves officiers.	Ecole militaire d'infanterie....................			100	92	100	93
	Ecole d'application de cavalerie.	Cuirassiers............................		100	93	100	94
		Dragons et cavaliers de remonte......		100	94	100	95
		Chasseurs, hussards, chasseurs d'Afrique et spahis....................		100	95	100	96
	Ecole militaire d'artillerie et du génie.	Artillerie.............................		100	96	100	97
		Train des équipages....................		100	97	100	98
		Génie..................................		100	98	100	99
	Ecole militaire d'administration................			100	99	100	100

DÉSIGNATION DES MATIÈRES ET EFFETS.	ANCIENNE NOMENCLATURE. NUMÉROS Sommaires.	ANCIENNE NOMENCLATURE. NUMÉROS Détaillés.	NOUVELLE NOMENCLATURE. NUMÉROS Sommaires.	NOUVELLE NOMENCLATURE. NUMÉROS Détaillés.
1	2	3	4	5
Képis pour les écoles. — Ecole polytechnique. — d'élève — 1re tenue (avec boîte)	101	204	101	205
Képis pour les écoles. — Ecole polytechnique. — d'élève — 2e tenue (sans boîte)	101	205	101	206
Képis pour les écoles. — Ecole polytechnique. — du génie — Sous-officier rengagé	101	206	101	207
Képis pour les écoles. — Ecole polytechnique. — du génie — Sous-officier	101	207	101	208
Képis pour les écoles. — Ecole polytechnique. — du génie — Soldat	101	208	101	209
Képis pour les écoles. — Ecole spéciale militaire. — d'élève	101	209	101	210
Képis pour les écoles. — Ecole spéciale militaire. — de tambour-major	101	210	101	211
Képis pour les écoles. — Ecole spéciale militaire. — de tambour-major (1re tenue)	101	211	101	212
Képis pour les écoles. — Ecole spéciale militaire. — de sous-officiers rengagés (képi complet). — d'infanterie et d'infirmiers	101	212	101	213
Képis pour les écoles. — Ecole spéciale militaire. — de sous-officiers rengagés (képi complet). — de cavalerie	101	213	101	214
Képis pour les écoles. — Ecole spéciale militaire. — de sous-officiers rengagés (képi complet). — d'artillerie	101	214	101	215
Képis pour les écoles. — Ecole spéciale militaire. — de sous-officiers. — du cadre	101	215	101	216
Képis pour les écoles. — Ecole spéciale militaire. — de sous-officiers. — du cadre (1re tenue)	101	216	101	217
Képis pour les écoles. — Ecole spéciale militaire. — de sous-officiers. — d'artillerie	101	217	101	218
Képis pour les écoles. — Ecole spéciale militaire. — de sous-officiers. — d'artillerie (1re tenue)	101	218	101	219
Képis pour les écoles. — Ecole spéciale militaire. — de sous-officiers. — d'infirmiers	101	219	101	220
Képis pour les écoles. — Ecole spéciale militaire. — de sous-officiers. — d'infirmiers (1re tenue)	101	220	101	221
Képis pour les écoles. — Ecole spéciale militaire. — de soldats. — du cadre	101	221	101	222
Képis pour les écoles. — Ecole spéciale militaire. — de soldats. — du cadre (1re tenue)	101	222	101	223
Képis pour les écoles. — Ecole spéciale militaire. — de soldats. — d'artillerie	101	223	101	224
Képis pour les écoles. — Ecole spéciale militaire. — de soldats. — d'artillerie (1re tenue)	101	224	101	225
Képis pour les écoles. — Ecole spéciale militaire. — de soldats. — d'infirmiers	101	225	101	226
Képis pour les écoles. — Ecole spéciale militaire. — de soldats. — d'infirmiers (1re tenue)	101	226	101	227
Képis pour les écoles. — Ecole spéciale militaire. — de cavaliers de manège. — Sous-officier	101	227	101	228
Képis pour les écoles. — Ecole spéciale militaire. — de cavaliers de manège. — Soldat	101	228	101	229
Képis pour les écoles. — Ecole du service de santé militaire. — d'élève	101	229	101	230
Képis pour les écoles. — Ecole du service de santé militaire. — de sous-officier rengagé	101	230	101	231
Képis pour les écoles. — Ecole du service de santé militaire. — d'infirmiers ou du train. — Sous-officiers. — 1re tenue	101	231	101	232
Képis pour les écoles. — Ecole du service de santé militaire. — d'infirmiers ou du train. — Sous-officiers. — 2e tenue	101	232	101	233
Képis pour les écoles. — Ecole du service de santé militaire. — d'infirmiers ou du train. — Soldat. — 1re tenue	101	233	101	234
Képis pour les écoles. — Ecole du service de santé militaire. — d'infirmiers ou du train. — Soldat. — 2e tenue	101	234	101	235
Képis pour les écoles. — Prytanée militaire. — d'élève	101	235	101	236
Képis pour les écoles. — Prytanée militaire. — du petit état-major. — Sous-officier rengagé	101	236	101	237
Képis pour les écoles. — Prytanée militaire. — du petit état-major. — Sous-officier	101	237	101	238
Képis pour les écoles. — Prytanée militaire. — du petit état-major. — Soldat	101	238	101	239
Képis pour les écoles. — Prytanée militaire. — de cavalier	101	239	101	240
Képis pour les écoles. — Prytanée militaire. — de cavalier ordonnance	101	240	101	241
Képis pour les écoles. — Ecoles militaires préparatoires et Orphelinat Hériot — pour élève	101	241	101	242
Képis pour le personnel de la télégraphie militaire — de télégraphiste	103	18	103	18
Képis pour le personnel de la télégraphie militaire — de chef d'équipe	103	19	103	19
Képis pour le personnel de la télégraphie militaire — d'ouvriers	103	20	103	20
Képi pour les — détenus des pénitenciers militaires	104	7	104	7
Képi pour les — condamnés des ateliers de travaux publics	104	11	104	11

DÉSIGNATION DES MATIÈRES ET EFFETS.		Ancienne nomenclature — Numéros — Sommaires.	Ancienne nomenclature — Numéros — Détaillés.	Nouvelle nomenclature — Numéros — Sommaires.	Nouvelle nomenclature — Numéros — Détaillés.
1		2	3	4	5
Képi pour les gendarmes réservistes et territoriaux	Sous-officier et brigadier	104	38	104	38
	Gendarme	104	39	104	39
Képi pour les pompiers réservistes		104	44	104	44
Lacets pour brodequins		94	»	94	1
Lacet de coiffe pour casque		75	37	75	37
Laine filée		168	119	168	106
Lame de scie circulaire		»	»	162	708
Lames de scies diverses		162	384	162	361
Lamelle de cimier en fer-blanc (le cent)		75	38	75	38
Lampe ordinaire		162	176	162	168
Lampe	à souder	162	385	162	362
	d'allumage	162	386	162	363
Lampe à esprit de vin		162	633	162	596
Lampe à pétrole		»	»	162	700
Lampe à alcool (petite)		»	»	162	781
Lance porte-fanion		130	40	130	39
Lance pour pompe à incendie		162	46	162	41
Lance pour extincteur		162	37	162	33
Lanière de revolver en cuir noir		»	»	116	8
Lanière de bras pour porte-fanion		130	41	130	40
Lanière de revolver en cuir fauve		116	6	116	7
Lanière de revolver pour spahis		132	10	132	10
Lanterne pour cantine à vivres		147	75	147	75
Lanternes	de ville	162	177	162	169
	ordinaire	162	178	162	170
	pour retraite aux flambeaux	162	179	162	171
Lanternes pour	général commandant en chef un groupe d'armées	130	42	130	41
	major général d'un groupe d'armées	130	43	130	42
	général commandant en chef une armée	130	44	130	43
	général commandant un corps d'armée	130	45	130	44
	général commandant un groupe de divisions de cavalerie	130	46	130	45
	général commandant l'artillerie et le génie d'une armée	130	47	130	46
	général commandant la 1re division d'infanterie d'un corps d'armée	130	48	130	47
	général commandant la 2e division d'infanterie d'un corps d'armée	130	49	130	48
	général commandant la 3e division d'infanterie d'un corps d'armée	130	50	130	49
	général commandant une division d'infanterie non comprise dans un corps d'armée	130	51	130	50
	général commandant une division de cavalerie	130	52	130	51
	général commandant la brigade d'artillerie d'un corps d'armée	130	53	130	52
	général commandant la brigade de cavalerie d'un corps d'armée	130	54	130	53

DÉSIGNATION DES MATIÈRES ET EFFETS.	ANCIENNE NOMENCLATURE NUMÉROS		NOUVELLE NOMENCLATURE NUMÉROS	
	Sommaires.	Détaillés.	Sommaires.	Détaillés
1	2	3	4	5
Lanternes pour les sections de munitions d'infanterie	130	55	130	54
Lanternes pour les 1re, 2e et 3e section du parc d'artillerie	130	56	130	55
Lanternes pour les caissons de bataillon	130	57	130	56
Lanternes pour les sections de munitions d'artillerie	130	58	130	57
Lanternes pour les 4e section du parc d'artillerie	130	59	130	58
Lanternes pour les diverses	130	60	130	59
Lanterne de cheminée	»	»	162	722
Lardoire	»	»	163	21
Leggins pour l'École spéciale militaire	101	82	101	82
Lentille de casque	75	39	75	39
Lessiveuses avec foyer	162	11	162	10
Lessiveuses sans foyer	162	12	162	11
Lettres montées sur manche (série)	162	387	162	364
Lettres pour le marquage des colis, série	162	388	162	366
Lettres pour le marquage des colis, isolées	162	389	162	366
Lettres de compagnie, en caoutchouc, avec cachet	162	634	162	597
Lettres H. S.	162	635	162	598
Lettres en fer (série)	»	»	162	699
Levier pour estampiller les ustensiles	162	390	162	367
Liens en fer du système Wohl	154	11	154	9
Ligature de clarinette, en maillechort	»	»	119	93
Ligature de saxophone, soprano, en cuivre	»	»	119	94
Ligature de saxophone, alto, en cuivre	»	»	119	95
Ligature de saxophone, ténor, en cuivre	»	»	119	96
Ligature de saxophone, baryton, en cuivre	»	»	119	97
Limes	162	391	162	368
Lingotière	162	392	162	369
Liquide pour extincteur Zapfle	168	64	168	58
Lisérés de cols en celluloïd	17	4	17	3
Listes d'appel	»	»	162	775
Litharge	168	65	168	59
Livrets de compagnie	162	648	162	610
Livrets d'officier de peloton	162	649	162	611
Livrets de sergent de section	162	650	162	612
Livrets de caporal d'escouade	162	651	162	613
Livrets pour adjudant	»	»	162	701
Livrets matricules pour chevaux	»	»	162	717
Locomotive brodée en soie	50	29	50	29
Locomotive découpée en drap	50	44	50	44
Loupe	162	104	162	196
Lyres brodées en or et en argent	50	14	50	14
Lyre brodée en fil d'argent	50	24	50	24
Lyre pour musiciens, en drap bordé, en or	50	41	50	41
Lyre pour musiciens, en drap bordé, en argent	50	42	50	42
Lyre à gaz à fleurons et à rinceaux	162	536	162	503
Lyre à gaz à mouvement	162	537	162	504
Lyre à gaz ordinaire, avec globe	162	538	162	505

DÉSIGNATION DES MATIÈRES ET EFFETS.	ANCIENNE NOMENCLATURE. NUMÉROS Sommaires.	ANCIENNE NOMENCLATURE. NUMÉROS Détaillés.	NOUVELLE NOMENCLATURE. NUMÉROS Sommaires.	NOUVELLE NOMENCLATURE. NUMÉROS Détaillés.
1	2	3	4	5
Machines à coudre	162	393	162	370
Machines à marquer et à plier les draps	162	394	162	371
Machines à percer	162	395	162	372
Machines à placer les œillets	162	396	162	373
Machines à écrire	»	»	162	766
Machines à couper le pain de soupe	»	»	163	22
Machinoire	162	397	162	374
Maillet de campement avec manche	146	57	146	54
Maillet de campement sans manche	146	58	146	55
Maillet de ferblantier	162	398	162	375
Mailloche	162	399	162	376
Main en fer pour corde à puits	162	636	162	599
Manches d'outils de campement de bêche	146	68	146	64
Manches d'outils de campement de hache	146	69	146	65
Manches d'outils de campement de hachette	146	70	146	66
Manches d'outils de campement de maillet	146	71	146	67
Manches d'outils de campement de masse	146	72	146	68
Manches d'outils de campement de pelle	146	73	146	69
Manches d'outils de campement de pioche	146	74	146	70
Manches d'outils de campement de serpe	146	75	146	71
Manches de timbres	162	637	162	600
Manches pour lettres H. S.	162	638	162	601
Manches de limes à virole	167	35	167	33
Manches pour balais	»	»	162	723
Manchon pour képi en toile de coton	75	78	75	77
Manchon pour shako en drap découpé Infanterie	75	123	75	122
Manchon pour shako en drap découpé Artillerie et génie	75	124	75	123
Manchon pour shako en drap découpé bleu de ciel	75	125	75	124
Manchon pour shako en drap découpé garance	75	126	75	125
Manchon pour shako en toile de coton	75	127	75	126
Manchon pour béret	»	»	75	142
Manchon de bec Auer	»	»	162	755
Mandrin	162	400	162	377
Manipulateur brodé de sous-officier	»	»	50	68
Manipulateur brodé de caporal et sapeur	»	»	50	69
Manipulateur découpé en drap	»	»	50	70
Manique	162	401	162	378
Manivelle de gamelle-moulin à café	147	58	147	58
Manne carrée en osier	162	181	162	173
Manomètre	162	5	162	5
Manteaux pour adjudants de toutes armes et sous-chefs de musique	»	»	25	11
Manteaux en drap pour la troupe, pour adjudants de toutes armes et sous-chef de musique d'artillerie, avec pèlerine	25	1	25	1
Manteaux en drap pour la troupe, pour adjudants de toutes armes et sous-chef de musique d'artillerie, sans pèlerine	25	2	25	2
Manteaux en drap pour la troupe, pour adjudants de toutes armes et sous-chef de musique d'artillerie, pèlerine seule	25	3	25	3
Manteaux en drap pour la troupe, ancien modèle, bleu foncé, Dragons, Ecole d'applic. de caval., Ecole milit. prép. de caval. (cadre), caval. de remonte et de manège, artillerie (hommes montés), génie (sapeurs-conducteurs)	25	4	25	5
Manteaux en drap pour la troupe, ancien modèle, bleu foncé, Cuirassiers	25	5	25	5

DÉSIGNATION DES MATIÈRES ET EFFETS.	ANCIENNE NOMENCLATURE. NUMÉROS		NOUVELLE NOMENCLATURE. NUMÉROS	
	Sommaires.	Détaillés.	Sommaires.	Détaillés.
1	2	3	4	5
Manteaux en drap pour la troupe. (*Suite.*) — ancien modèle — bleu de ciel — Chasseurs à cheval, hussards, chasseurs d'Afrique, Ecole de cavalerie.	25	6	25	6
Manteaux en drap pour la troupe. — ancien modèle — gris de fer foncé — Train des équipages (hommes montés)	25	7	25	7
Manteaux en drap pour la troupe. — modèle réglementaire — gris de fer bleuté — Pour toutes les troupes à cheval (cuirassiers exceptés)	25	8	25	8
Manteaux en drap pour la troupe. — modèle réglementaire — gris de fer bleuté — Cuirassiers	25	9	25	9
Manteaux en drap pour la troupe. — à capuchon pour chasseurs alpins	25	10	25	10
Manteaux en drap pour les écoles — Ecole polytechnique — d'adjudant d'artillerie avec pèlerine mobile à capuchon	101	41	101	41
Manteaux en drap pour les écoles — Ecole spéciale militaire — d'adjudant d'artillerie avec pèlerine mobile à capuchon	101	42	101	42
Manteaux en drap pour les écoles — Ecole spéciale militaire — de troupe d'artillerie	101	43	101	43
Manteaux en drap pour les écoles — Ecole spéciale militaire — d'hommes montés (sous-officiers et soldats)	101	44	101	44
Manteaux en drap pour les écoles — Ecole du service de santé militaire — avec pèlerine mobile à capuchon, pour élève	101	45	101	45
Manteaux en drap pour les écoles — Ecole du service de santé militaire — avec pèlerine, pour adjudant d'artillerie et de cavalerie	101	46	101	46
Manteaux en drap pour les écoles — Ecole du service de santé militaire — pour sous-officiers et soldats du cadre	101	47	101	47
Manteaux en drap pour les écoles — Prytanée militaire — de cavaliers ordonnances	101	48	101	48
Manteau à capuchon pour les pompiers réservistes	104	41	104	41
Marchepied ou escabelle	162	180	162	172
Marmites de campement — à 8 hommes	147	17	147	14
Marmites de campement — à 4 hommes — en tôle	147	18	147	15
Marmites de campement — à 4 hommes — en aluminium	147	19	147	16
Marmites de campement — Nécessaire Bouthéon	147	20	147	17
Marmite de peloton	147	22	147	20
Marmite carrée en tôle pour cantines à vivres	147	76	147	76
Marmite individuelle en aluminium	»	»	147	88
Marques à chaud	»	»	162	379
Marteaux — pour brûler les draps	162	402	162	693
Marteaux — à endosser, de relieur	162	403	162	380
Marteaux — à marquer, de cordonnier	162	404	162	381
Marteaux — de ferblantier	162	405	162	382
Marteaux — en fer, à manche de bois	162	406	162	383
Marteaux — portant pour empreinte « Rebuts »	162	407	162	334
Marteaux — Merlin	»	»	162	387
Marteaux — pour colis	162	408	162	385
Marteaux — pour commission de réception	162	409	162	386
Martinet	131	9	131	8
Masque de casque	75	40	75	40
Masse en fer (outil de campement) — avec manche	146	59	146	56
Masse en fer (outil de campement) — sans manche	146	60	146	57
Masse en fer	162	411	162	388
Matelas de hamac	»	»	144	14
Mastic de vitrier	168	66	168	60
Matelassure de cuirasse	26	1	26	1
Matras d'essayeur	162	639	162	602

DÉSIGNATION DES MATIÈRES ET EFFETS.	ANCIENNE NOMENCLATURE — NUMÉROS — Sommaires.	ANCIENNE NOMENCLATURE — NUMÉROS — Détaillés.	NOUVELLE NOMENCLATURE — NUMÉROS — Sommaires.	NOUVELLE NOMENCLATURE — NUMÉROS — Détaillés.
1	2	3	4	5
Matrices { à découper	162	412	162	389
Matrices { pour couvercle de gamelle	162	413	162	390
Mécanisme de lessiveuse à bras	162	17	162	16
Mèches assorties	162	414	162	391
Médol pour spahis	67	12	67	12
Mentonnière de képi	75	79	75	78
Mestres pour spahis	86	4	86	4
Mesures { d'un litre	162	62	162	56
Mesures { de 50 litres	162	63	162	57
Métiers { à matelas	162	415	162	392
Métiers { à rouler les étoffes	162	416	162	393
Métiers { pour plier les étoffes	162	417	162	394
Mètre { en bois	162	64	162	58
Mètre { en métal	162	65	162	59
Métronome	119	46	119	52
Meules à aiguiser { montée	162	419	162	395
Meules à aiguiser { non montée	162	420	162	396
Micromètre	162	105	162	97
Microscope muni de ses accessoires	162	106	162	98
Microtome mécanique	162	118	162	111
Mine de plomb (boîte de 50 à 70 grammes)	168	67	168	61
Minium en poudre	168	68	168	62
Molette en marbre	167	36	167	34
Molleton bleu foncé	»	»	2	4
Molleton bleu indigo	2	3	2	3
Moutant de tente { tente conique à muraille	146	19	146	19
Moutant de tente { de tente de conseil { à toit double	146	20	146	20
Moutant de tente { de tente de conseil { conique	146	21	146	21
Moutant de tente { de tente de marche pour officier	146	22	146	22
Moutant de tente { de tente elliptique à 16 hommes	146	23	146	23
Moutant de tente { de tente Edgington	»	»	146	24
Moutant de tente { de tente à capuchon	»	»	146	98
Monte-charge sans engrenage	162	640	162	603
Mortiers divers	162	641	162	604
Moteur à gaz	162	421	162	397
Mouchettes	162	182	162	174
Mouchoirs de poche { du modèle ordinaire	27	1	27	1
Mouchoirs de poche { dits « d'instruction »	27	2	27	2
Mouchoirs de poche { blancs	27	3	27	3
Moufle pour coupelle	162	642	162	605
Mouillette	162	422	162	398
Moule à couler le plomb	162	423	162	399
Moulin à café	»	»	147	26
Moulin à café filtre Klepper	147	23	147	21
Moulin à café pour cantine à vivres	147	77	147	77
Moulin à poivre	162	183	163	23
Moustiquaire { pour officier	144	7	144	5
Moustiquaire { pour la troupe	144	8	144	6
Moutardier	»	»	163	37
Musette de pansage { garnie	130	61	130	86
Musette de pansage { en toile cachou garnie	130	63	130	87
Musette de pansage non garnie	130	62	130	59
Musette de pansage en toile cachou non garnie	130	64	130	60

DÉSIGNATION DES MATIÈRES ET EFFETS.	ANCIENNE NOMENCLATURE — NUMÉROS — Sommaires.	ANCIENNE NOMENCLATURE — NUMÉROS — Détaillés.	NOUVELLE NOMENCLATURE — NUMÉROS — Sommaires.	NOUVELLE NOMENCLATURE — NUMÉROS — Détaillés.
1	2	3	4	5
Musette en cuir pour spahis	132	9	132	9
Naphtaline	168	69	168	63
Nattes de couchage — ordinaires	144	9	144	7
Nattes de couchage — en Tunisie	144	10	144	8
Navette	162	424	162	400
Nécessaire d'escouade en faïence ou en fer battu étamé	»	»	163	38
Nécessaire individuel Bouthéon (complet)	147	24	147	22
Niche à chien	162	184	162	175
Niveau à bulle d'air	162	107	162	99
Nœud hongrois (aéronautique) — brodé — en laine	»	»	50	85[9]
Nœud hongrois (aéronautique) — brodé — en or	»	»	50	85[10]
Nœud hongrois en soutache blanche de poil de chèvre pour shako et casquette	75	128	75	126
Noirs — broyé	168	70	168	64
Noirs — de charbon	168	71	168	65
Noirs — de fumée	168	72	168	66
Noirs — d'ivoire	168	73	168	67
Noirs — léger	168	74	168	68
Noix de gamelle moulin à café	147	59	147	59
Nourriture Mironde	168	76	168	126
Numéros pour manteau d'adjudant des troupes à cheval — en or — à 1 chiffre	50	15	50	15
Numéros pour manteau d'adjudant des troupes à cheval — en or — à 2 chiffres	50	16	50	16
Numéros pour manteau d'adjudant des troupes à cheval — en argent — à 1 chiffre	50	17	50	17
Numéros pour manteau d'adjudant des troupes à cheval — en argent — à 2 chiffres	50	18	50	18
Numéros pour le personnel de la télégraphie militaire — brodés en or — à 1 chiffre	103	14	103	14
Numéros pour le personnel de la télégraphie militaire — brodés en or — à 2 chiffres	103	15	103	15
Numéros pour le personnel de la télégraphie militaire — en laine bleu de ciel — à 1 chiffre	103	16	103	16
Numéros pour le personnel de la télégraphie militaire — en laine bleu de ciel — à 2 chiffres	103	17	103	17
Numéro en cuivre ou en maillechort — pour shako	75	129	75	128
Numéro en cuivre ou en maillechort — pour casquette	75	130	75	129
Numéro en émail de contrôleur de ronde	162	23	162	21
Numéro en fer isolé	162	425	162	401
Numéro pour manteau d'adjudant de spahis	33	12	33	12
Numéro brodé en soie à 2 chiffres	»	»	50	61
Numéro métallique brodé à 2 chiffres	»	»	50	62
Ocre de couleurs variables	168	77	168	69
Oculaire micrométrique	162	108	162	100
Œillet en cuivre pour tenon de plaque de shako	75	131	75	130
Œillet de coiffe pour casque (le cent)	75	41	75	41
Œillets métalliques pour réparations	167	17	167	17
Oléorésine de térébenthine	168	78	168	70
Olives pour plumets	77	8	77	7
Ove en bois pour réparations	167	37	167	35
Ordonnances (volume)	162	652	162	614
Oreillons pour réparations — de marmite	167	18	167	18
Oreillons pour réparations — de petit bidon	167	19	167	19
Outils pour ferblantier	162	426	162	402
Ouvrages divers (volume)	162	653	162	615
Paillassons divers	144	11	144	9
Paille d'emballage	155	6	155	6
Paille de couchage (au quintal)	»	»	145	1
Palan — à hélice avec sa chaîne	162	656	162	617
Palan — ordinaire avec chaîne	162	657	162	618

DÉSIGNATION DES MATIÈRES ET EFFETS.			ANCIENNE NOMENCLATURE NUMÉROS Sommaires.	ANCIENNE NOMENCLATURE NUMÉROS Détaillés.	NOUVELLE NOMENCLATURE NUMÉROS Sommaires.	NOUVELLE NOMENCLATURE NUMÉROS Détaillés.
1			2	3	4	5
Palette			162	427	162	403
Paniers d'emballage			154	12	154	10
Paniers à charbon	en osier blanc		162	185	162	176
Paniers à charbon	en osier brut		162	186	162	177
Paniers à viande			»	»	162	746
Paniers à salade			»	»	163	24
Pantalons d'ordonnance.	Infanterie de ligne, infanterie légère d'Afrique, compagnies de discipline (cadre), régiments étrangers, secrétaires d'état-major, commis et ouvriers militaires d'administration, cadre de l'École d'administration, infirmiers militaires	Sous-officier	29	1	29	1
		Soldat	29	2	29	2
	Train des équipages (soldat non monté)		29	3	29	3
	Chasseurs à pied	Sous-officier	29	4	29	4
		Soldat	29	5	29	5
	Compagnies de discipline		29	6	29	6
	Zouaves	Sous-officier	29	7	29	7
		Soldat	29	8	29	8
	Tirailleurs algériens	Sous-officier	29	9	29	9
		Soldat	29	10	29	10
	Pour tous les corps de cavalerie (chasseurs d'Afrique, cavaliers de remonte et train des équipages en Afrique exceptés)	Sous-officier	29	11	29	11
	Chasseurs d'Afrique, cavaliers de remonte et train des équipages en Afrique	Sous-officier	29	12	29	12
	École d'application de cavalerie et École militaire préparatoire de cavalerie (cadre)	Soldat	29	13	29	13
	Cavaliers de manège (sous-officier et soldat)		29	14	»	
	Artillerie	Sous-officier monté	29	15	29	15
		Sous-officier non monté	29	16	29	16
		Soldat non monté	29	17	29	17
	Génie	Sous-officier monté	29	18	29	18
		Sous-officier non monté	29	19	29	19
		Soldat non monté	29	20	29	20
	Cavalier de remonte (soldat)		29	23	29	21
Pantalons de cheval.	Pour tous les corps de cavalerie (chasseurs d'Afrique, cavaliers de remonte et train des équipages en Afrique exceptés)	Sous-officier	29	25	29	22
		Soldat	29	26	29	23
	Chasseurs d'Afrique, cavaliers de remonte et train des équipages (Afrique)	Sous-officier	29	27	29	24
		Soldat	29	28	29	25
	Artillerie	Sous-officier	29	29	29	26
		Soldat	29	30	29	27
	Génie	Sous-officier	29	31	29	28
		Soldat	29	32	29	29
	Conducteurs de caissons et soldats ordonnances des chefs de corps dans les bataill. de chasseurs à pied		29	33	29	30

DÉSIGNATION DES MATIÈRES ET EFFETS.	ANCIENNE NOMENCLATURE — NUMÉROS		NOUVELLE NOMENCLATURE — NUMÉROS	
	Sommaires	Détaillés.	Sommaires.	Détaillés.
1	2	3	4	5
Pantalons à l'usage des spahis. — Sous-officier	33	7	33	7
Pantalons à l'usage des spahis. — Soldat	33	8	33	8
Pantalons à l'usage des spahis. — de toile arabe	33	9	33	9
Pantalons à l'usage des spahis. — de toile	33	16	33	15
Pantalons d'ordonnance pour les sous-officiers rengagés. — Infanterie de ligne, infanterie légère d'Afrique, compagnies de discipline, régiments étrangers, secrétaires d'état-major, commis et ouvriers militaires d'administration et infirmiers militaires	100	13	100	13
Chasseurs à pied	100	14	100	14
Zouaves	100	15	100	15
Tirailleurs	100	16	100	16
Cuirassiers	100	17	100	17
Dragons, cavaliers de remonte (intérieur) et train des équipages (intérieur)	100	18	100	18
Cavaliers de manège	100	19	100	19
Chasseurs et hussards	100	20	100	20
Chasseurs d'Afrique, cavaliers de remonte (Afrique) et train des équipages (Afrique)	100	21	100	21
Spahis	100	22	100	22
Artillerie	100	23	100	23
Génie — Sapeurs-mineurs	100	24	100	24
Génie — Sapeurs-conducteurs	100	25	100	25
Pantalons en toile pour zouaves et tirailleurs algériens	29	40	29	31
Pantalons de travail — en treillis d'écurie ou de travail	29	41	29	32
Pantalons de travail — en treillis bleu pour ouvriers divers	29	42	29	33
Pantalons de travail — en toile grise pour la cuisine	29	43	29	34
Pantalons d'ordonnance pour les sous-officiers élèves-officiers. — Ecole militaire d'infanterie	100	26	100	26
Ecole d'application de cavalerie — Cuirassiers, dragons et cavaliers de remonte	100	27	100	27
Ecole d'application de cavalerie — Chasseurs, hussards, chasseurs d'Afrique et spahis	100	28	100	28
Ecole militaire d'artillerie et du génie — Artillerie	100	29	100	29
Ecole militaire d'artillerie et du génie — Génie	100	30	100	30
Ecole militaire d'artillerie et du génie — Train des équipages	100	31	100	31
Sous-officiers élèves officiers d'administration	100	32	100	32
Pantalons d'ordonnance pour les écoles. — Ecole polytechnique. — Elève — 1re tenue	101	49	101	49
Ecole polytechnique. — Elève — 2e tenue	101	50	101	50
Ecole polytechnique. — du génie — Sous-officier rengagé	101	51	101	51
Ecole polytechnique. — du génie — Sous-officier non monté	101	52	101	52
Ecole polytechnique. — du génie — Soldat non monté	101	53	101	53
Ecole spéciale militaire. — Elève — Drap spécial	101	54	101	54
Ecole spéciale militaire. — Elève — Drap d'officier	101	55	101	55
Ecole spéciale militaire. — Tambour-major	101	56	101	56
Ecole spéciale militaire. — Cavalerie. — Sous-officier rengagé	101	57	101	57
Ecole spéciale militaire. — Cavalerie. — Sous-officier	101	58	101	58
Ecole spéciale militaire. — Infanterie et infirmiers. — Sous-officier rengagé	101	59	101	59
Ecole spéciale militaire. — Infanterie et infirmiers. — Sous-officier	101	60	101	60
Ecole spéciale militaire. — Infanterie et infirmiers. — Soldat	101	61	101	61

DÉSIGNATION DES MATIÈRES ET EFFETS.	ANCIENNE NOMENCLATURE NUMÉROS		NOUVELLE NOMENCLATURE NUMÉROS	
	Sommaires.	Détaillés.	Sommaires.	Détaillés.
1	2	3	4	5
Pantalons d'ordonnance pour les écoles. (*Suite.*) — Ecole spéciale militaire. (*Suite.*) — Artillerie.. — Sous-officier rengagé.....	101	62	101	62
Pantalons d'ordonnance pour les écoles. (*Suite.*) — Ecole spéciale militaire. (*Suite.*) — Artillerie.. — Sous-officier..............	101	63	101	63
Pantalons d'ordonnance pour les écoles. (*Suite.*) — Ecole spéciale militaire. (*Suite.*) — Artillerie.. — Soldat..................	101	64	101	64
Pantalons d'ordonnance pour les écoles. (*Suite.*) — Ecole spéciale militaire. (*Suite.*) — Cavaliers de manège — Sous-officier rengagé.....	101	65	101	65
Pantalons d'ordonnance pour les écoles. (*Suite.*) — Ecole spéciale militaire. (*Suite.*) — Cavaliers de manège — Sous-officier et soldat.....	101	66	101	66
Pantalons d'ordonnance pour les écoles. (*Suite.*) — Ecole du service de santé militaire. — Elève..........................	101	67	101	67
Pantalons d'ordonnance pour les écoles. (*Suite.*) — Ecole du service de santé militaire. — Sous-officier rengagé..............	101	68	101	68
Pantalons d'ordonnance pour les écoles. (*Suite.*) — Ecole du service de santé militaire. — Infirmiers. — Sous-officier..........	101	69	101	69
Pantalons d'ordonnance pour les écoles. (*Suite.*) — Ecole du service de santé militaire. — Infirmiers. — Soldat................	101	70	101	70
Pantalons d'ordonnance pour les écoles. (*Suite.*) — Prytanée militaire. — Elèves...........................	101	71	101	71
Pantalons d'ordonnance pour les écoles. (*Suite.*) — Prytanée militaire. — de prison pour élève..............	101	72	101	72
Pantalons d'ordonnance pour les écoles. (*Suite.*) — Prytanée militaire. — Petit état-major — Sous-officier rengagé, infanterie..............	101	73	101	73
Pantalons d'ordonnance pour les écoles. (*Suite.*) — Prytanée militaire. — Petit état-major — Sous-officier............	101	74	101	74
Pantalons d'ordonnance pour les écoles. (*Suite.*) — Prytanée militaire. — Petit état-major — Soldat.................	101	75	101	75
Pantalons d'ordonnance pour les écoles. (*Suite.*) — Ecoles militaires préparatoires, élève..................	101	76	101	76
Pantalons d'ordonnance pour les écoles. (*Suite.*) — Orphelinat Hériot, élève.........................	101	77	101	77
Pantalons d'ordonnance pour les écoles. (*Suite.*) — Agents secondaires des diverses écoles............	101	78	101	78
Pantalons en toile pour élève de l'Ecole polytechnique..........	101	89	101	89
Pantalons en treillis — pour élèves... — Ecole spéciale militaire..............	101	90	101	90
Pantalons en treillis — pour élèves... — Ecole du service de santé.............	101	91	101	91
Pantalons en treillis — pour élèves... — Prytanée militaire................	101	92	101	92
Pantalons en treillis — pour élèves... — Ecoles militaires préparatoires et Orphelinat Hériot..............	101	93	101	93
Pantalons en treillis — pour agents secondaires des diverses écoles..........	101	94	101	94
Pantalons — de cheval, en drap, pour sous-officiers télégraphistes	»	»	103	22
Pantalons — en drap pour télégraphistes et soldats............	»	»	103	21
Pantalons — en toile bleu foncé pour la télégraphie militaire.......	»	»	103	25
Pantalons — en drap pour le personnel de la télégraphie militaire.	103	4	103	4
Pantalons — pour les condamnés des prisons militaires............	104	2	»	»
Pantalons — pour les détenus des pénitenciers militaires...........	104	5	104	5
Pantalons — pour les condamnés des ateliers de travaux forcés....	104	9	104	9
Pantalons — pour les exclus de l'armée...............	104	13	104	13
Pantalons — de drap pour les gendarmes réservistes et territoriaux	104	20	104	20
Pantalons — pour les pompiers réservistes.............	104	42	104	42
Pantalons — de gymnase..............	104	51	104	51
Pantalons — de toile divers..............	162	658	162	619
Pantalons — d'été pour les hommes libérés du bataillon d'infanterie légère d'Afrique..............	»	»	107	2
Pantalons — d'hiver pour les hommes libérés du bataillon d'infanterie légère d'Afrique..............	»	»	107	3
Papiers d'emballage — goudronné..............	155	7	155	7
Papiers d'emballage — gris..............	155	8	155	8
Papiers d'emballage — roux..............	155	9	155	9
Papiers d'emballage — bisulfite parcheminé..............	155	10	155	10
Papiers d'emballage — doublé noir..............	155	11	155	11
Papiers pour analyses chimiques (le cahier)..............	162	659	162	620
Papier émeri et de verre (feuille)..............	167	38	167	36
Papier goudronné..............	168	120	168	107

DÉSIGNATION DES MATIÈRES ET EFFETS.	ANCIENNE NOMENCLATURE — NUMÉROS — Sommaires.	ANCIENNE NOMENCLATURE — NUMÉROS — Détaillés.	NOUVELLE NOMENCLATURE — NUMÉROS — Sommaires.	NOUVELLE NOMENCLATURE — NUMÉROS — Détaillés.
1	2	3	4	5
Paratonnerre à préservateur	»	»	162	735
Paratonnerre Bertsch	»	»	162	732
Partitions, méthodes, etc.	119	48	119	54
Passant en cuir pour shako	75	132	75	131
Passant de giberne	127	21	127	21
Passant de marmite	167	21	167	20
Passant de bidon	167	22	167	21
Passe-carreaux	162	428	162	404
Passe-purée	»	»	163	25
Pâte à rasoir	»	»	164	13
Pâte au sabre	»	»	162	763
Patère	162	187	162	178
Patience	131	10	131	9
Patin mobile pour les étoffes	162	660	162	621
Pattes p^r collets droits ou écussons p^r collets rabattus, en drap, à 1 chiffre ou attribut	52	1	52	1
— en drap, à 2 chiffres ou à 1 chiffre avec lettre	52	2	52	2
— en drap, à 3 chiffres ou à 2 chiffres avec lettre	52	3	52	3
— en drap, à grenade ou étoile	52	4	52	4
— en drap, à grenade ou à numéro	52	5	52	5
— en velours, à 1 chiffre	52	6	52	6
— en velours, à 2 chiffres	52	7	52	7
Pattes d'épaules pour sous-officiers, brigadiers et soldats	»	»	54	1
Pattes d'épaules pour sous-officiers rengagés	»	»	100	130
Pattes brodées en soie	»	»	100	135
Peau de tambour de batterie en veau	119	148	119	152
Peau de tambour de timbre en chèvre	119	149	119	153
Peau de bouc	147	25	147	23
Peaux de mouton	149	1	149	1
Peau de tambour (timbre en veau)	»	»	119	167
Peigne	131	23	131	29
Peigne à cheval	»	»	131	26
Peigne-démêloir	»	»	164	6
Peigne fin	»	»	164	12
Peinture préparée verte et noire	168	79	168	71
Peinture préparée noire	168	80	168	72
Peinture préparée jaune à l'huile	168	81	168	73
Pèlerine à capuchon du manteau d'élève de l'École du service de santé militaire	101	95	101	95
Pelle de campement avec manche	146	61	146	58
Pelle de campement sans manche	146	62	146	59
Pelle à charbon	162	188	162	179
Pelles en bois	162	429	162	405
Pelles en fer	162	430	162	406
Pelmamètre	162	109	162	101
Pendule	162	189	162	180
Perches	162	670	162	630
Pèse-sel	»	»	162	680
Pèse-lessive	162	110	162	102
Pétrole	»	»	171	5
Pied à coulisse	162	111	162	103
Pied en fer	162	431	162	407

DÉSIGNATION DES MATIÈRES ET EFFETS.		ANCIENNE NOMENCLATURE. NUMÉROS		NOUVELLE NOMENCLATURE. NUMÉROS	
		Sommaires.	Détaillés.	Sommaires.	Détaillés.
1		2	3	4	5
Piège à rats (métallique)		162	190	162	181
Pierres	à aiguiser	162	432	162	408
	à huile morfil	162	433	162	409
	à repasser	162	434	162	410
	de touche	162	435	162	411
Pierre ponce		168	82	168	[illegible]
Pige		162	112	162	104
Pigeon brodé (attributs de sapeur-colombophile)	en soie blanche	50	54	50	54
	en fil blanc	50	55	50	55
Pilon en hêtre ou en chêne		162	661	163	26
Pinces	à étamer	162	436	162	412
	à œillets	162	437	162	413
	à plomber les colis	162	438	162	414
	de cordonnier	162	439	162	415
	de forge	162	440	162	416
	en bois (paire)	162	441	162	417
	plate et ronde	162	442	162	418
Pinceau de relieur		162	444	162	419
Pinceaux et plumeaux		167	39	167	37
Pincettes (paire de)		162	191	162	182
Pioche de campement	avec manche	146	63	146	60
	sans manche	146	64	146	61
Pioches		162	445	162	420
Pipettes		162	662	162	822
Piquets de tente	grand	146	77	146	72
	petit	146	78	146	73
	petit en acier doux	146	79	146	74
Piquet en fer pour campement		149	2	149	2
Piquets en fer		162	663	162	823
Pitons pour l'arrimage des armes dans les wagons		149	3	149	[illegible]
Piton pour chapeau de tente		167	40	167	38
Pitons à vis		168	10	168	11
Placards en bois		»	»	162	750
Placards portemanteaux		162	192	162	183
Placard pour la télégraphie militaire		162	193	162	184
Planches pour balles de fourrage		154	13	154	11
Planches	à découper	162	446	162	421
	à laver	162	447	162	422
Planche mobile en sapin		162	194	162	185
Planche à découper		»	»	163	23
Plancher mobile		162	195	162	186
Plancher de tente		149	4	149	4
Planchettes pour havresac		127	31	127	30
Planchettes	de diverses dimensions	162	196	162	187
	d'inscription	162	197	162	188
Planes	de tourneur	162	448	162	423
	ordinaire	162	449	162	424
Plaque à douille de cimier de casque		75	42	75	42
Plaque de recouvrement de cimier de casque		75	43	75	43
Plaque de recouvrement de rosace de casque		75	44	75	44
Plaque à tiges de casque		75	45	75	45

DÉSIGNATION DES MATIÈRES ET EFFETS.	ANCIENNE NOMENCLATURE. NUMÉROS		NOUVELLE NOMENCLATURE. NUMÉROS	
	Sommaires.	Détaillés.	Sommaires.	Détaillés.
1	2	3	4	5
Plaque de shako — Génie	75	133	75	132
Plaque de shako — Artillerie	75	134	75	133
Plaque de shako de l'Ecole spéciale militaire	101	252	101	252
Plaques de ceinturon (Justice militaire)	»	»	114	24
Plaques de ceinturon pour la troupe. — Infanterie de ligne et corps assimilés — En cuivre	114	19	114	17
Plaques de ceinturon pour la troupe. — Cuirassiers, dragons	114	20	114	18
Plaques de ceinturon pour la troupe. — Génie, en cuivre	114	21	114	19
Plaques de ceinturon pour la troupe. — Sergent-major. — Infanterie	114	22	114	20
Plaques de ceinturon pour la troupe. — Sergent-major. — Génie	114	23	114	21
Plaques de ceinturon pour la troupe. — Sergent-major. — Chasseurs à pied, zouaves et tirailleurs algériens	114	24	114	22
Plaques de ceinturon pour la troupe. — Sergent-major. — En cuivre doré	114	25	114	23
Plaques de ceinturon pour les écoles. — Ecole polytechnique du modèle général	138	55	138	55
Plaques de ceinturon pour les écoles. — Ecole spéciale militaire. — Elève — Ceinturon en cuir ciré	138	56	138	56
Plaques de ceinturon pour les écoles. — Ecole spéciale militaire. — Elève — Ceinturon en cuir verni	138	57	138	57
Plaques de ceinturon pour les écoles. — Ecole spéciale militaire. — Cadre — Ceinturon d'infanterie (avec coulant et verrou)	138	58	138	58
Plaques de ceinturon pour les écoles. — Ecole spéciale militaire. — Cadre — Ceinturon de cavalerie (avec chape à barrette et verrou)	138	59	138	59
Plaques de ceinturon pour les écoles. — Ecole spéciale militaire. — Cadre — Ceinturon d'épée avec verrou	138	60	138	60
Plaques de ceinturon pour les écoles. — Ecole du service de santé militaire — Ceinturon d'infanterie	138	61	138	61
Plaques de ceinturon pour les écoles. — Prytanée militaire. — Ceinturon — de bataillon scolaire	138	62	138	62
Plaques de ceinturon pour les écoles. — Prytanée militaire. — Ceinturon — de sergent-major	138	63	138	63
Plaques de ceinturon pour les écoles. — Prytanée militaire. — Ceinturon — d'infanterie	138	64	138	64
Plaque de ceinturon pour les gendarmes réservistes	139	7	139	7
Plaque de martingale d'étui de revolver	127	44	127	43
Plaque d'identité	130	65	130	61
Plaque à crans pour mesurer les épaisseurs	162	119	162	112
Plaques isolatrices en fonte ou en tôle	162	199	162	189
Plaques — de fer, à poignées	162	450	162	425
Plaques — pour estampiller les couvertures	162	451	162	426
Plaques — pour marquer les colis	162	452	162	427
Plaques — Série de 10 chiffres en zinc	162	453	162	428
Plaques — chiffre ou lettre	162	664	162	624
Plaques — avec les lettres H. S.	162	615	162	625
Plaques — avec numéro du corps	162	666	162	626
Plats — ovale (grand)	»	»	163	39
Plats — rond (grand)	»	»	163	40
Plateau en bois ferré	162	667	162	627
Plateau à tourillon et chape mobile de giberne	127	22	127	22
Plateau de plomb pour emporte-pièce	162	455	162	429
Plateaux isolateurs en bois	»	»	144	11
Platre	168	83	168	75
Plants pour tente	146	81	146	75
Plomb pour l'emballage	155	13	155	12
Plomb en saumon pour les réparations	168	12	168	12

DÉSIGNATION DES MATIÈRES ET EFFETS.	ANCIENNE NOMENCLATURE. NUMÉROS		NOUVELLE NOMENCLATURE. NUMÉROS	
	Sommaires.	Détaillés.	Sommaires.	Détaillés.
1	2	3	4	5
Plumets — Cuirassiers	77	1	77	1
Plumets — Dragons	77	2	77	2
Plumets — Chasseurs et hussards	77	3	77	3
Plumets — Ecole d'application de cavalerie et cadre de l'Ecole militaire préparatoire de cavalerie	77	4	77	4
Plumets — Tambours-majors	77	5	77	5
Poche en cuir de contrôleur de ronde	162	24	162	22
Poches à cartouches — en cuir — ancien modèle	113	11	113	11
Poches à cartouches — en cuir — modèle 1887	113	12	113	12
Poches à cartouches — pour spahis	132	11	132	11
Podomètre	»	»	162	105
Podotypomètre	»	»	162	106
Poêle	162	200	162	190
Poêle pour tailleur avec accessoires	162	456	162	430
Poêle à frire pour cantine à vivres	147	78	147	78
Poids — en cuivre — série	162	78	162	72
Poids — en cuivre — isolé	162	79	162	73
Poids — en fonte — série	162	80	162	74
Poids — en fonte — isolé	162	81	162	75
Poignée de faux	162	457	162	431
Poignée de couvercle pour marmite à 4 hommes	»	»	147	85
Poinçons en acier — de 0m01068	»	»	162	774
Poinçons en acier — de 0m00368	»	»	162	774
Poinçons à estampes	162	458	162	432
Poinçons à l'usage des commissions de réception des effets de la 2e portion — d'admission	162	668	162	628
Poinçons à l'usage des commissions de réception des effets de la 2e portion — de rejet	162	669	162	629
Pointe à rabaisser, avec fourreau, pour relieur	162	459	162	433
Pointes pour l'emballage	155	1	155	1
Pointes diverses	168	13	168	13
Poivrière en fer-blanc pour cantine à vivres	147	79	147	79
Pompes à incendie avec accessoires — à brouette	162	42	162	38
Pompes à incendie avec accessoires — à chariot	162	43	162	39
Pompes à incendie avec accessoires — portative	162	44	162	40
Pompes — à main	162	671	162	631
Pompes — avec accessoires	162	672	162	632
Pompons — pour shako — à flamme	78	1	78	1
Pompons — pour shako — sans flamme	78	2	78	2
Pompons — pour shako — olive	78	3	78	3
Pompons — pour képi de 1re tenue	78	4	78	4
Pompons pour képi de première tenue (sous-officiers élèves officiers et sous-officiers rengag.) — Sous-officiers élèves officiers — Ecole militaire d'infanterie	100	121	100	122
Pompons pour képi de première tenue — Sous-officiers élèves officiers — Ecole militaire d'artillerie et du génie — Artillerie et génie	100	122	100	123
Pompons pour képi de première tenue — Sous-officiers élèves officiers — Ecole militaire d'artillerie et du génie — Train des équipages	100	123	100	124
Pompons pour képi de première tenue — Sous-officiers élèves officiers — d'administration	100	124	100	125
Pompons pour képi de première tenue — Sous-officiers rengagés	100	125	100	126
Pompons de képi pour les écoles — Pour képis divers à l'Ecole spéciale militaire	101	253	101	254
Pompons de képi pour les écoles — pour képi d'infirmiers à l'Ecole du service de santé militaire	101	254	101	255

DÉSIGNATION DES MATIÈRES ET EFFETS.	ANCIENNE NOMENCLATURE. NUMÉROS		NOUVELLE NOMENCLATURE. NUMÉROS	
	Sommaires.	Détaillés.	Sommaires.	Détaillés.
1	2	3	4	5
Pont ferré mobile	162	674	162	633
Porte-capsule	162	675	162	634
Porte-carreau pour tailleur	»	»	162	724
Porte-épée — baïonnette — modèle 1877	120	3	120	2
Porte-épée — baïonnette — modèle 1888	120	4	120	3
Porte-épée — pour sous-officier et musicien du génie, et pour le cadre des écoles militaires préparatoires d'infanterie	120	5	120	4
Porte-épée-baïonnette pour les écoles — Ecole polytechnique	138	65	138	65
Porte-épée-baïonnette pour les écoles — Ecole spéciale militaire — En cuir — ciré	138	66	138	66
Porte-épée-baïonnette pour les écoles — Ecole spéciale militaire — En cuir — verni	138	67	138	67
Porte-épée-baïonnette pour les écoles — Prytanée militaire	138	68	138	68
Porte-épée modèle 1888, modifié	»	»	106	3
Porte en fer grillagé	162	201	62	191
Portefeuille à soufflet à l'usage du colonel	»	»	130	80
Portefeuille à serrure à l'usage du lieutenant-colonel	»	»	130	81
Portefeuille pour notes d'officiers — avec soufflet	»	»	130	84
Portefeuille pour notes d'officiers — sans soufflet	»	»	130	85
Portefeuille de correspondance pour les gendarmes réservistes	139	12	139	12
Portefeuille — d'estafette du service de la trésorerie et des postes	130	66	130	62
Portefeuille — de secrétaires d'état-major	130	67	130	63
Porte-foret à engrenage	162	460	162	434
Porte-fourreau de sabre-baïonnette	120	1	120	1
Porte-fourreau de sabre-baïonnette — Ecole du service de santé militaire	138	69	138	69
Porte-fourreau de sabre-baïonnette — Prytanée militaire	138	70	138	70
Portemanteau garni de champignons	162	202	162	192
Portemanteau de tablette de tente	146	102	146	194
Portemanteau pour la télégraphie militaire	»	»	103	24
Portemanteau de l'Ecole spéciale militaire	101	96	101	96
Porte-mouchettes	162	203	162	193
Porte-plumet de casque	75	46	75	46
Portillon en bois	167	41	167	39
Pot-en-tête surmontant la cuirasse	50	50	50	50
Pot — à eau avec cuvette	162	204	162	194
Pot — en terre	162	205	162	195
Pot — à colle avec bain-marie	162	461	162	435
Pot — à huile	162	462	162	436
Pot à graisse en terre	»	»	162	196
Potasse d'Amérique	168	84	168	76
Poteau d'étendage	162	463	162	437
Poteau télégraphique — brodé de sous-officier	»	»	50	65
Poteau télégraphique — brodé de caporal et sapeur	»	»	50	66
Poteau télégraphique — découpé en drap	»	»	50	67
Poteaux — d'empiloir	162	676	162	635
Poteaux — limite de camp ou quai d'embarquement	162	677	162	636
Poucettes (paire de)	139	13	139	13
Poudre de pyrèthre	168	85	168	77
Poudre à savon	»	»	164	14
Poulain	162	464	162	438

DÉSIGNATION DES MATIÈRES ET EFFETS.		ANCIENNE NOMENCLATURE. NUMÉROS Sommaires.		NOUVELLE NOMENCLATURE. NUMÉROS Sommaires.	
		Sommaires.	Détaillés.	Sommaires.	Détaillés.
1		2	3	4	5
Poulies	en bois, avec corde	162	678	162	637
	en fer	162	679	162	638
Pourtour en cuir verni noir pour shako		75	135	75	134
Prélart		»	»	146	97
Presse autographique		162	207	162	197
Presses	à froid	162	465	162	439
	à percussion, n° 2	162	466	162	440
	à rogner, à deux jumelles	162	467	162	441
	pour emballer	162	468	162	442
Pressoir à couvertures		162	470	162	443
Prisme télémètre Souchier		»	»	162	11
Pulvérisateur pour désinfection		»	»	162	715
Pupitre		162	208	162	198
Quart pour bidon de cavalerie		147	26	147	24
Quart	en tôle	130	80	130	75
	en aluminium	130	81	130	76
Queues de rat assorties		162	471	162	444
Rabot		162	472	162	445
Raccord pour extincteur		162	38	162	[illegible]
Raccord pour pompe à incendie		162	47	162	[illegible]
Racloir		162	473	162	446
Rallonge de bretelle de fusil		»	»	106	[illegible]
Rallonge de table		»	»	162	756
Râpe demi-cylindrique en fer-blanc		»	»	163	23
Rasoir		»	»	164	[illegible]
Râteaux	en bois	162	475	162	447
	en fer	162	476	162	448
Râteliers	à double et à simple cheville	162	477	162	449
	pour outils de ferblantier	162	478	162	450
Ratière en bois		162	209	162	199
Rayons d'étagères		162	210	162	200
Récepteur Ader n° 3 avec cordon		»	»	162	735
Réchaud		162	479	162	451
Récipient à tripoli en verre		»	»	162	725
Récipients en terre ou en grès pour l'emballage		154	14	154	12
Récipients	divers en métal	162	211	162	201
	à eau pour poêles	162	212	162	202
Récipients en aluminium avec manches		»	»	162	771
Redingote d'agent secondaire des écoles	Agent de casernement, agent préposé aux vivres et chef garçon	101	97	101	97
	Garçon de télégraphe	101	98	101	[illegible]
	Agent secondaire	101	99	101	[illegible]
Registre à écrou		»	»	162	509
Règles	pour la pointure d'effets de coiffure	162	113	162	[illegible]
	pour mesurer les draps	162	114	162	[illegible]
Règle en fer pour relieur		162	480	162	452
Règlements (volume)		162	652	162	614
Réservoir	à huile	162	680	162	639
	d'eau	162	681	162	640
Résine		168	86	168	[illegible]
Ressort de tondeuse		»	»	164	[illegible]
Réverbère-applique		162	213	162	203
Rideau pour tente de conseil		146	103	146	[illegible]

DÉSIGNATION DES MATIÈRES ET EFFETS.	ANCIENNE NOMENCLATURE. NUMÉROS		NOUVELLE NOMENCLATURE. NUMÉROS	
	Sommaires.	Détaillés.	Sommaires.	Détaillés.
1	2	3	4	5
Rideaux pour casiers	162	214	162	204
Rideaux pour croisées	162	215	162	205
Rideaux pour étagères	162	216	162	206
Rideaux pour magasins (en laine caoutchoutée)	162	217	162	207
Rifflard ou demi-varlope	162	481	162	453
Rivets pour casque en cuivre (le cent)	75	47	75	47
Rivets pour casque en fer (le cent)	75	48	75	48
Rivet de havresac	127	32	127	31
Rivets pour réparations	168	121	168	108
Rivets avec agrafe pour gamelles individuelles	»	»	147	94
Robinet en métal avec clef	»	»	162	758
Robinet en bois	»	»	162	757
Robinet de jauge	162	682	162	641
Romaine en cuivre grande	162	82	162	76
Romaine en cuivre moyenne	162	83	162	77
Romaine en cuivre petite	162	84	162	78
Romaine en fer grande	162	85	162	79
Romaine en fer moyenne	162	86	162	80
Romaine en fer petite	162	87	162	81
Rondelles diverses avec agrafe pour gamelles individuelles	»	»	147	93
Rondelle de casque	75	49	75	49
Rondelle de shako	75	136	75	135
Rondelle de gamelle-moulin à café	147	60	147	60
Rondelle en cuir corroyé et estampé	167	42	167	40
Rosace en cuivre pour casque complète	75	50	75	50
Rosace en cuivre pour casque seule avec crampon	75	51	75	51
Roue brodée en or ou en argent	50	19	50	19
Roue découpée en drap	50	43	50	43
Roue à bras	162	482	162	454
Roue de gouvernail ailée brodée en or et soie avec n° du groupe	»	»	50	85^{11}
Roue de gouvernail ailée brodée en or et soie sans n° du groupe	»	»	50	85^{12}
Roue dentée, brodée en laine	»	»	50	85^{2}
Roue dentée, brodée en laine avec chevron d'or	»	»	50	85^{3}
Roue dentée, brodée en or	»	»	50	85^{4}
Roue dentée, brodée en or avec chevron d'or	»	»	50	85^{5}
Rouge broyé	168	87	168	79
Rouleaux pour éventer les draps	162	483	162	455
Rouleaux pour l'examen des étoffes	162	484	162	456
Rouleau encreur pour la machine à marquer les draps	»	»	162	694
Rouleau pour plier les étoffes	»	»	162	695
Ruban métrique	162	66	162	60
Ruban de fil pour réparations	169	9	169	8
Ruban de hamac	»	»	144	18
Rubans de médailles Chine	53	1	53	1
Rubans de médailles Coloniale	53	2	53	2
Rubans de médailles Dahomey	53	3	53	3
Rubans de médailles Madagascar	53	4	53	4
Rubans de médailles Tonkin	53	5	53	5
Rubans de médailles Sauvetage	53	6	53	6
Rubans de médailles Cambodge	»	»	53	7
Rubans de médailles Dragon de l'Annam	»	»	53	8
Rubans de médailles Médaille militaire	»	»	53	9
Sablier de compteur pour le décatissage	162	115	162	109

DÉSIGNATION DES MATIÈRES ET EFFETS.	ANCIENNE NOMENCLATURE. NUMÉROS		NOUVELLE NOMENCLATURE. NUMÉROS	
	Sommaires.	Détaillés.	Sommaires.	Détaillés.
1	2	3	4	5
Sabots-galoches	85	1	85	1
Sac d'artillerie (homme monté)	117	21	117	22
Sac du modèle des subsistances	»	»	130	92
Sac-besace (personnel de la télégraphie militaire)	139	16	139	16
Sacs à avoine	130	68	130	64
Sacs à effets pour détenus	130	69	130	65
Sacs de petite monture non garnis	130	72	130	66
Sacs de petite monture garnie avec trousse	130	70	130	89
Sacs de petite monture garnie sans trousse	130	71	130	90
Sacs de petite monture garnis pour les gendarmes réservistes	139	14	139	14
Sacs de couchage	144	12	144	10
Sacs-tentes-abris	146	8	146	8
Sac à dépêches pour vélocipédiste	130	79	130	74
Sac à distribution	162	219	162	208
Sac cachou des batteries alpines	»	»	117	25
Sacs d'emballage	»	»	154	17
Sacs à naphtaline	»	»	154	16
Sacs à cartouches (cavalerie)	130	76	130	71
Sachet à cartouches de cavalerie	»	»	130	97
Sachet-trousse de cavalerie	»	»	130	97[1]
Sachets à cartouches (artillerie, génie train)	»	»	130	85
Sachets à pain de guerre Artillerie	130	73	130	67
Sachets à pain de guerre Cavalerie	130	73	130	68
Sachets à vivres (collectif)	130	74	130	69
Sachets pour vivres de réserve	130	75	130	70
Sachets à sable	»	»	130	83
Sacoches porte-cartouches de compagnies sahar.	»	»	130	91
Sacoches pour estafette du service de la trésorerie et des postes	130	77	130	72
Sacoches pour maréchal des logis chef de caval.	130	78	130	73
Sacoches pour planton	162	683	162	642
Saladier	»	»	163	41
Salière	»	»	163	42
Salière pour cantine à vivres	147	81	147	80
Sandales	»	»	91	5
Sangles de suspension	162	684	162	644
Satins de Chine	2	5	2	5
Savons	168	88	168	80
Savonnettes pour les commissions	167	43	167	41
Saxhorns contralto *si* bémol	119	33	119	37
Saxhorns basse *si* bémol	119	34	119	38
Saxhorns contre-basse *mi* bémol	119	35	119	39
Saxhorns contre-basse grave *si* bémol	119	36	119	40
Saxhorns soprano en *mi* bémol à 3 pistons	119	41	119	45
Saxhorns baryton en *si* bémol à 3 pistons	119	42	119	47
Saxophone soprano *si* bémol	119	26	119	30
Saxophone alto *mi* bémol	119	27	119	31
Saxophone ténor *si* bémol	119	28	119	32
Saxophone baryton *mi* bémol	119	29	119	33
Saxo-tromba-alto	119	37	119	41
Scies passe-partout	162	485	162	457
Scies de boucher	»	»	163	29
Sciure de bois	172	2	172	2

DÉSIGNATION DES MATIÈRES ET EFFETS.	ANCIENNE NOMENCLATURE. NUMÉROS		NOUVELLE NOMENCLATURE. NUMÉROS	
	Sommaires.	Détaillés.	Sommaires.	Détaillés.
1	2	3	4	5
de campement en toile	147	27	147	25
d'incendie en toile	162	48	162	43
en bois	162	220	162	209
(Suite.) en terre	162	221	162	210
(Suite.) en zinc, tôle, fer-blanc	162	222	162	211
(Suite.) galvanisé	162	223	162	212
(Suite.) hygiéniques en tôle émaillée	»	»	162	710
et kéfala pour spahis	86	5	86	5
ammoniac	168	89	168	81
de soude	168	90	168	82
ile pour sabots-galoches	»	»	85	2
mécanique	168	92	168	83
fer	162	487	162	458
à huile	162	488	162	459
avec manche	146	65	146	62
sans manche	146	66	146	63
oints	162	489	162	460
avec moraillons	162	225	162	213
sans moraillons	162	226	162	214
oite	162	227	162	215
(accessoire d'équipement)	131	11	131	10
sans plaque — Infanterie de ligne et chasseurs à pied	64	1	64	1
sans plaque — Commis et ouvriers militaires d'administration, infirmiers militaires et secrétaires d'état-major	64	2	64	2
sans plaque — Chasseurs à cheval	64	3	64	3
sans plaque — Hussards	64	4	64	4
sans plaque — École d'application de cavalerie et cadre de l'École militaire préparatoire de cavalerie	64	5	64	5
sans plaque — Artillerie et génie	64	6	64	6
sans plaque — Train des équipages militaires	64	7	64	7
sans plaque — Tambour-major	64	8	64	8
avec plaque et co… pour les écoles — École spéciale militaire (élève)	101	242	101	243
avec plaque et co… pour les écoles — Tambour-major	101	243	101	244
avec plaque et co… pour les écoles — Cadre	101	244	101	245
matique en poudre	168	93	168	84
signal	121	3	121	3
	162	490	162	461
vidange pour appareil d'incendie	162	55	162	50
coffre-fort	»	»	162	72
	168	122	168	100
à trembleur et à moyenne résistance	»	»	162	733
de 50 ohms	»	»	162	740
es	162	228	162	216
nal	168	94	168	85
de forge	162	491	162	462
à punaises	162	229	162	217
	168	95	168	86
du modèle général	84	12	84	9
pour zouaves et tirailleurs	84	13	84	10
arabes pour spahis	86	6	86	6

DÉSIGNATION DES MATIÈRES ET EFFETS. 1	ANCIENNE NOMENCLATURE. NUMÉROS Sommaires. 2	Détaillés. 3	NOUVELLE NOMENCLATURE. Sommaires. 4
	»	»	163
Soupière d'escouade	119	100	[illegible]
Sourdine en métal nickelé	162	231	[illegible]
Souricières en bois	162	232	162
Souricières métalliques	95	1	[illegible]
Sous-pieds de guêtres de cuir avec lanières	95	2	[illegible]
Sous-pieds de guêtres de toile			
Sous-pieds de guêtres pour zouaves et tirailleurs	95	3	95
Sous-pieds de pantalons d'ordonnance	95	4	[illegible]
Sous-pieds de pantalons de cheval	95	5	[illegible]
Sous-pieds d'éperons	95	6	[illegible]
Sous-pieds de jambières modèle 1905	»	»	[illegible]
Sous-pieds et courroies pour spahis	86	7	[illegible]
Sous-traits pour les effets	162	685	162
Soutache (accessoire d'effets pour la troupe) en laine blanche	51	18	51
Soutache en laine bleu foncé	51	19	[illegible]
Soutache en laine jonquille	51	20	[illegible]
Soutache en laine noire	51	21	[illegible]
Soutache en mohair noir de $2^{mm},5$	51	22	51
Soutache en mohair noir de 8^{mm}	51	23	[illegible]
Soutache en soie et argent	51	24	[illegible]
Soutache en soie et or	51	25	[illegible]
Soutache en soie noire	51	26	[illegible]
Soutache (accessoire d'effets pour les écoles) métal et soie pour adjudants et sous-officiers rengagés de l'École polytechnique	102	19	102
Soutache or et soie rouge pour adjudants et sous-officiers rengagés de l'École spéciale militaire	102	20	[illegible]
Soutache argent et soie rouge pour adjudants et sous-officiers rengagés de l'École spec. militaire	102	21	102
Soutache or et soie rouge de 4^{mm} pour sous-officiers rengagés de l'École du service de santé militaire	102	22	102
Soutache or et laine rouge (Prytanée militaire)	102	23	[illegible]
Soutache argent fin pour brigadier de manège du Prytanée militaire	102	24	[illegible]
Soutache d'ancienneté en soie écarlate	»	»	[illegible]
Soutache d'ancienneté en soie garance	»	»	[illegible]
Soyage	162	492	162
Spatules en hêtre	162	493	[illegible]
Spatules en fer	162	686	[illegible]
Spatules en porcelaine	162	687	[illegible]
Spatules en verre	162	688	[illegible]
Stalles pour le classement des étoffes	162	690	[illegible]
Stalles pour l'embarquement des chevaux double	162	691	[illegible]
Stalles pour l'embarquement des chevaux simple	162	692	[illegible]
	»	»	[illegible]
Store en bois	162	233	[illegible]
Store en jonc	168	96	[illegible]
Suif de mouton	162	693	[illegible]
Supports avec traverses pour arrimage	162	694	[illegible]
Supports pour tubes à essais	146	25	[illegible]
Supports d'auvent de tente de conseil	146	26	[illegible]
Supports d'auvent de tentes	»	»	[illegible]
Supports d'appareil thermoconservateur			

DÉSIGNATION DES MATIÈRES ET EFFETS.	ANCIENNE NOMENCLATURE. NUMÉROS		NOUVELLE NOMENCLATURE. NUMÉROS	
	Sommaires.	Détaillés.	Sommaires.	Détaillés.
1	2	3	4	5
Support brisé (demi) de sac tente-abri	146	28	146	28
Support brisé (demi) en bambou pour tente individuelle modèle 1897	146	29	146	29
Supports mobiles de crachoir	»	»	162	727
Supports en fer à marquer les draps	»	»	162	770
Suspensions avec abat-jour en fer-blanc	162	234	162	222
Tables pour tentes de conseil à toit double	146	82	146	76
Tables pour tentes de conseil conique	146	83	146	77
Tables en ardoise	»	»	162	691
Tables à décatir	162	6	162	6
Tables en bois	162	235	162	223
Tables en grès émaillé	162	236	162	224
Tables en marbre	162	237	162	225
Tables à mètrer les toiles	162	494	162	465
Tables à récurage	162	495	162	466
Tables étalonnée de 2 mètres	162	496	162	467
Tables étalonnée de 5 mètres	162	497	162	468
Tables pour les tailleurs des commissions	162	498	162	469
Tableau (grand) pour exécuter les tracés	162	238	162	226
Tablette ordinaire	162	239	162	227
Tablette-console	162	240	162	228
Tablettes pour tentes conique avec portemanteaux	146	85	146	78
Tablettes pour tentes elliptique avec tasseaux et portemanteaux	146	86	146	79
Tablettes pour tentes elliptique sans tasseaux ni portemanteaux	146	87	146	80
Tablier en bois pour laveur	162	500	162	470
Tabliers à bavette et à poche en toile bleue	30	1	30	1
Tabliers à bavette et à poche en toile cachou	30	2	30	2
Tabliers à bavette et à poche en toile crémée	30	3	30	3
Tabliers à bavette sans poche en toile bleue	30	4	30	4
Tabliers à bavette sans poche en toile cachou	30	5	30	5
Tabliers à bavette sans poche en toile crémée	30	6	30	6
Tabouret	162	241	162	229
Tamis pour passer la peinture	»	»	162	769
Tapis	162	242	162	230
Tarières ordinaires	162	501	162	471
Tas dit « pied de chèvre »	162	502	162	472
Tas monté sur billot	162	503	162	473
Tasseau de tablette de tente	146	104	146	96
Tasseau dit « table à main »	162	505	162	474
Tenailles (paire de)	162	506	162	475
Tente-parasol	162	243	162	231
Tentes complètes de 6 mètres de diamètre à muraille (conique)	146	1	146	1
Tentes complètes de conseil à toit double	146	2	146	2
Tentes complètes de conseil conique	146	3	146	3
Tentes complètes de marche pour officier	146	4	146	4
Tentes complètes elliptique, du modèle modifié, pour 16 hommes	146	5	146	5
Tentes complètes individuelle, modèle 1897	146	6	146	6
Tentes complètes baraque, avec accessoires	»	»	146	7
Terre à foulon	»	»	168	122
Terrine en terre (grande)	»	»	163	31

grand modèle
petit modèle
admissions
ajournement
rejet

[illegible]

DÉSIGNATION DES MATIÈRES ET EFFETS.		ANCIENNE NOMENCLATURE. NUMÉROS Sommaires.	ANCIENNE NOMENCLATURE. NUMÉROS Détaillés.	NOUVELLE NOMENCLATURE. NUMÉROS Sommaires.	NOUVELLE NOMENCLATURE. NUMÉROS Détaillés.
1		2	3	4	5
Toiles (*Suite.*)	pour garniture de caisse de fonds (en 0m,83)	3	21	3	21
	pour fond de seau (en 0m,48 à 0m50)	3	22	3	22
	pour fût de seau (en 0m,38 à 0m,39)	3	23	3	23
	à œillets et voilières	»	»	146	99
	Tissu de chanvre en chanvre — pour pliant	3	24	3	24
	Tissu de chanvre en chanvre — pour tente	3	25	3	25
Toile de tente	conique — de 6 mètres de diamètre, à muraille	146	9	146	9
	de conseil — à toit double	146	10	146	10
	de conseil — conique	146	11	146	11
	de marche pour officier	146	12	146	12
	elliptique, du modèle modifié, pour 16 hommes	146	13	146	13
	individuelle, modèle 1897	146	14	146	14
	de sacs-tentes-abris	146	16	146	16
Toile d'emballage	0m,89 de largeur	156	1	156	1
	1m,04 de largeur	156	2	156	2
	1m,20 de largeur	156	3	156	3
	1m,40 de largeur	156	4	156	4
Toise		162	67	162	61
Tôles	étamées	168	14	168	14
	pour rôtis	»	»	163	32
Tondeuse		168	509	164	4
Tonneau	de secours contre l'incendie	162	56	162	51
	monté sur haquet	162	700	162	658
	pour arrosage des magasins	162	701	162	659
Tonneaux et barils pour l'emballage	grands	154	15	154	13
	moyens	154	16	154	14
	petits	154	17	154	15
Toques	en toile blanche	65	1	65	1
	en toile bleue	65	2	65	2
	en toile cachou	65	3	65	3
Torchon-serviette (effet de pansage)		131	18	131	17
Torchon ou essuie-mains		162	248	162	236
Torchons de cuisine		»	»	162	783
Torsade en câblé de laine de diverses nuances	grosse	51	27	51	27
	petite	51	28	51	28
Tour monté	en bois	162	510	162	478
	en fer	162	511	162	479
Tourillon de giberne		127	23	127	23
Tourne-à-gauche		162	512	162	480
Tournevis emmanché		162	513	162	481
Tracés de coupe		162	654	162	616
Traîtoir		162	514	162	482
Tranche		162	515	162	483
Tranchet		162	516	162	484
Transmetteur Ader nº 3 sans cordon		»	»	162	737
Traverse	de tente de conseil à toit double	146	30	146	30
	de tente de marche pour officier	146	31	146	31
	de tente elliptique à 16 hommes	146	32	146	32
	de manteaux d'armes de piquet	»	»	146	33
Trébuchet pour analyses		162	116	162	109

DÉSIGNATION DES MATIÈRES ET EFFETS.	ANCIENNE NOMENCLATURE. Numéros Sommaires.	Détaillés.	NOUVELLE NOMENCLATURE. Numéros Sommaires.	Détaillés.
1	2	3	4	5
Trèfle pour gendarmes réservistes et territoriaux — Sous-officier	104	34	104	34
Trèfle pour gendarmes réservistes et territoriaux — Brigadier	104	35	104	35
Trèfle pour gendarmes réservistes et territoriaux — Gendarme	104	36	104	36
Trèfle pour gendarmes réservistes et territoriaux — Trompette	104	37	104	37
Treillis pour pantalons — en 0m,70	3	31	3	30
Treillis pour pantalons — en 0m,86	3	32	3	31
Trépieds en fer	162	702	162	660
Tresse ou cordonnet en laine pour shako	76	9	76	9
Tresse — en soie ou en mohair, plate — mélangée argent de 0m,003	51	29	51	29
Tresse — en soie ou en mohair, plate — mélangée or, de 0m,003	51	30	51	30
Tresse — en soie ou en mohair, plate — en mohair noir	51	31	51	31
Tresse — en mohair noir dite « soubise hussard »	51	32	51	32
Tresse — en laine — carrée — blanche	51	33	51	33
Tresse — en laine — carrée — écarlate	51	34	51	34
Tresse — en laine — carrée — garance	51	35	51	35
Tresse — en laine — carrée — jonquille	51	36	51	36
Tresse — en laine — carrée — noire	51	37	51	37
Tresse — en laine — plate — à losanges tricolores	51	38	51	38
Tresse — en laine — plate — blanche	51	39	51	39
Tresse — en laine — plate — écarlate	51	40	51	40
Tresse — en laine — plate — garance	51	41	51	41
Tresse — en laine — plate — jonquille	51	42	51	42
Tresse — en laine — plate — noire	51	43	51	43
Tresse (Prytanée militaire) — car. en laine de 0m,006 pour brandebourg — garance	102	25	102	25
Tresse (Prytanée militaire) — car. en laine de 0m,006 pour brandebourg — noire	102	26	102	26
Tresse (Prytanée militaire) — plate de 0m,15 pour dolmans	102	27	102	27
Tresse plate pour interprètes stagiaires	»	»	51	45
Tréteaux — de table en fer	162	517	162	485
Tréteaux — en bois pour table	162	249	162	237
Tréteaux — pour sous-traits	»	»	162	772
Treuil mécanique pour ascenseurs	162	703	162	661
Triangle — en bois pour flétrir les étoffes	162	518	162	486
Triangle — pour musique	119	47	119	53
Tringles en fer pour rideaux	162	250	162	238
Tripoli	»	»	168	117
Trombone — à pistons	119	32	119	36
Trombone — alto en *mi* bémol	119	39	119	43
Trombone — à coulisse	119	40	119	44
Trompette — Breton	»	»	122	16
Trompette — de musique d'harmonie	119	31	119	35
Trompette — d'ordonnance	122	27	122	23
Trousse — en basane garnie sans la glace	130	82	130	88
Trousse — en basane non garnie	130	83	130	77
Trousse — à boutons	130	84	130	78
Trousse — garnie d'ouvrier électricien	162	519	162	487
Trousse — en toile cachou — non garnie	»	»	130	95
Trousse — en toile cachou — garnie	»	»	130	96
Troussequin — brodé en or ou en argent	50	20	50	20
Troussequin — brodé en soie	50	30	50	30
Troussequin — découpé en drap	50	46	50	46
Truelle	162	520	162	588
Trusquin	162	521	162	489
Tubes à essai (la dizaine)	162	704	162	662

Désignation des matières et effets.			Ancienne nomenclature. Numéros Sommaires.	Ancienne nomenclature. Numéros Détaillés.	Nouvelle nomenclature. Numéros Sommaires.	Nouvelle nomenclature. Numéros Détaillés.
1			2	3	4	5
Tubulure (accessoire de compteur à eau)			162	750	162	663
Tuniques de sous-officier	Inf. de ligne, rég. étr., infir. milit. N. M.	Tambour-major	31	1	31	1
		Sous-officier	31	2	31	2
	Chas. à p., inf. lég. d'Af., comp. de discip. (cadre), secr. d'ét.-maj., com. et ouv. d'adm., Éc. d'adm. (cadre), N. M.		31	3	31	3
	Secrét. d'état-major, com. et ouvr. d'adm., École d'adm. (cadre) A. M.		31	4	31	4
	Infirmiers militaires, A. M.		31	5	31	5
	Génie (troupe à pied)	Tambour-major	31	6	31	6
		Sous-officier	31	7	31	7
	non rengagés	du train	»	»	31	30
		de l'artillerie	»	»	31	31
	de l'aéronautique	homme à pied	»	»	31	32
		conducteur	»	»	31	34
	Sapeurs-conducteurs		31	8	31	8
	Cavaliers de manège (sous-officier et soldat)		31	9	31	9
	Tunique de sous-officier de cuirassiers		31	10	31	10
	Tunique infanterie tambour-major, A. M.		»	»	31	11
	Dragons		31	12	31	12
	Chasseurs et hussards		31	13	31	13
	Cavaliers de remonte (intérieur)		31	14	31	14
Tuniques de soldat	Inf. de ligne, rég. étr., infir. milit, N. M.		31	16	31	16
	Chas. à p., inf. lég. d'Af., comp. de discip. (cadre), secr. d'ét.-maj., com. et ouv. d'adm., Éc. d'adm. (cadre), N. M.		31	17	31	17
	de l'aéronautique	homme à pied	»	»	31	33
		conducteur	»	»	31	35
	Secrétaires d'état-major, commis et ouvriers d'administration, École d'administration (cadre), A. M.		31	18	31	18
	Infirmiers militaires, A. M.		31	19	31	19
	Génie	sapeurs-mineurs	31	20	31	20
		sapeurs-conducteurs	31	21	31	21
	Cuirassiers		31	22 et 23	31	22
	Dragons		31	24 et 31	31	23
	Chasseurs et hussards		31	25 et 32	31	24
	Cavaliers de remonte (intérieur)		31	26 et 33	31	25
Tuniques de sous-officiers rengagés (galons de grade non compris)	Infanterie de ligne et régiments étrangers		100	33	100	33
	Chasseurs à pied et infanterie légère d'Afrique		100	34	100	34
	Compagnies de discipline		100	35	100	35
	Secrétaires d'état-major		100	36	100	36
	Commis et ouvriers militaires d'administration		100	37	100	37
	Infirmiers militaires		100	38	100	38
	Cuirassiers		100	39	100	39
	Cavaliers de manège		100	40	100	40
	Dragons		100	41	100	41
	Chasseurs à cheval		100	42	100	42
	Hussards		100	43	100	43
	Cavaliers de remonte		100	44	100	44
	Génie (sapeurs-mineurs et sapeurs-conduct.)		100	45	100	45
	Artillerie		»	»	100	141
	Train des équipages		»	»	100	142

DÉSIGNATION DES MATIÈRES ET EFFETS.	ANCIENNE NOMENCLATURE. NUMÉROS		NOUVELLE NOMENCLATURE. NUMÉROS	
	Sommaires.	Détaillés.	Sommaires.	Détaillés.
1	2	3	4	5
Tuniques (Ecole de cavalerie). — Sous-officier	»	»	31	27
Tuniques (Ecole de cavalerie). — Soldat	»	»	31	28
Tunique pour les sous-officiers élèves officiers.... — Ecole militaire d'infanterie	100	46	100	47
— Ecole d'application de cavalerie. — Cuirassiers	100	47	100	48
— — Dragons	100	48	100	49
— — Chasseurs	100	49	100	50
— — Hussards	100	50	100	51
— — Cavaliers de remonte	100	51	100	52
— Ecole militaire d'artillerie et du génie (génie)	100	52	100	53
— d'administration	»	»	100	143
Tuniques pour les écoles. — Ecole polytechnique. — Elève	101	100	101	100
— — Génie (troupes à pied). — Sous-officier rengagé	101	101	101	101
— — — Sous-officier	101	102	101	102
— — — Soldat	101	103	101	103
— Ecole spéciale militaire. — Elève	101	104	101	104
— — Cadre.... — Tambour-major	101	105	101	105
— — — Infanterie et cavalerie. — Sous-officier rengagé	101	106	101	106
— — — — Sous-officier	101	107	101	107
— — — — Soldat	101	108	101	108
— — — Infirmiers. — Sous-officier rengagé	101	109	101	109
— — — — Sous-officier	101	110	101	110
— — — — Soldat	101	111	101	111
— — — Cavaliers de manège (sous-officier rengagé)	101	112	101	112
— — — Sous-officier et soldat	101	113	101	113
— Ecole du service de santé militaire. — Elève	101	114	101	114
— — Sous-officier rengagé	101	115	101	115
— — Infirmiers. — Sous-officier	101	116	101	116
— — — Soldat	101	117	101	117
— Prytanée militaire. — Elève	101	118	101	118
— — Petit état-major. — Sous-officier rengagé, infanterie	101	119	101	119
— — — Sous-officier	101	120	101	120
— — — Soldat	101	121	101	121
Tunique pour les gendarmes réservistes et territoriaux.... — Maréchal des logis	104	21	104	21
— Brigadier	104	22	104	22
— Gendarme	104	23	104	23
Turban de casque	75	53	75	53
Turbans...... — pour zouaves et tirailleurs algériens	66	1	66	1
— pour spahis	67	8	67	8
Tuyaux...... — de fumée d'appareil de buanderie	162	18	162	17
— de raccord pour extincteur	162	39	162	35
— de raccord pour pompe	162	49	162	44
— pour poêle (bouts de)	162	252	162	239
— de raccord	162	39	162	35
— en cuivre de 1 kil. 500	162	706	162	664
Tuyère de forge	162	522	162	490
Typomètre	»	»	162	684
Urne pour vote de conseil d'administration	162	707	162	666

DÉSIGNATION DES MATIÈRES ET EFFETS.	ANCIENNE NOMENCLATURE. NUMÉROS		NOUVELLE NOMENCLATURE. NUMÉROS	
	Sommaires.	Détaillés.	Sommaires.	Détaillés.
1	2	3	4	5
Valet d'établi	162	523	162	491
Valet en paille tressée	162	711	162	669
Vareuse à capuchon des unités cyclistes d'infanterie	»	»	31	29
Vareuse en treillis cremé pour sous-officiers de toutes armes	»	»	31	24
Vareuse en treillis des sous-officiers en Afrique	31	30	»	»
Vareuse-dolman des chasseurs alpins. — Sous-officier rengagé	100	58	100	59
Vareuse-dolman des chasseurs alpins. — Sous-officier	31	15	31	15
Vareuse-dolman des chasseurs alpins. — Soldat	31	28	31	26
Vareuse en drap — pour élève de l'École polytechnique	101	124	101	124
Vareuse en drap — pour élève de l'École du service de santé militaire	101	125	101	125
Vareuse — pour les condamnés des prisons militaires	104	3	»	»
Vareuse — pour les détenus des pénitenciers militaires	104	6	104	6
Vareuse — pour les condamnés des ateliers de travaux forcés	104	10	104	10
Vareuse — pour les exclus de l'armée	104	14	104	14
Vareuse — de sous-officier rengagé de l'artillerie	»	»	100	131
Vareuse — de sous-officier rengagé du train	»	»	100	132
Varlope	162	524	162	492
Vaseline	»	»	168	116
Vases divers à précipités	162	712	162	670
Vélocipèdes	162	713	162	671
Vélocipède (insigne) — brodé en or ou en argent	50	21	50	21
Vélocipède (insigne) — découpé en drap	50	47	50	47
Velours noir	2	7	2	5
Ventouse — de képi	75	81	75	80
Ventouse — de shako	75	138	75	137
Vernis noir minéral	168	97	168	88
Verres à vitres — dépolis (feuille)	167	44	167	42
Verres à vitres — double ou simple (caisse)	167	45	167	43
Verres à vitres — strié	169	10	169	9
Verres à boire	»	»	163	44
Verres à gaz	162	253	162	240
Verres — à expériences	162	714	162	672
Verres — à illuminations	162	715	162	673
Verrou pour ceinturon de toutes armes	127	12	127	12
Verrou de ceinturon. — De sergent-major	»	»	127	13
Verrou de ceinturon. — Ecole polytechniq., de ceinturon du modèle général	138	76	138	76
Verrou de ceinturon. — Ecole spéciale militaire. — de ceinturon — en cuir ciré	138	77	138	77
Verrou de ceinturon. — Ecole spéciale militaire. — de ceinturon — en cuir verni	138	78	138	78
Verrou de ceinturon. — Ecole du service de santé militaire. — de ceinturon d'infanterie	138	79	138	79
Vert anglais	168	98	168	89
Vessie de porc	162	717	162	674
Vestes d'uniforme — Infanterie de ligne, chasseurs à pied, secrétaires d'état-major, commis et ouvriers d'administration, cadre de l'Ecole d'administration, infirmiers militaires, infanterie légère d'Afrique, compagnies de discipline (cadre), compagnies de discipline (fusiliers, régiments étrangers)	32	1	32	1
Vestes d'uniforme — Zouaves — Sous-officier	32	2	32	2
Vestes d'uniforme — Zouaves — Soldat	32	3	32	3

DÉSIGNATION DES MATIÈRES ET EFFETS.			ANCIENNE NOMENCLATURE. NUMÉROS Sommaires.	ANCIENNE NOMENCLATURE. NUMÉROS Détaillés.	NOUVELLE NOMENCLATURE. NUMÉROS Sommaires.	NOUVELLE NOMENCLATURE. NUMÉROS Détaillés.
1			2	3	4	5
Vestes d'uniforme. (*Suite.*)	Tirailleurs algériens.	Sous-officier	32	4	32	4
		Soldat	32	5	32	5
	Demi-amples pour troupes à pied		32	6	32	6
	Cuirassiers, dragons, cavaliers de remonte		32	7	32	7
	Vestes d'artillerie.	Sous-officier	32	20	32	20
		Soldat	32	8	32	8
	Vestes du train des équipages (soldat)		32	14	32	14
	Chasseurs à cheval et hussards		32	9	32	9
	Chasseurs d'Afrique (soldat)		32	9	32	9
	Ecole d'application et Ecole militaire préparatoire de cavalerie (cadre)		32	10	32	10
	Chasseurs d'Afrique (sous-officier)		32	11	32	11
	Cavaliers de remonte (sous-officier en Algérie)		32	12	32	12
	Génie (troupe à pied et sapeurs conducteurs)		32	13	32	13
	Train des équipages (sous-officier)		32	21	32	21
	Cavaliers de manège		32	15	»	»
	Chasseurs d'Afrique (N. M.).	Sous-officier	32	16	32	16
		Soldat	32	17	32	17
	Cavaliers de remonte en Afrique (N. M.).	Sous-officier	32	18	32	18
		Soldat	32	19	32	19
Vestes de travail	en drap	Ouvriers d'artillerie et artificiers (sous-officier)	32	25	32	27
		Commis et ouvriers d'administration (sous-officier)	32	26	32	28
	en treillis pour sous-officiers		»	»	32	30
	en treillis bleu		32	28	32	29
Vestes à l'usage des spahis.	Sous-officier		33	10	33	10
	Soldat		33	11	33	11
Vestes pour les sous-officiers rengagés et les sous-officiers élèves officiers	Chasseurs d'Afrique.	Sous-officier rengagé	100	53	100	54
		Sous-officier élève officier	100	54	100	55
	Sous-officiers rengagés.	Zouaves	100	55	100	56
		Tirailleurs	100	56	100	57
		Spahis	100	57	100	58
Vestes pour les écoles. en drap	Ecole polytechnique. Soldat du génie		101	126	101	126
	Ecole spéciale militaire.	Elève	101	127	101	127
		Cadre, infanterie et cavalerie	101	128	101	128
		Artillerie	101	129	101	129
		Cavaliers de manège	101	130	101	130
		Infirmiers	101	131	101	131
	Ecole du service de santé.	Infirmiers	101	132	101	132
		Train des équipages	101	133	101	133
	Prytanée militaire.	d'ordonnance pour élève	101	134	101	134
		de prison, pour élève	101	135	101	135
		Petit état-major	101	136	101	136
		Cavaliers	101	137	101	137
		Cavaliers ordonnances	101	138	101	138

DÉSIGNATION DES MATIÈRES ET EFFETS.	ANCIENNE NOMENCLATURE. NUMÉROS		NOUVELLE NOMENCLATURE. NUMÉROS	
	Sommaires.	Détaillés.	Sommaires.	Détaillés.
1	2	3	4	5
Vestes pour les écoles. (*Suite.*) — en drap (*suite*). — d'agents secondaires — Garçon de télégraphe	101	139	101	139
Vestes pour les écoles. (*Suite.*) — en drap (*suite*). — d'agents secondaires — Agent secondaire ...	101	140	101	140
Vestes pour les écoles. (*Suite.*) — Vareuse en toile bleue ou en coutil. — Ecole spéciale militaire, élève	101	141	101	141
Vestes pour les écoles. (*Suite.*) — Vareuse en toile bleue ou en coutil. — Prytanée militaire, moniteur	101	142	101	142
Vestes pour les écoles. (*Suite.*) — en treillis.... — Ecole polytechnique, élève........	101	143	101	143
Vestes pour les écoles. (*Suite.*) — en treillis.... — Ecole spéciale militaire, élève et cadre..........................	101	144	101	144
Vestes pour les écoles. (*Suite.*) — en treillis.... — Ecole du service de santé, élève ...	101	145	101	145
Vestes pour les écoles. (*Suite.*) — en treillis.... — Prytanée militaire, élève.........	101	146	101	146
Vestes pour les écoles. (*Suite.*) — en treillis.... — Pour agents secondaires des diverses écoles	101	147	101	147
Veste en drap pour le personnel de la télégraphie militaire........	103	7	103	7
Veste de gymnase	104	52	104	52
Veston d'été pour les hommes libérés des bataillons d'infanterie légère d'Afrique	»	»	107	4
Veston d'hiver pour les hommes libérés des bataillons d'infanterie légère d'Afrique	»	»	107	5
Vilebrequin..	162	525	162	493
Vis de casque. — de cimier	75	54	75	54
Vis de casque. — de crinière	75	55	75	55
Vis de casque. — de houppette	75	56	75	56
Vis de timbre de caisse	119	157	119	161
Vis de gamelle-moulin à café	147	61	147	61
Vis micrométrique..	162	117	162	110
Vis......... — d'établi	162	526	162	494
Vis......... — d'étau avec sa boîte	162	527	162	495
Vis......... — en bois pour établi de menuisier	162	528	162	496
Vis assorties	168	16	168	15
Visière de casque — complète	75	57	75	57
Visière de casque — nue	75	58	75	58
Visière...... — carrée à gorge	79	1	79	1
Visière...... — ronde à gorge	79	2	79	2
Visière...... — cerclée en cuivre	79	3	79	3
Volant...	162	529	162	497
Volige...	162	718	162	675
Vrilles ordinaires.......................................	162	530	162	498
Vrilles pour l'arrimage des armes dans les wagons	149	5	149	5
Zinc .... — en feuille	168	17	168	16
Zinc .... — en rognures	168	18	168	17

TABLE ALPHABÉTIQUE

DE

L'ANNEXE N° 1 DE LA NOMENCLATURE

Effets spéciaux aux troupes coloniales.

DÉSIGNATION DES MATIÈRES ET EFFETS.	ANCIENNE NOMENCLATURE — NUMÉROS — Sommaires.	ANCIENNE NOMENCLATURE — NUMÉROS — Détaillés.	NOUVELLE NOMENCLATURE — NUMÉROS — Sommaires.	NOUVELLE NOMENCLATURE — NUMÉROS — Détaillés.
1	2	3	4	5
Ancre en drap	50	65	50	106
Ancre en cuivre	75	65	75	157
Assiette creuse en fer battu	147	63	147	113
Attribut de képi de grande tenue d'aspirant d'artillerie	»	»	100	176
Attribut de sapeur (la paire)	50	52	50	111
Bas de laine (corps d'occupation du Petchili)	14	4	14	17
Bérets (du modèle général)	100	100	58	14
Besaces (petites)	130	2	130	98
Bobine garnie avec alène emmanchée	131	19	131	62
Boîte double à graisse et cirage	131	1	131	40
Bonnet de police. — Infanterie	59	1	59	20
Bonnet de police. — Artillerie	59	4	59	21
Bottines de sous-officiers rengagés	84	6	100	174
Boucles … — de pantalon	43	4	43	14
Boucles … — pour ceinturon d'infanterie	127	2	114	40
Bourgeron — en toile, modèle général (infanterie)	10	1	10	19
Bourgeron — blouse en toile (artillerie)	10	2	10	20
Bourgeron — de travail en toile bleue pour ouvriers d'artillerie	10 B	1	10	21
Bourgeron — de cuisine	10	Divers.	162	893
Boutons.. — avec ancre dorée ou mat. — Gros	100	143	100	163
Boutons.. — avec ancre dorée ou mat. — Petits	100	144	100	164
Boutons.. — plaqués or (artillerie). — Gros	100	62	100	165
Boutons.. — plaqués or (artillerie). — Petits	100	63	100	166
Boutons.. — d'uniforme (en cuivre). — Gros — Infanterie	44	14	44	24
Boutons.. — d'uniforme (en cuivre). — Gros — Artillerie	44	14	44	25
Boutons.. — d'uniforme (en cuivre). — Petits — Infanterie	44	15	44	26
Boutons.. — d'uniforme (en cuivre). — Petits — Artillerie	44	15	44	27
Boutons.. — d'uniforme (en cuivre). — sans ancre, demi-sphériques (pour troupes indigènes), gros	44	18	44	28
Boutons.. — divers en corne ou en os	44	13	44	29
Brassards. — Brancardiers régimentaires	45	19	45	29
Brassards. — Infirmiers régimentaires	45	21	45	30
Brassards. — Vélocipédistes	45	22	45	31
Brassards. — Conducteurs régimentaires	45	20	45	32
Bretelles de pantalon — pour hommes à cheval	46	1	46	17
Bretelles de pantalon — pour hommes à pied	46	2	46	18
Brides d'éperons à la chevalière	92	6	92	22
Brodequins de repos (nouveau modèle)	84	Divers.	86	21

DÉSIGNATION DES MATIÈRES ET EFFETS.	ANCIENNE NOMENCLATURE		NOUVELLE NOMENCLATURE	
	NUMÉROS		NUMÉROS	
	Sommaires.	Détaillés.	Sommaires.	Détaillés.
1	2	3	4	5
Brodequins napolitains (modèle général), pour hommes à pied	84	8	84	26
Brodequins napolitains (modèle général), pour hommes montés	84	10	84	27
Brosse à boutons	131	2	131	41
Brosse à habits	131	3	131	42
Brosse à laver	131	4	131	43
Brosse à reluire, Artillerie	131	5	131	44
Brosse à reluire, Infanterie	131	6	131	45
Brosse double à chaussures	131	7	131	46
Brosse pour armes	131	8	131	47
Brosse à tête	138	84	131	48
Brosse à dents	138	88	131	49
Brosse à cheval, en soie	131	12	131	54
Brosse en chiendent	131	13	131	55
Caducée brodé en fil (la paire)	50	32	50	99
Caducée en cannetille d'or mat, sans paillettes	50	22	50	96
Caducée brodé en laine (la paire)	50	35	50	102
Caleçon de bain	104	54	104	71
Caleçon en coton	11	»	11	15
Caleçon en laine (corps d'occupation du Petchili)	»	»	11	16
Capote p^r s.-officiers et soldats, Infanterie coloniale	12	12	12	20
Capote p^r s.-officiers et soldats, Artillerie colon. (hommes non montés)	12	4	12	21
Casques en liège avec jugulaire et attribut	61	2	61	16
Casque en liège, avec jugulaire, mais sans attribut	»	»	61	17
Ceinture de flanelle	13	4	13	18
Ceinture en laine bleue	13	1	13	19
Ceinture en laine rouge pour tirailleurs indigènes	13	10	13	20
Ceinturon en galon mohair pour serg.-maj. d'infant., avec plaque	114	31-32	114	38
Ceinturon pour infanterie coloniale, à boucle et ardillon	114	2	114	39
Chaussettes de coton	»	»	14	20
Chaussettes de laine (corps d'occupation du Petchili)	14	2	14	18
Chéchia	»	»	62	9
Chemise de coton tricoté	»	»	15	22
Chemise de flanelle de coton à rayures	15	6	15	21
Chevilles de sûreté	155	19	155	26
Ciseaux (paire de) de pansage	162	Divers.	131	56
Ciseaux (paire de) pour trousse	162	Divers.	131	63
Coffres individuels	»	»	162	894
Collet à capuchon pour tirailleurs indigènes	16	4	16	15
Cols blancs en percale	17	6	17	19
Cor de chasse avec grenade, brodé or	50	4	50	89
Cor de chasse sans grenade, brodé or	50	6	50	90
Cor de chasse découpé en drap	50	8	50	91
Corde à fourrage	131	15	131	57
Cordonnet écarlate pour képi	51	4	51	62
Coupe-coupe	»	»	147	118
Courroies de capotes	47	2	47	19
Courroies de manteaux	47	1	47	20
Courroies de sautoir pour vélocipédiste	»	»	47	21
Couteau de poche	162	Divers.	147	114
Couvre-casque en coton croisé de couleur kaki	73	11	73	23
Couvre-nuque en coton écru pour képi	73	2	73	24
Cravate en coton (artillerie coloniale)	17	1	17	17
Cravate en satin turc (infanterie coloniale)	17	5	17	18

DÉSIGNATION DES MATIÈRES ET EFFETS.	ANCIENNE NOMENCLATURE NUMÉROS Sommaires.	ANCIENNE NOMENCLATURE NUMÉROS Détaillés.	NOUVELLE NOMENCLATURE NUMÉROS Sommaires.	NOUVELLE NOMENCLATURE NUMÉROS Détaillés.
1	2	3	4	5
Cuiller à bouche	130	6	147	115
Culottes.. en drap — Artillerie coloniale (sous-officiers)	18	3	18	26
Culottes.. en drap — Artillerie coloniale (soldats)	18	4	18	27
Culottes.. en drap — Infanterie coloniale (ordonnances et conducteurs)	18	Divers.	18	28
Culottes.. en drap — pr tirailleurs indigènes. Infanterie	29	57	18	29
Culottes.. en drap — pr tirailleurs indigènes. Artillerie	29	57	18	30
Culottes.. en flanelle bleue — pr tirailleurs indigènes. Infanterie	29	58	18	31
Culottes.. en flanelle bleue — pr tirailleurs indigènes. Artillerie	29	58	18	32
Culottes.. en toile — blanche (infanterie et artillerie)	29	Divers.	18	33
Culottes.. en toile — blanche pour tirailleurs indigènes	29	59	18	34
Culottes.. en toile — de coton croisé de couleur kaki (infanterie et artillerie)	29	Divers.	18	35
Culottes.. en toile — de coton croisé de couleur kaki pour tirailleurs indigènes	29	60	18	36
Dé à coudre	131	21	131	64
Dragonnes d'infanterie (sergent-major)	115	6	115	17
Drap..... de sous-officier — bleu foncé	1	21	1	45
Drap..... de sous-officier — écarlate	1	18	1	46
Drap..... de soldat. — bleu foncé	1	31	1	47
Drap..... de soldat. — gris bleuté	1	34	1	48
Drap..... de soldat. — gris bleuté, dit cuir laine	1	38	1	49
Ecussons mobiles pour collets droits, en drap du fond, à 1 ou 2 chiffres ou attribut	52	19-20 21-22	52	28
Epaulettes en laine jonquille pour tous sous-officiers et soldats (infanterie)	20	16	20	36
Epaulettes jonquilles de sous-officier rengagé d'infanterie à tournantes mélangées d'or	100	130	100	155
Eperons à la chevalière, du modèle général	92	2	92	21
Eponge	168	11	131	58
Espadrilles — simples	»	»	130	99
Espadrilles — à semelles renforcées	»	»	130	100
Etoiles avec foudres et paillettes argent (s.-officier télégraphiste)	50	25	50	97
Etoile avec foudres (télégraphie)	50	34	50	101
Etoile à 5 branches	75	67	100	108
Etoiles brodées en or (paire) (Ecole d'administration)	100	78	100	173
Etrilles	131	17	131	59
Etui de coupe-coupe	»	»	147	119
Etui de petit bidon de 1 litre, en drap neuf	»	»	147	117
Etui-musette (N. M.)	130	7	130	103
Fausse jugulaire de képi en galon d'or de 6mm pour sous-officier, avec petits boutons en métal	75	73	75	159
Fer de bras — 1er aide-maréchal ferrant, en or	50	37	50	103
Fer de bras — 2e aide-maréchal ferrant, en or	50	39	50	104
Fer de bras — avec clous en or	50	27	50	98
Fer de bras — brodé en or	50	10	50	92
Fer de bras, collier, étoile	50	43	50	109
Fil (4 écheveaux)	131	22	131	65
Fiole à tripoli	»	»	131	53
Flanelle.. — bleu lisse	2	3	2	21
Flanelle.. — blanche	2	2	2	22
Flans pour plomber	154	27	154	35
Foudres (la paire) brodés en fil	50	33	50	100

DÉSIGNATION DES MATIÈRES ET EFFETS.	ANCIENNE NOMENCLATURE — NUMÉROS		NOUVELLE NOMENCLATURE — NUMÉROS	
	Sommaires.	Détaillés.	Sommaires.	Détaillés.
1	2	3	4	5
Foudres (adj. secrétaires d'état-major)	50	Divers.	50	95
Fouet	130	34	131	61
Fourchette en fer battu	147	73	147	116
Futailles d'emballage — en chêne de 250 litres	154	24	154	32
Futailles d'emballage — en chêne de 125 litres	154	25	154	33
Futailles d'emballage — en pitchpin	154	26	154	34
Galoches	85	1	85	16
Galons découpés — d'or, de $0^m,022$ à lézardes — Artillerie — Maréchal des logis chef	»	»	49	65
Galons découpés — d'or, de $0^m,022$ à lézardes — Artillerie — Maréchal des logis	»	»	49	66
Galons découpés — d'or, de $0^m,022$ à lézardes — Artillerie — Fourrier	»	»	49	67
Galons découpés — d'or, de $0^m,022$ à lézardes — Infanterie — Sergent-major	»	»	49	68
Galons découpés — d'or, de $0^m,022$ à lézardes — Infanterie — Sergent	»	»	49	69
Galons découpés — d'or, de $0^m,022$ à lézardes — Infanterie — Fourrier	»	»	49	70
Galons découpés — d'or, de $0^m,022$, cul de dé, pour sous-chef de fanfare (manches)	»	»	49	71
Galons découpés — de laine rouge de $0^m,022$ — Artillerie — Brigadier	»	»	49	72
Galons découpés — de laine rouge de $0^m,022$ — Artillerie — 1er canonnier	»	»	49	73
Galons découpés — de laine rouge de $0^m,022$ — Infanterie — Caporal	»	»	49	74
Galons découpés — de laine rouge de $0^m,022$ — Infanterie — Soldat de 1re classe	»	»	49	75
Galons découpés — à losanges tricolores de $0^m,022$ (manches) — Trompette d'artillerie	»	»	49	76
Galons découpés — à losanges tricolores de $0^m,022$ (manches) — Paletot de clairon	»	»	49	77
Galons découpés — d'or, de $0^m,012$ à lézardes — pour bonnet de police — Sergent-major et maréchal des logis chef	»	»	49	78
Galons découpés — d'or, de $0^m,012$ à lézardes — pour bonnet de police — Sergent et maréchal des logis	»	»	49	79
Galons découpés — d'or, de $0^m,012$ à lézardes — pour manteau — Maréchal des logis chef	»	»	49	80
Galons découpés — d'or, de $0^m,012$ à lézardes — pour manteau — Maréchal des logis	»	»	49	81
Galons découpés — de laine rouge de $0^m,012$ — pour bonnet de police — Caporal et brigadier	»	»	49	82
Galons découpés — de laine rouge de $0^m,012$ — pour bonnet de police — Soldat de 1re classe	»	»	49	83
Galons découpés — de laine rouge de $0^m,012$ — pour manteau et bourgeron de caporal et brigadier	»	»	49	84
Galons — d'or — de $0^m,022$ façon à lézardes	49	1-2	49	46
Galons — d'or — de $0^m,022$ façon cul-de-dé	49	3	49	47
Galons — d'or — de $0^m,012$, lézardes	49	5-6	49	48
Galons — d'or — en trait côtelé de $0^m,006$	49	7	49	49
Galons — de laine — de $0^m,022$	49	20	49	50
Galons — de laine — de $0^m,012$	49	21	49	51
Galons — de laine — à losanges tricolores de $0^m,022$	49	27	49	52
Galons — mobiles confectionnés — d'or de $0^m,022$ — Artillerie — Maréch^l des logis chef	49	36	49	53
Galons — mobiles confectionnés — d'or de $0^m,022$ — Artillerie — Maréchal des logis	49	37	49	54
Galons — mobiles confectionnés — d'or de $0^m,022$ — Artillerie — Fourrier	49	38	49	55
Galons — mobiles confectionnés — d'or de $0^m,022$ — Infanterie — Sergent-major	49	39	49	56
Galons — mobiles confectionnés — d'or de $0^m,022$ — Infanterie — Sergent	49	40	49	57
Galons — mobiles confectionnés — d'or de $0^m,022$ — Infanterie — Fourrier	49	41	49	58
Galons — mobiles confectionnés — de laine rouge de $0^m,022$ — Artillerie — Brigadier	49	42	49	59
Galons — mobiles confectionnés — de laine rouge de $0^m,022$ — Artillerie — 1er canonnier	49	43	49	60
Galons — mobiles confectionnés — de laine rouge de $0^m,022$ — Infanterie — Caporal	49	44	49	61
Galons — mobiles confectionnés — de laine rouge de $0^m,022$ — Infanterie — Soldat de 1re classe	49	45	49	62
Galons — mobiles confectionnés — à losanges tricolores de $0^m,022$ — Trompette d'artillerie	49	46	49	63
Galons — mobiles confectionnés — à losanges tricolores de $0^m,022$ — Clairon d'infanterie	49	47	49	64
Gamelle individuelle — en tôle (modèle général)	130	36	130	101
Gamelle individuelle — troupes à cheval	130	38	130	102
Gants-moufles en laine tricotée	21	2	21	19

DÉSIGNATION DES MATIÈRES ET EFFETS.	ANCIENNE NOMENCLATURE NUMÉROS Sommaires.	ANCIENNE NOMENCLATURE NUMÉROS Détaillés.	NOUVELLE NOMENCLATURE NUMÉROS Sommaires.	NOUVELLE NOMENCLATURE NUMÉROS Détaillés.
1	2	3	4	5
Gilets de flanelle	22	7	22	13
Glace	131	23	131	66
Gland de chéchia	»	»	73	9
Gland de chéchia pour sous-officier	»	»	73	10
Grenade — brodée en or	50	1	50	86
Grenade — brodée en soie et or	50	2	50	87
Grenade — découpée en drap écarlate	50	3	50	88
Grenades (la paire) pour manteaux d'adjudant d'artillerie	50	13	50	93
Grenades en or (la paire) — par manteau de sous-officier élève officier.	100	74	100	171
Grenades en or (la paire) — par tunique de sous-officier élève officier.	100	76	100	172
Grenade — en drap	50	45	50	107
Grenade — en cuivre	75	64	75	156
Guêtres en toile avec sous-pieds	93	2	93	20
Insignes brodés soie rouge — à 1 chiffre	»	»	50	113
Insignes brodés soie rouge — à 2 chiffres ancre, étoile à 5 branches	»	»	50	114
Insignes brodés soie rouge — à caducées	»	»	50	115
Insignes brodés soie rouge — à foudres sans bombe	»	»	50	116
Insignes brodés soie rouge — à grenade	»	»	50	117
Jambière en toile — forte	23	10	23	20
Jambière en toile — blanche — modèle des tirailleurs tonkinois et annam.	23	11	23	21
Jambière en toile — bleue ou rouge — modèle des tirailleurs tonkinois et annam.	23	12	23	22
Jambières — en toile kaki pour sénégalais	»	»	23	23
Jambières — en molleton pour sénégalais	»	»	23	24
Jambière (petite) pour homme non monté	93	6	93	22
Jambière en cuir (troupe), modèle 1905, avec sous-pieds et brides d'éperons à la chevalière, pour homme monté	93	5	93	21
Jersey en laine — pour vélocipédistes	24	4	24	15
Jersey en laine — pour les troupes du corps d'occupation du Petchili	24	»	24	16
Jugulaire — en cuir fauve pour casque en liège	75	66	75	158
Jugulaire — de képi en cuir doré pour la troupe	75	67	75	160
Képis (y compris la jugulaire en métal et les boutons de jugulaire pour les sous-officiers	»	»	»	»
Képis — Sous-officiers rengagés. — Infanterie, artillerie, infirmiers coloniaux, commis et ouvriers du service de l'intendance, secrétaires d'état-major	100	167	100	167
Képis de sous-officiers (sans la jugulaire en métal ni les boutons), artillerie et infanterie	»	»	63	63
Képis (Suite.) — Sous-officiers élèves officiers. — Ecole militaire d'infant. — 1re tenue	100	168	100	168
Képis (Suite.) — Sous-officiers élèves officiers. — Ecole d'administration. — 2e tenue	100	169	100	169
Képis (Suite.) — Sous-officiers élèves officiers. — Ecole militaire d'artillerie	100	170	100	170
Képis (Suite.) — Artillerie — Sous-officier	63	17 19	63	60
Képis (Suite.) — Artillerie — Caporaux fourriers et brigad. fourriers	63	»	63	61
Képis (Suite.) — Artillerie — Soldats	63	18 20	63	62
Képis (Suite.) — Infanterie — Sous-officier	63	26 27	63	60
Képis (Suite.) — Infanterie — Caporaux fourriers et brigad. fourriers	63	»	63	61
Képis (Suite.) — Infanterie — Soldats	63	28 29	63	62
Lacets pour sous-brodequins	94	7	94	14

DÉSIGNATION DES MATIÈRES ET EFFETS.	ANCIENNE NOMENCLATURE NUMÉROS		NOUVELLE NOMENCLATURE NUMÉROS	
	Sommaires.	Détaillés.	Sommaires.	Détaillés.
1	2	3	4	5
Lyres.... pour musiciens, en or (la paire)	50	105	50	105
Lyres.... pour sous-chef de fanfare (la paire)	50	94	50	94
Manteaux. pour adjudant d'artillerie avec attribut du collet et galons de grade d'ancienneté — avec pèlerine.	25	1	25	25
Manteaux. pour adjudant d'artillerie avec attribut du collet et galons de grade d'ancienneté — sans pèlerine.	25	2	25	26
Manteaux. pour adjudant d'artillerie avec attribut du collet et galons de grade d'ancienneté — pèlerine seule.	25	3	25	27
Manteaux. de troupe gris de fer bleuté, artillerie coloniale (hommes montés)	25	8	25	28
Manteaux. à capuchon pour plantons et vélocipédistes	25	16	25	29
Martinet	131	9	131	50
Molleton bleu foncé	2	3	2	20
Molleton bleu foncé fin pour sous-officier rengagé	2	»	2	19
Mouchoirs de poche. du modèle ordinaire	27	1	27	17
Mouchoirs de poche. dits « d'instruction »	27	2	27	18
Musette de pansage en toile cachou.... garnie	130	63	130	104
Musette de pansage en toile cachou.... non garnie	130	64	130	105
Numéros en drap écarlate (1 chiffre) (la paire)	50	67	50	112
Paletot de molleton bleu foncé fin (galon de grade non compris) — Infanterie, infirmiers coloniaux, commis et ouvriers du service de l'intendance, secrétaires d'état-major	100	137-138 139-140	100	160
Paletots.. en molleton bleu indigo, infanterie (sous-officiers et soldats)	28	1-2	28	19
Paletots.. en molleton bleu indigo (artillerie)	»	»	28	20
Paletots.. En molleton d'infanterie modifié pour sénégalais	»	»	28	23
Paletots.. en toile de cretonne blanche (compris écussons du collet et pattes en tresse écarlate p[r] l'artillerie).. — Infanterie et artillerie	»	»	28	20
Paletots.. en toile de cretonne blanche sans écussons ni pattes. — Infanterie et artillerie	»	»	28	21
Paletots.. en toile de coton couleur kaki....... — Infanterie et artillerie (sans écussons).	»	»	28	22
Paletots.. en toile de coton couleur kaki....... — Pour sénégalais (sans écussons)	»	»	28	24
Pantalons. de cheval en treillis, dit basané	»	»	29	57
Pantalons. en toile rousse pour pyrotechnie	»	»	29	58
Pantalon en toile grise (de cuisine)	29	43	162	891
Pantalons. Sous-officiers rengagés... — Infanterie, infirmiers coloniaux, commis et ouvriers du service de l'intendance, secrétaires d'état-major...	100	131-132 133-134	100	156
Pantalons. Sous-officiers rengagés... — Artillerie	100	23	100	157

DÉSIGNATION DES MATIÈRES ET EFFETS.	ANCIENNE NOMENCLATURE — NUMÉROS — Sommaires.	ANCIENNE NOMENCLATURE — NUMÉROS — Détaillés.	NOUVELLE NOMENCLATURE — NUMÉROS — Sommaires.	NOUVELLE NOMENCLATURE — NUMÉROS — Détaillés.
1	2	3	4	5
Pantalons. Sous-officiers élèves officiers. Infanterie	100	26	100	158
Pantalons. Sous-officiers élèves officiers. Artillerie	100	28	100	159
Pantalons en drap. Infanterie. Sous-officiers et soldats	29	49-50	29	48
Pantalons en drap. Artillerie H. N. M. Sous-officiers	29	16	29	49
Pantalons en drap. Artillerie H. N. M. Soldats	29	17	29	50
Pantalons en toile blanche. Infanterie et artillerie	29	54	29	51
Pantalons en toile kaki. Infanterie et artillerie	29	55	29	52
Pantalons en treillis (d'écurie et de travail), infanterie et artillerie	29	41	29	53
Pantalons en treillis bleu pour ouvriers divers	29	42	29	54
Pantalons en flanelle bleue. Artillerie	29	21	29	55
Pantalons en flanelle bleue. Infanterie	29	22	29	56
Passe-montagne (corps d'occupation du Petchili)	»	»	14	19
Patience	131	10	131	51
Pattes et écussons en drap découpé pour collet de vêtement de drap. 1 chiffre ou étoile	»	»	52	29
Pattes et écussons en drap découpé pour collet de vêtement de drap. 2 chiffres, ancre ou grenade,	»	»	52	30
Pattes et écussons. Mobiles pour effets coloniaux, en drap découpé. Nos, lettres ou insignes	»	»	52	31
Pattes et écussons. Mobiles pour effets coloniaux, brodés fil rouge. Caducée ou foudres sans bombe	»	»	52	32
Pattes et écussons. Mobiles pour effets coloniaux, brodés laine bleue. Étoile avec foudres	»	»	52	33
Pattes et écussons. Mobiles pour effets coloniaux, brodés laine bleue. Ancre ou étoile	»	»	52	34
Pattes et écussons. Mobiles pour effets coloniaux, brodés soie ou or. Grenade	»	»	52	35
Pattes et écussons. Mobiles pour effets coloniaux, brodés soie ou or. Caducée	»	»	52	36
Pattes et écussons. Mobiles pour effets coloniaux, brodés soie ou or. Foudres sans bombe	»	»	52	37
Pattes et écussons. Mobiles pour effets coloniaux, brodés soie bleue et argent. Étoile avec foudres	»	»	52	38
Pattes mobiles d'épaule en tresse écarlate pour paletot de toile blanche (Art.)	»	»	52	27
Pattes mobiles en tresse carrée écarlate (artillerie)	52	18	52	27
Peigne	131	24	131	67
Pèlerine de sous-officier rengagé	»	»	100	176
Pochette à riz	»	»	130	116
Quart en tôle	130	80	130	111
Rubans de médailles. Chine	53	1	53	23
Rubans de médailles. Coloniale	53	2	53	24
Rubans de médailles. Dahomey	53	3	53	25
Rubans de médailles. Madagascar	53	4	53	26
Rubans de médailles. Tonkin	53	5	53	27
Rubans de médailles. Sauvetage	53	6	53	28
Sac à distribution	162	219	162	892
Sac à dépêches pour vélocipédiste	130	79	130	110
Sac marin	»	»	130	117
Sacs à avoine	130	68	130	106
Sacs de monture garni avec trousse	130	70	130	107
Sacs de petite monture non garni	130	71	130	108
Sachets à vivre	130	74	130	109
Sandales en cuir	86	13	86	22
Serviette	131	11	131	52

DÉSIGNATION DES MATIÈRES ET EFFETS.	ANCIENNE NOMENCLATURE. NUMÉROS		NOUVELLE NOMENCLATURE. NUMÉROS	
	Sommaires.	Détaillés.	Sommaires.	Détaillés.
1	2	3	4	5
Souliers du modèle général	84	12	84	[illegible]
Sous-pieds... pour éperons à la chevalière	96	6	95	[illegible]
Sous-pieds... pour guêtres en toile	96	2	95	[illegible]
Soutache d'ancienneté. en soie rouge de 0m,004	»	»	51	[illegible]
Soutache d'ancienneté. en soie rouge et or pour sous-officiers rengagés	51	25	51	[illegible]
Soutaches mobiles d'ancienneté confectionnées (2e classe)	»	»	51	[illegible]
Tabliers... à bavette et à poche... en toile bleue	30	1	30	[illegible]
Tabliers... à bavette et à poche... en toile cachou	30	2	30	[illegible]
Tabliers... à bavette et à poche... en toile crémée	30	3	30	[illegible]
Tabliers... à bavette sans poche... en toile bleue	30	4	30	[illegible]
Tabliers... à bavette sans poche... en toile cachou	30	5	30	[illegible]
Tabliers... à bavette sans poche... en toile crémée	30	6	30	[illegible]
Toile en crétonne coton blanche pour paletot colonial	3	38	3	[illegible]
Toile en lin ou en chanvre pour pantalons	3	43	3	[illegible]
Toile de coton croisé couleur « kaki » pour effets coloniaux	3	42	3	[illegible]
Toile rousse pour effets de bord et de fatigue	»	»	3	[illegible]
Toques... en toile crémée	65	1	65	[illegible]
Toques... en toile bleue	65	2	65	[illegible]
Toques... en toile cachou	65	3	65	[illegible]
Torchon de cuisine	162	248	162	89
Torchon-serviette	131	18	131	6
Tresse en laine, carrée, écarlate	51	34	51	6
Trousse en basane garnie sans glace	»	»	130	[illegible]
Trousse en basane garnie	130	82	130	[illegible]
Trousse en basane non garnie	130	83	130	[illegible]
Tunique... Sous-officiers élèves officiers... Infanterie et assimilés	100	46	100	[illegible]
Tunique... Sous-officiers élèves officiers... Artillerie	100	52	100	[illegible]
Tunique de sous-officier rengagé d'artillerie coloniale	»	»	100	[illegible]
Vareuse en toile rousse	»	»	32	[illegible]
Vélocipède en drap	50	47	50	[illegible]
Veste de gymnase	104	52	104	[illegible]
Vestes... en drap d'uniforme d'artillerie coloniale... Sous-officiers.	32	7	32	[illegible]
Vestes... en drap d'uniforme d'artillerie coloniale... soldats			32	[illegible]
Vestes... en drap de travail pour sous-officiers d'artillerie, ouvriers et artificiers	32	25	79	[illegible]
Vestes... en treillis bleu pour ouvriers divers (artillerie)	32	35	32	[illegible]
Veste en treillis pour sous-officier et brigadier fourrier	»	»	32	[illegible]
Visières du modèle général des troupes coloniales	79	Divers.	32	[illegible]

Paris et Limoges. — Imprimerie et librairie militaires Henri CHARLES-LAVAUZELLE.